体育教学与体育文化融合研究

沙　茜　著

北京工业大学出版社

图书在版编目（CIP）数据

体育教学与体育文化融合研究 / 沙茜著. — 北京 ：北京工业大学出版社，2024.1重印

ISBN 978-7-5639-7156-5

Ⅰ. ①体… Ⅱ. ①沙… Ⅲ. ①体育教学－教学研究②体育文化－文化研究 Ⅳ. ① G807.01 ② G80-054

中国版本图书馆 CIP 数据核字（2019）第 272087 号

体育教学与体育文化融合研究

著　　者：沙　茜
责任编辑：刘卫珍
封面设计：点墨轩阁
出版发行：北京工业大学出版社
（北京市朝阳区平乐园 100 号　邮编：100124）
010-67391722（传真）　bgdcbs@sina.com
经销单位：全国各地新华书店
承印单位：三河市元兴印务有限公司
开　　本：710 毫米 ×1000 毫米　1/16
印　　张：13.75
字　　数：275 千字
版　　次：2021 年 10 月第 1 版
印　　次：2024 年 1 月第 3 次印刷
标准书号：ISBN 978-7-5639-7156-5
定　　价：56.00 元

前言

体育教学是学校教育的重要组成部分之一，目的在于培养具有健康体魄与创新精神的德、智、体全面发展的合格人才。21 世纪，培养能创新、有思想、能协作、会生存的全面型人才，是课程教育改革发展的需要，也是体育教育事业发展的需要。目前在素质教育发展的新阶段，“为了一切学生，为了学生的一切，一切为了学生”以及以学生发展为本的新理念给体育教师提出了新的要求。为此，教师在教学中必须解放思想，转变观念；尊重学生的主体地位，把学生的利益放在第一位；大胆尝试体育教学改革，及时摒弃不适应现代教学理念的传统思想与教学方式；有效地激发学生参加体育锻炼的积极性，同时提高体育课堂教学效果，促进学生身体素质的全面提高。尤其是新时代背景下，大学生不仅要具备强壮的体魄，还要具有开拓精神和现代意识，因此实现大学体育教学与体育文化的融合是构建现代教学体系的必然要求，也是培养社会实用型体育人才的主要手段。

本书分为七章，第一章介绍了体育教学的含义与发展过程，包括体育的内涵、体育教学的内涵、体育教学的发展、体育教学的过程；第二章研究了体育教学方法，包括体育教学方法的内涵、体育教学方法研究发展的历史演变、体育教学方法的选用、体育教学方法改革与发展的影响因素；第三章概述了体育与文化理论，包括文化的概述与发展、体育文化的概述以及体育文化的模式初探研究；第四章分析了高校体育文化，包括校园体育文化的理论概括、高校校园体育文化的理论概括、高校体育文化的结构与内容；第五章是我国大学体育文化演变分析，包括研究分析框架和各时期体育文化要素特征分析；第六章讲述了体育文化遗产的传承与保护，包括文化遗传与体育文化遗产释义、中国体育文化遗产的现状及发展趋势、中国体育文化遗产传承与保护的策略、高校体育文化与体育文化遗产的传承与保护；第七章探讨了体育文化现代化，包括体育文化的现代化转型、全球化对体育文化的影响以及高校体育文化现代化的发展策略。

本书的特点是在论述体育教学与文化基本理论的基础上，提出促进体育教学与体育文化融合的具体方法，目的在于培养大学生的价值观，促进其身心全面、协调、健康发展，同时，着力摆脱陈旧的教学模式对大学生身体素质的束缚，提升高校学生的体育文化素养。

作者在撰写本书的过程中参考和引用了有关文献，在此向这些文献的作者致以真诚的谢意。由于作者水平所限，加之时间仓促，书中难免存在不足之处，敬请各位专家和读者批评指正。

目录

第一章 体育教学的含义与发展过程……1
第一节 体育的内涵……1
第二节 体育教学的内涵……9
第三节 体育教学的发展……24
第四节 体育教学的过程……32
第二章 体育教学方法研究……45
第一节 体育教学方法的内涵……45
第二节 体育教学方法研究发展的历史演变……50
第三节 体育教学方法的选用……53
第四节 体育教学方法改革与发展的影响因素……66
第三章 体育与文化理论概述……69
第一节 文化的概述与发展……69
第二节 体育文化的概述……77
第三节 体育文化的模式初探研究……91
第四章 高校体育文化……107
第一节 校园体育文化的理论概括……107
第二节 高校校园体育文化的理论概括……123
第三节 高校体育文化的结构与内容……134

第五章　我国大学体育文化演变分析 …… 145
第一节　研究分析框架 …… 145
第二节　各时期体育文化要素特征分析 …… 150
第六章　体育文化遗产的传承与保护 …… 169
第一节　文化遗产与体育文化遗产释义 …… 169
第二节　中国体育文化遗产的现状及发展趋势 …… 171
第三节　中国体育文化遗产传承与保护的策略 …… 174
第四节　高校体育文化与体育文化遗产的传承与保护 …… 178
第七章　体育文化现代化 …… 185
第一节　体育文化的现代化转型 …… 185
第二节　全球化对体育文化的影响 …… 189
第三节　高校体育文化现代化的发展策略 …… 196
参考文献 …… 203
后　记 …… 205

第一章 体育教学的含义与发展过程

第一节 体育的内涵

一、体育的概念

体育是伴随着人类社会的发展而逐步建立起来的一个专门的科学领域。体育的概念存在广义和狭义之分。

体育的广义概念是指以身体练习为基本手段，以增强人的体质、促进人的全面发展、丰富社会文化生活和促进精神文明为目的的一种有意识、有组织的社会活动。体育是社会总文化的一部分，它的发展受到一定社会政治和经济制约，并为一定的社会政治和经济服务。

体育的狭义概念是指一个发展身体，增强体质，传授锻炼身体的知识、技能，培养道德和意志品质的教育过程，是对人体进行培养和塑造的过程，是教育的重要组成部分，是培养全面发展人才的一个重要方面。

体育拥有很悠久的历史，经历了一个漫长曲折的过程，而且还远远没有结束。伴随着人类文明的进步和社会的发展，体育本身也在不断地完善和发展。人类为了追求更加美好、舒适的生活，对体育有着不同一般的期望，期待着它能带给自己健康、力量、和谐与美，这是现代人的美好追求，同时也是当代大学生的共同心声。我们以体育发展的历史为基础，以体育概念的演进为线索来认识体育。

在古代的文献著作中我们可以了解到，古代的希腊和欧洲描述到当时的体育活动用竞技、运动、训练、体操等；中国古代描述当时的体育用到养生、引导、习武、尚武等词，这是古代描述体育相类似的词汇。到了近代，随着欧洲工业和教育的发展，掀起了户外运动的热潮，一些学者开始整理身体活动中的术语，编制身体练习方法，进一步使用“体操”概念，形成基本的“体操”练习体系。

“体育”作为直接意义的概念，是随着教育而发展的，提倡“三育”（道德、知识、体力）并重，“体育”一词在学校教育中得以广泛使用并传播开去，并逐渐取代了其他相近意义上的词语。

随着社会的发展，特别是现代社会体育现象的发展，“体育”一词有着丰富的内涵，依据人和社会的需要，组建了非常丰富的体育组词，形成了庞大的体育概念体系。概念是反映物质本质属性的思维形式，也就是说概念必须反映事务的本质属性，而本质属性是必须具备的，可作为该事物标志的属性。人们往往通过定义来提示概念内容，反映对象的本质属性，由此我们来认识体育的几个基本概念。

《现代汉语词典》对“体育”一词是这样解释的：①以发展体力、增强体质为主要任务的教育，通过参加各种各样的运动来实现，在活动的过程中以锻炼人的身体为目的；②指体育运动，锻炼身体、增强体质的各种活动，包括田径、体操、球类、游泳、武术、登山、射击、滑冰、滑雪、举重、摔跤、击剑和自行车等各种项目。“体育”一词虽有两种不同的解释，但由于《现代汉语词典》对“体育”这一词条多年没有修订，因此其解释并不适用于今天。事实上，随着现代社会的发展，目前体育的主要任务早已超出了仅仅是发展身体、增强体质的范畴。目前，体育的主要任务是：促进身心健康全面地发展，培养终身体育能力。目前，包含身体锻炼、游戏、竞争要素的各种身体运动都是体育。总之，体育是包含身体锻炼、游戏、竞争要素的身体运动的总称。现代学校的体育教学，期望不断提高大学生对它的认识，使之能够“主动参与”，并尽情享受体育带来的无穷乐趣。

二、体育的组成

现代社会体育在不断地完善和发展，体育产生之初就含有丰富的内容，它的发展并不孤立，是人类本身和社会的需要。生产力和科学技术的发展和运用，又为体育的发展提供了良好的条件，使体育从发展之初到现在形成了为大家所重视的现代体育，因此它被人们公认为文明的窗口、科学和进步的标志。

体育由学校体育、竞技体育和群众体育三部分组成。

（一）学校体育

学校体育是学校教育的重要组成部分，同时也是全民体育的基础。它作为教育和体育的交汇点和接合部，又是国家体育事业发展的战略重点。它是按照学校的育人规律，围绕增强体质这个中心，在教师的指导下，有组织、有计划地传授体育知识、技术和方法，使学生的身体素质和运动水平得到全面的提高，并与德、智、美三者相结合，培养学生的道

德和意志品质，令学生成长为德、智、体全面发展的高素质专业人才，更好地适应现代社会。

中国的学校体育发展可以追溯到奴隶社会的西周时期，当时的教学内容中的“六艺”是指礼、乐、射、御、书、数，其中就包括进行军事技能和身体训练的“射”“御”及包含娱乐、舞蹈等内容的“礼”“乐”等，这些都是我国学校体育最早的雏形。欧美在清朝末年的时候把现代体育带到我国，新中国成立后，随着社会主义建设事业的发展，学校体育出现了焕然一新的局面。伴随着改革开放，学校体育在快速发展，同时国家对学校体育也特别重视，1949—1975 年，教育部设立了体育指导处，国家体委设立了群众体育司，使学校体育的发展有了后盾保障，这个阶段学校体育的教育思想、理论、教学内容和方法及课程的结构都是效仿苏联的。如 1945 年 5 月 4 日制定颁布的《准备劳动与保卫祖国体育制度》（简称《劳卫制》），就是学习苏联的《劳卫制》所制定的。1958—1976 年，我国经历了“大跃进”和“三年经济困难”及“文化大革命”，正常的教学秩序被打乱，劳动代替教育、军训代替体育之风盛行，学校体育出现了停滞或倒退。改革开放后的 1978—1991 年，国家颁布了学校体育工作的指导性、纲领性文件《学校体育工作暂行规定》，重新修订了《国家体育锻炼标准》，这些政策和措施都极大地促进了学校体育的发展，为后期的学校体育改革奠定了思想、理论、经验基础。

（二）竞技体育

竞技体育亦称竞技运动，是指在全面发展身体素质的基础上，同时深层挖掘体力、智力、运动才能，以取得优异成绩为目标而进行的科学训练和竞赛活动，其特点是技能性高，竞争性强，有严格的规则和场地要求；是人的智能、运动才能的极限表现形式。由于竞技体育极易吸引广大观众，极富感染力又容易传播，在活跃社会文化生活，振奋民族精神，提升国际威望，促进各国人民之间的友谊、团结和交流等方面都有着积极的作用。竞技体育包括运动训练和运动竞赛两种形式。其特点是：积极的对抗性和竞赛性；充分调动和发挥运动员的体力、智力、心理等方面的潜力；参加者拥有充沛的体力和高超的技能；按照同一竞赛程序，规则具有国际性、权威性，而成绩也具有公认性。

（三）群众体育

群众体育亦称大众体育或社会体育，群众体育是以健身、娱乐、休闲、医疗和保健康复为目的的体育活动。由于它吸引的对象主要为一般群众，其中包括男女老幼，活动领域遍及整个社会乃至家庭，因此被称为活动内容最广、趣味性强、参加人数量多的一项群众体育活动。它作为学校体育的延伸，可使人们的体育生涯得以延伸。

群众体育开展的广泛性和社会化程度，在一定程度上取决于国家的经济繁荣程度、生活水平、闲暇时间和社会环境。从发展趋势来看，群众体育规模不亚于竞技体育，大有可能成为第二大国际体育力量。随着“全民健身计划纲要”的推行和落实，我国的群众体育正在蓬勃兴起和发展。当前由于国民的体育意识慢慢提高，参加体育锻炼的人数也逐步增多，与此同时，国家机构、企业、学校及社会组织的不同规模的群众性体育活动十分活跃，从而带动了更多的人参加体育运动，目前，各种“康复中心”和“健身俱乐部”的兴起，也正在吸引着大批体育消费者在“花钱买健康”观念的驱动下参加到健身体育活动当中，这一切都表明群众体育活动有着广泛的群众基础和发展潜力。

（四）学校体育、竞技体育、群众体育之间的联系与区别

学校体育、竞技体育、群众体育三部分之间既互相联系又互相独立。每部分有其独特的结构、功能、运行机制、运行规律和管理体制，同时也存在互相影响制约的内在联系。

1. 竞技体育、学校体育促进群众体育的发展

竞技体育一方面通过吸纳群众体育中出现的竞技体育人才，从而推动群众体育的发展，另一方面以它特有的魅力对群众体育起激励、促进和示范作用，帮助人们实现由体育观赏者到体育参与者的转换，现实中有许多体育锻炼者都是竞技体育观赏者，都有从观赏者向参与者转换的经历。

学校体育为群众体育提供坚实的基础，其影响作用更直接明显。学校体育质量的好坏直接影响体育人口的数量与质量。良好的学校体育教学，使学生在校期间建立了正确的体育观念，形成了终身体育意识、兴趣、习惯与能力，进入社会后就能主动积极地融入群众体育，成为稳定的体育人口，有利于群众体育的发展。

2. 群众体育对竞技体育与学校体育起积极作用

（1）群众体育对竞技体育的作用。良好的群众体育可以为竞技体育的发展创造良好的社会文化环境，为数众多的体育爱好者和支持者给予比赛者热烈的掌声和助威呐喊，带给运动员强烈的震撼，激励鞭策他们刻苦训练、顽强拼搏、勇攀体育竞技高峰，促进竞技体育向更高的方向发展。离开广大体育爱好者的支持与关心，竞技体育也将失去发展的动力。

群众体育又是挖掘优秀竞技体育人才的源泉，群众体育开展得好，能够发现更优秀的体育人才，避免人才浪费。

（2）群众体育对学校体育的影响。群众体育包括社区体育、家庭体育、丰富多彩的社区体育活动，良好的家庭体育氛围，对青少年体育意识、兴趣、爱好的培养有着潜移默化的影响。群众体育发展得好，能为孩子们提供体育活动的时间、空间与条件，从而促进学校体育的发展。因此，群众体育是学校发展依赖的必要环境。

群众体育不仅为学校体育的发展提供必要的环境条件，同时，也为学校体育改革提供指导。传统体育是一种封闭式体育教育，只注重技术传授和体质增强，不能与群众体育沟通、联系，导致学生毕业后不再参与体育活动，而群众体育要求人人参与体育，并提倡终身参与，形成一种新的体育生活方式。因此，群众体育的发展必然对学校体育提出更高的要求。群众体育的发展既为学校体育发展提供了良好的外部环境与发展契机，也对学校体育寄予厚望，学校体育要实现与社会体育的接轨，必须加大改革力度。

三、体育与人类

就其本质属性来说，体育有它自身的功能。它的功能与社会的政治、经济、教育相结合，产生功能更大的社会功能，为社会所用，为社会谋利益做贡献。随着科学的发展，各相关学科对体育的渗透及其在体育领域中的运用，使其在改造人类自身质量方面的功能日趋科学化。社会的发展、人类的需求、体育交往的频繁，使体育的社会功能发挥出更为巨大的作用。

体育的本质是促进人的身体向健壮的方向变化。因此，体育的功能主要表现在健身、医疗保健、娱乐等几个方面。体育的社会功能可以归纳成五个方面，即教育功能、社会感情功能、竞争意识功能、政治功能、经济功能。

（一）健身功能

体育是通过身体运动的方式进行的，这是体育最本质的特点，决定了体育具有健身功能。人体机能适应变化的原理、遗传与变异的关系，从不同的角度科学论证了体育对强身健体、增强体质、增进健康、延年益寿的特殊功效。“生命在于运动”是一条已被证明的法则。

（二）医疗保健功能

我国古代有不少关于锻炼理论的论述。如《吕氏春秋》中提出“流水不腐，户枢不蠹，动也。形气亦然，形不动则精不流，精不流则气郁”；东汉末年的华佗也提出了“动摇则谷气得消，血脉流通，病不得生，譬如户枢，终不朽也”，他总结继承了当时“导引”方面的经验，以虎、鹿、熊、猿、鸟 5 种禽兽的动作创编了一套保健体操“五禽戏”用来防病治病。宋代的健身操“八段锦”，明清时代的“太极拳”及后来的“保健功”“大雁功”等都是在对体育的医疗保健功能有了深刻认识的基础上发展起来的。随着科学技术和经济的发展，人类的体力劳动随之减少，用机械取代，而脑力劳动相应增加。现代化生活的膳食结构中肉类食品脂肪增多，对人的身体健康带来严重的威胁。由于运动不足和其他原因而造成的“神经衰弱”“肥胖症”“高血压”“心脏病”等现代文明病的发病率显著上升，这使人们深感忧虑，于是纷纷从事跑步、步行、舞蹈、武术等体育活动来锻炼身体，提高健康水平，在现代社会中体育的医疗保健功能已日趋突出和重要。

（三）娱乐功能

体育运动娱乐功能的客观依据是为了满足人们的精神需要。根据马克思关于人的需要的理论，就把人的需要分成生存需要、享受需要和发展需要三个方面。体育以它特有的娱乐性，吸引着越来越多的人，并成为一项人们必不可少而饶有兴趣的活动。现代体育，特别是竞技运动，其技艺日益向难、新、尖、高的方向发展，使健、力、美高度地统一起来，产生一种使人赏心悦目的体育运动之美。人们在紧张的工作和劳动之余，通过观看体育比赛，可以松懈神经、调节心理，这不仅有助于疲劳的恢复，而且可以减少精神上的压力，是一种享受。现代奥运会的创始人顾拜旦在他的《体育颂》中，满腔热情地歌颂了体育的娱乐功能：“啊，体育，你就是乐趣！想起你，内心充满欢喜，血液循环加速，思想更加开阔，条理更加清晰。可以使忧伤的人散心解闷，也可使快乐的人生活得更加甜蜜！”的确，体育是一种最积极、最健康的娱乐方式，它能满足男女老幼的精神需要。

（四）教育功能

体育是社会文化教育的内容。体育的教育功能主要表现为它已被世界各国纳入教育体系之中。古今中外的学者都认为，各种身体活动的游戏是教育的重要内容，可以促进孩子的生长和发育，增长知识、陶冶情操、培养优良品德。青少年正处于长身体、长知识的阶段，该阶段也是人生观、世界观形成的关键时期，体育独具一格的教育功能，表现在使他们掌握科学锻炼身体的知识与方法，促进身心全面发展方面，在培养他们的道德和意识品质、行为道德准则与规范及爱国、爱集体的优良品质方面都具有极其深远的影响。

（五）社会感情功能

体育的社会功能与人的社会心理稳定性密切相关。所谓心理稳定性，是指人的心理与社会的一致性。在一般情况下，由于传统教育、宣传、习惯等各方面的社会影响，人们总会产生和形成与社会一致的心理，反映为个体的需要与社会的需要基本一致，以这些需要为原动力，可以使人们努力工作，遵守社会原则，为社会做出贡献。但是，有时因种种原因不可避免地会导致某些人心理的失调，而产生一种变态的心理。由于体育有竞赛性，竞争有对抗性，对抗的结果有不确定性。因此，它能引起社会的广泛关注和吸引人们的兴趣，引起人们在感情上的共鸣，从而使人的某些心理不平衡状态得到调整。体育运动既是一种物质力量，又是一种精神力量，它能促进民族的团结，振奋民族精神，增强爱国精神，在促进社会主义两个文明建设方面有着重大作用。

（六）竞争意识功能

体育运动的竞技体育，其中一个突出的特点是竞争激烈，这种竞争登上世界性的舞台，就具有广泛的国际性。国际性的比赛，关系着一个国家的荣辱和民族形象，在人们的思想感情上会产生强烈的反响。人类的生活如同竞技场上的比赛，从自然环境到人与人的竞争，无一不是在竞争中不断完美和超越自我的。无论是欣赏还是参赛，运动场无疑是为人们在生活中即将发生的竞争提供的预演场所。许多哲学家早就把运动场当作社会的一个缩影，运动场本身就是一个特殊的社会环境。

（七）政治功能

体育作为上层建筑的一部分，与政治关系密切，被政治指导，为政治服务，主要表现在以下方面：

1. 振奋民族精神，为祖国争取荣誉

体育运动竞赛的胜负直接关系国家的荣辱。因此，重大的国际比赛往往举世瞩目，各国人民都像关注自己国家的前途和命运那样注视着比赛的胜负，从而使比赛带有政治意义，富有民族色彩。

2. 发展国际交往，增进各国人民之间的友谊

通过国际体育交往，可以加深各民族之间的了解，加强国际合作和文化交流，增进各国的团结。比赛把不同政治观点、不同肤色人种、不同民族的人民聚集在一起，通过比赛去发展国际友好关系。因此，运动员被誉为“穿运动衣的外交家”，由此可见，体育在沟通国际关系、打开外交通道方面具有积极的作用。

3. 体育可作为外交斗争的一种政治手段

在现代国际体育比赛中，体育经常被用来作为反对或抵制某一国家、某一项活动的政治手段。

4. 体育有加强民族和睦、人们团结的政治功能

体育运动具有群众性的特点，它能增加群众聚会的机会，使人们在这些活动中加强人际交往，促进人民之间、家庭邻里之间、集体之间、民族之间的了解，共叙情谊，加强团结，同心协力共建国家，全国性的运动会是各族人民大聚会大团结的象征。在一个多民族的社会主义国家中，各民族一律平等，在全国运动会上，各省市自治区都派出自己的代表团来参加，各民族运动员欢聚一堂观赏自己代表的各种表演，接受着民族大团结的生动教育。

在促进祖国统一大业方面，台湾以中国台北名义参加各项国际体育组织，为海峡两岸运动员接触提供了条件。在大型体育比赛中，海峡两岸的运动员同台竞争，表演技艺，共叙情谊，交流经验，互相鼓励，消除隔阂和误解，增进了解。在完成祖国统一的神圣使命中，我国体育将会做出更多的贡献。

（八）经济功能

现代生产结构的改变，也引起人们生活结构的改变，人们的物质生活富足了，闲暇时间增加了，对文化生活的追求也就强烈了。因此，体育活动成为人们生活内容的一部分，成为强身健体、丰富文化生活的一种手段。除了传统运动项目外，旅游体育、娱乐体育蓬勃兴起，更多的体育项目应运而生，竞赛活动日益频繁，促使体育在人们消费结构中占有一定的位置，使体育适用于价值规律、获取经济收入、开拓经济功能成为可能；第三产业的兴起，使体育也可

开辟服务项目、开展技术辅导，组织生产体育器材、运动服装，举办旅游体育、娱乐体育，并与饮食、交通、旅游等业务结合起来，开展综合经营、综合性服务，获取经济利益。

例如，比赛具有聚集亿万观众的吸引力，运用这个特点，可以广开渠道，如收取电视转播费、商业广告宣传费、商品出售专利费，发行纪念品……获取巨额经济收入。奥运会组织者利用这个特点，不仅成功地举办了耗资数亿元的奥运会，而且还有盈余，这是奥运会史上的一个创举，开创了民办世界奥运会的先例，为开创体育的竞技功能做出了榜样，被各界所称颂。

随着人类社会文明程度的提高，也诱发了现代文明病。同时，工业化程度进一步提高导致环境污染加剧。这些由于社会发展所带来的不良后果，已在某种程度上对人类的健康与正常的生活构成潜在危害。为此，时代赋予体育教育以新的历史使命，并产生许多新的要求，客观上要求我们必须突破传统体育教育价值观，从更加丰富的层面看待体育教育与人的发展及社会发展之间的关系，理应把“促进学生身体健康”的传统体育价值观同“学会生存的必要知识和技能”这一新的教育价值观有机地结合起来，建立一种符合新时代要求和现代社会发展形势的全新体育教育价值观。

体育教育和学校教育应该相互配合与合作，致力于人类更好地生存这一新诉求，使体育更好地为满足人类生存的多重需要和改善人类生存状态服务。

第二节 体育教学的内涵

一、体育教学概述

体育教学活动是随着体育教学学科的建立而出现的，像其他的学科一样，也是由很多因素组成的复杂现象，我们今天所研究的无论是体育教学方法还是体育教学原则，都建立在体育教学的基础上。下面将对教学、体育教学与教学论的基本概念做简要的介绍，帮助人们认识和了解体育教学，从而有利于对体育教学更好地掌握和研究。

（一）教学的功能

众所周知，教学实际上就是教师的教学和学生的学习两者构成的一种人才培养活动，在这种活动的开展过程中，教师根据教学的计划和教学的目标，以及学科教学的特点，有组织地引导学生掌握某种知识和技能，促进学生多种素质协调发展，培养社会所需的人才。总结而言，教学具有以下几个方面的作用。

1. 教学具有计划性和目的性

教学的过程就是有目的、有计划、有组织地安排人员进行经验传授的过程，保证教学具备清晰的教学步骤和良好的教学环境，一方面使得教学更加规范化；另一方面也提高了教学的效率。在教学的过程中，为了保证教学过程的规范化，还制定了各种规章制度和纪律守则，规范了师生的行为，使教学活动更具规范性和程序性，使得教学过程成为一种专业性很强的教学活动。

2. 教学具有逻辑性

在教学的过程中，一些从事本学科教学的工作者或是研究者，根据学科所教授的内容，经过科学的选择和分析，然后依据学科知识之间的逻辑性和学生在学习过程中对知识和技能掌握的特点，以及学生的认知规律，将学科的知识编写成教材，为教学过程提供科学的参考。这样一方面能够使得教学具有逻辑性；另一方面也能使得教师根据教学的内容选择合适的教学方法，保证了教学的效果。

3. 教学具有引导性

教学是在教师的引导下精心安排教师教学与学生学习的过程，这样不仅能够避免学生在自学的过程中遇到难以解决的困难，减少并纠正学生的犯错经历，同时还能在教学的过程中不断优化教学的方法，保证教师能够选择最优的教学方法，科学完成教学任务，使得学生能够在教师的引导下，保证每一步学习的过程都能够顺利地进行。

4. 实现学生的全面发展

教学不只局限在对知识的传授方面，它所体现的教学任务始终是多方面的，教师在教学的过程中不仅要提高学生的学科知识和技能，还承担着发展学生的思想品德、个性等方面的责任，除此之外，学生的社会适应能力、交际能力等各种社交能力，也需要特定的教学环境和教学手段的培养才能获得。因此，教学能够实现学生的全面发展。

（二）体育教学的概念与要素

虽然体育教学在我国的发展历程较短，但是体育教学对大多数人而言并不陌生。体育教学是按一定的计划和课程标准进行的有目的、有组织的教学过程。体育教学的过程是由学生和教师共同参与的，其任务就是通过教师的教育，向学生传授一些体育教学方面的知识和技能，增强学生的体魄，并且通过某种教学活动和教学任务的开展，磨炼学生的意志，提升学生的交际能力。因此体育教学是体育教学目标的基本实现途径之一。体育教学具有教学的所有共性，但是体育教学又具有学科的独特性，这主要是因为体育教学是由不同的教学因素组成的，下面是笔者根据对体育教学的研究，对体育教学基本要素的分析及对“教学全景”的研究。

体育教学也与其他教学一样，是由一些最基本的教学要素构成的，如果我们能认识这些最基本的因素，就能更清楚地了解体育教学的概念，并能更清晰地掌握体育教学的内部结构。

1. 教学目标

在进行体育教学之前，我们首先应该清楚一个问题，那就是“为什么要组织体育教学”？这是体育教学中涉及的目的和目标的问题。因此在进行体育教学的时候，首先应该确定的第一个因素就是体育教学目标。没有教学目标，任何一种教学活动的开展都不具备依据性，就不能保证体育教学有目标地开展。

2. 教学主体

在体育教学过程中，要面对的第二个问题就是“体育教学是为谁组织的”？众所周知，体育教学的对象是学生，这也是体育教学中的重要因素之一。如果没有学生，体育教学就没有任何的意义。因此，学生是体育教学中的主体，是体育教学活动的接受者。

3. 教学引导者

任何一种形式的教学活动，都是在教师的引导中才能有效进行的，体育教学亦是如此，因此体育教学在开展过程中，要面对的第三个问题就是“体育教学是由谁组织和实施的”？因此，体育教学的第三个重要的因素是教师，其是体育教学活动的指挥者和实施者。

4. 体育教学的内容

体育教学需要面对的第四个问题就是“在体育教学中，教师和学生之间所需传递的媒介是什么”？在教学的过程中，教师和学生之间的桥梁就是教学内容。教学内容是由教学的课程和教科书组成的，是体育教师和教学工作者根据社会的要求、学科的体系和学生的需要选编而成的。

5. 体育教学过程

体育教学面对的第五个问题就是“体育教学沿着什么样的途径达到教学目

标”？这个问题所要表达的是体育教学中涉及的第五个因素是教学过程。教学过程是体育教学过程中的时间和流程因素。

6. 体育教学环境

体育教学需要面对的第六个问题就是“体育教学是在什么样的环境下组织的”？这个所要表达的也是体育教学中的第六个因素，即体育教学环境。不良的体育教学环境会影响体育教学的质量，有时会严重影响体育教学的进行。

7. 体育教学方法

体育教学需要解决的第七个问题是“怎样更好地进行体育教学”？这实际上就是体育教学的方法。体育教学方法是实现体育教学目标的途径。好的体育教学方法能促进学生对教学相关知识和技能的掌握。因此体育教学方法也是体育教学中的重要组成要素之一。

二、体育教学的特点与功能

学校体育是教育的重要组成部分，在教学过程中，加强学校体育教学工作，帮助教师认识到体育教学在学校教育中的位置和作用，是推进体育基础教育改革的重要内容。因为学校体育在实现“素质教育”、提高国民体质方面有着不可替代的作用。学校体育的主要任务是增强学生的体质，促进学生身体及机能的正常发展，体育专业的学生和教师要想更准确地掌握体育学科的相关知识，优化体育与教学过程，首先应该清楚地了解体育教学的特点，以实现体育教学的科学化。

（一）体育教学的特点

我们已经了解到体育教学是学校教育的重要组成部分，但是由于体育教学较其他学科的教学而言，具有很强的实践性，并且在教学的过程中涉及的内容较多，较为复杂。因此体育教学的特点较其他学科的教学特点也有着本质的区别。因此，对于体育教学工作者而言，掌握体育教学的特点也成为必备的知识之一。笔者根据自己多年对体育教学的研究，将体育教学的基本特点总结如下。

1. 身体参与的直接性

体育教学的根本目的就是增强学生的体质，其教学的本质就是通过肌肉群的运动，促进学生身体机能的发展，从而增强学生的运动技能。这就决定了体育教学这门课程是通过反复的教授和实践，让学生掌握锻炼的方法，直观地说，就是通过肌肉的感觉将信息传递到中枢，然后经过反复的条件刺激，建立起条件反射，最终经过分析、总结，达到对某种技能的理性认识，使得学生掌握某项体育运动的技能。因此体育教学的特点之一就是身体参与的直接性。所谓身体参与的直接性主要表现在两个方面：第一是教师身体参与的直接性，因为有些体育运动需要教师亲身示范，这是体育教学中最常见的一种教学方式；第二就是学生的身体参与的直接性，通过亲身参与练习，按照教师的示范，进行反复尝试和练习。

2. 认知活动的本体性

体育教学贯穿学校教育的整个阶段，体育教学内容也较为复杂。因此在教学的过程中，要根据学生的认知规律和身心发展的特点，组织体育教学的内容，最大限度地促进学生对体育教学的知识和技能的掌握。如果所安排的教学内容与学生认知的本体性发展有一定的差距，那么就会降低学生对体育教学的兴趣和参与热情，让学生产生厌恶的情绪，不利于体育教学的开展。如对低年级的学生开展体育教学的时候，就应该多采用一些游戏式的教学方法，所选用的教学内容也应该较为形象、简单，这样易于学生掌握和接受。但是对高年级的学生进行体育教学的时候，就应该在教学的过程中多加入一些比赛活动，激发学生的热情，有利于学生学习兴趣的提高。因此在开展体育教学的过程中，要坚持认知活动的本体性的特点。

3. 体力和智力的结合性

体力和智力的结合性是体育教学的特点之一，这也是当今素质教育和全面发展教育的主要内容。众所周知，体育锻炼能通过各种调节人体机能的运动或是活动，达到强健骨骼、增强体质的作用。因为骨骼的生长需要不断吸收蛋白质和无机盐，人体必须有足够的维生素才能使钙和磷更好地吸收，在体育课上，进行户外锻炼的时候，日光中的紫外线能够释放一些物质，促进机体对钙和磷的吸收。同时还能使肌体的纤维变粗，提高肌肉血液的供应，增加毛细血管的收缩程度，同时使肌肉强壮。除此之外，体育锻炼还能够促进人体大脑和神经系统及其他各部分的生长发育。美国科学家对幼鼠的训练表明，适当地开展一些体力活动能有效地增加脑的重量、皮质的厚度和神经细胞的体积，使脑物质结构发生变化，延缓衰老，消除疲劳，提高大脑的工作效率，从而提高记忆能力，开展体育锻炼可以提高脑细胞的反应速度，有利于发挥脑的智力功能。

4. 教学内容的健身性

体育教学是通过教师的讲解和示范，带领学生进行各种锻炼活动，并且在活动的过程中引导学生掌握相关知识和技能的过程。如体育教师在体育课上组织学生进行各种体育锻炼活动，根据学生的体质特点，开展各种强度不同的体育练习，使学生学习掌握运动技能，使身心得到运动负荷的刺激，增强了学生的体质，促进学生身心健康，达到健身性的目标。体育教学内容的健身性是教学的显性特点，这一教学特点是语文、数学等文化学科所不具备的，在开展体育教学的过程中，教师通过预设的活动和身体练习，以及循循善诱的教学方法，对学生的心理进行刺激，促进学生的心理健康，帮助学生养成良好的行为习惯，由此可以看出，体育教学内容具有健身性这一显性特点。

5. 学习者身体的生理负荷性

体育教学中涉及很多的运动和锻炼，这些都是通过肌肉群的运动，促进身体机能的变化，从生理角度而言，很多体育运动、活动都会牵涉身体做功的问题，学生在参与的过程中，由于肌肉群的运动，促进人体的新陈代谢，增加身体的生理负荷，最终达到强身健体的目的。如组织学生参加跑步活动，我们可以看到的是，跑步结束的学生会感觉到小腿肌肉和大腿内侧的肌肉有酸胀感，同时也会造成身体的劳累，这就说明了体育锻炼具有增加学习者的身体生理负荷的特点。除了跑步这项运动之外，如跳远、篮球、足球等能够带动机体肌肉群的运动，都能对机体产生负荷。在进行体育教学的过程中，教师通过引导学生反复地进行体育运动的实践，完成教学任务。因此，体育教学具有增加学习者身体生理负荷的特点。

6. 人际交往的直接性

体育教学是一个实践性很强的教学，是开放式的教学，同语文、数学等文化课学科的教学有着本质的区别。因为体育教学大都是室外教学，能够促进学生之间的互动交流，通过与同学之间的自由式的交流、沟通，提升每一位学生自身的交际能力。如学生在进行跳远练习的时候，需要同学之间互相帮助测量跳远的成绩，学生的成绩是透明的，能促进学生之间的交流和讨论，促进跳远技巧的研究，在问题的发现与解决中促进学生交际能力的提升。除此之外，体育教学中会牵涉很多的比赛项目，将学生分成小组，让小组之间进行比赛，小组成员之间相互配合，相互支持，形成团队凝聚力，培养学生的团队凝聚力。再加上任何一项体育锻炼和小组之间的比赛，都是由学生亲身参与进行的，这就是体育教学人际交往的直接性特点的表现。

7. 学习行为表现的直接性

前面我们已经提到，体育教学与其他学科最本质的区别就是，体育教学较注重对学生的实践知识和技能的培养，再加上体育教学的目的就是增强学生的体质，促进学生身心健康的发展。因此在教学的过程中，为了让每一位学生都能享受到体育锻炼带来的身体变化，达到通过体育课程的开展增强学生体质、提高学生身体免疫力的目的。因此在教学的过程中强调学生的参与性，这也是体育教学的基本形式，如教师在教授学生立定跳远技巧的时候，首先由教师进行示范，学生在观察教师的示范后单独练习，并且在练习的过程中，由教师对其错误的动作进行点评和指正，然后不断地规范学生的跳远动作，最终使学生掌握立定跳远的技能和技巧。因此，可以看出，学习行为表现的直接性是体育教学的特点之一。

（二）体育教学在学校教育中的地位

健康的体魄是国家对青少年的基本要求，是青少年实现自己理想，更好地为祖国、为人民服务的前提，同时也是中华民族生命力的表现，学校教育是培养社会所需人才的主要场所。因此学校教育要将学生的健康教育放在第一位，以增强学生体质、促进学生身心健康发展为教学目标。

文化课程所培养的是学生解决相关数据或者语言问题的能力，而体育教学主要以实践锻炼为主，丰富学生的业余生活，强健身心。由此可见，体育教学是学校教育的重要组成部分，也是国家教育事业的重要一员，它肩负着培养时代所需的“德、智、体、美、劳”全面发展人才的责任，承担着增强中华民族的生命力、促进社会精神文明的发展和进步的使命。

体育教学在学校教育中的重要地位，是由体育教育的作用及社会对体育教学的要求所决定的，因为体育运动在人的社会生活中起着非常重要的作用。如儿童能够通过体育游戏中的角色变化，帮助他们认清社会的规律，适应社会生活，同时通过一些规范和规则，可以约束人们的行为，使得儿童在早期的体育游戏中，就形成遵守社会行为和道德的意识，引导他们逐渐养成合理健康的生活方式。因此体育教学在学校教育中具有非常重要的地位。

（三）体育教学的功能

随着教育理念的转变、教学的改革，素质教育已经成为当今时代教育的重要指导思想，体育教学在这种新的教学观念的影响下，也更加明确了其作为健康教育的一种手段，已经被赋予了更多新的内涵和功能。素质教育中所提倡的健康教育，并不仅是指身体上的健康，没有疾病，同时还强调对学生的心理健康的教育和社会适应能力的培养。

素质教育最关键的内容之一就是培养学生发现问题、解决问题的能力，在反复的实践中，逐渐培养学生努力实现自身价值的意识，在此教学目的的引导下，健康教育已然成为素质教育的手段和具体的体现。无论是在体育教学中开展的小组教学，还是以游戏形式进行的体育教学，都能在实践中培养学生独立思考、团结合作、人际交往和适应环境的能力。笔者根据多年对体育教学的研究，将体育教学具有的功能总结如下。

1. 体育教学具有增强学生体质的功能

学校开展并组织学生学习体育这门课程，其最终的目的就是增强学生的身体素质，促进学生身心健康发展，从而更好地为祖国的未来服务。提高学生身体素质的手段是引导学生参与各种运动项目，并反复地锻炼。因此，体育教学这门课程涉及的主要内容是运动的技术，学生经过反复的实践锻炼，最终将这一种技术转变成技能，从而帮助学生更好地锻炼。同时，要使学生学习更多的体育运动及相关的知识，完成体育教学的目的，教师就应该不断地指导学生进行身体锻炼，培养学生参加并坚持体育锻炼的习惯。

同时，体育教学在学校教学中是一门较为特殊的学科，因为它在教学过程中涉及的技术远远多于体育理论知识。将体育课程与其他课程相比，其他文化课程较为注重学生的文化知识，学生只有掌握这些文化知识，才能解决课程中涉及的相应问题，将来才能更好地用于生产实践和社会实践，但是体育课程涉及的所有的内容都是技术教学，主要是通过身体的运动完成的。从生理学的角度来说，文化课主要是通过思维活动帮助学生掌握科学知识，体育课程虽然也是通过思维活动，但是还需要在机体活动的过程中，通过肌肉群对运动的感觉，将相关的动作信息传递给中枢，中枢神经经过分析、综合，达到对体育技术、技能的理性认识，并且通过反复的条件刺激，在机体内建立起条件反射，帮助学生掌握体育技术，这就是进行体育学习的过程，并且机体通过反复的锻炼，不断增强学生的体质，提升学生的健康水平。因此体育课程具有增强学生体质的功能。

2. 体育教学具有教育的功能

体育运动有它自身的特点，体育运动中的竞赛性能够培养学生当代社会的竞争精神，体育运动中的一些规则，能够对学生起到约束作用，并培养学生诚实、守纪律的品质。很多体育运动项目会增加人体机能的负荷量，同时还会受到自然环境及身体素质的影响。如在一场体育运动中，学生要完成自己或是教学的目标，就必须学会克服自身生理负荷，以及环境、运动器具上带来的困难，借此培养学生刻苦耐劳、不断拼搏、勇于进取的精神，加强学生的意志，同时体育锻炼还具有群体性和小组性的特征，再加上体育运动的互动性较强，因此能提高学生的人际交往能力，增强学生之间的团结力和凝聚力，培养学生的团队意识、集体主义和爱国主义精神。

由此可见，体育教育在承担着增强学生体质这一任务的同时，还承担着培养学生思想素质的重要使命。体育教师在从事体育教学的时候，要站在实现社会主义现代化教育的高度，把体育教育与国家和社会的要求联系起来，这样体育教学才能不断保持教学目标的鲜明性。因此，在新课改的环境下，体育教学现实了其鲜明的教育功能。

3. 体育教学具有培养学生自主性的功能

培养学生学习的自主性是体育教学的目的之一。“自主学习”就是从根本上确立学生的主体地位，在学习的过程中充分发挥学生的主观能动性，培养学生学习的自主性，从而提高学生的认知水平，使其掌握各种运动技能和技巧，促进学生非认知因素的发展。因为在整个体育教学的过程中，经常采用小组教学的模式，如此一来，教师通过正确地引导学生开展小组合作活动，指导学生在学习的过程中充分地发挥自身的优点，在学习过程中形成“互帮互助，共同提高”的理念，在学生对某种体育相关知识和技能学习的过程中，教师会切实地对学生个体进行评价，使学生真正地意识到自己在小组中的身份和地位。

在传统的教学过程中，无论是文化课还是体育课程，都是坚持“学生跟着教师走”的原则，在这种教学模式下，学生脱离了教师就会觉得无所适从，但是新课改的推行，使得体育教学强调对学生的意志力的培养，学生克服了在学习过程中的依赖心理。

三、体育教学的原则与规律

体育教学原则是体育教学过程中必须要遵循的准则和标准，是体育教学工作的指导原理和基本要求，从本质上而言，体育教学原则对体育教学一线的教师具有指导的作用。在教学过程中，体育教学原则是教学设计的出发点，是教学的调节中枢，它在一定程度上调节着教学内容、教学方法、教学手段及学生和教师的行为等。

（一）体育教学原则在教学过程中的作用

从上文中关于体育教学原则的介绍中我们可以看到，体育教学原则在教学过程中起到了非常重要的作用，在体育教学过程中，身处体育教学一线的教师正确地理解和贯彻体育教学的原则，对明确体育教学的目的、选择和安排教学内容、正确处理教学方法、顺利地完成教学任务、提高教学效果等都有着重要的作用，下面对体育教学原则在教学过程中的作用做详细的说明。

1. 体育教学原则使教学目的更加明确

体育教学原则贯穿体育教学的始终，是体育教学的起点，对教学目的和教学任务起到调节作用，很多教学目的的制定和确立也是建立在体育教学原则的基础上的。例如体育教学原则中强调“注重体验运动乐趣的原则”，那么教师在制定教学目的的时候，就要充分地考虑教学任务的趣味性，提高学生对体育教学的兴趣。这样就会使得教师在坚持体育教学原则的过程中，使得教学目的更加明确，这是体育教学原则在体育教学过程中的作用之一。

2. 体育教学原则指导教学内容的选择和安排

教学原则是一切教学活动必须坚持的规律和准则，教学过程中所有的教学内容和教学实践都应该以教学原则为参考，教学内容的选择和安排也应该以教学原则为依据。如教学原则中“促进学生的全面发展的原则”，表明在选择教学内容的时候，就应该兼顾学生各方面协调发展的原则，保证教学内容既有利于学生身体健康的发展，也有利于学生心理素质的健康。由此可见，体育教学的原则对教学内容的选择和安排具有指导的作用。

3. 体育教学原则保证教学方法的正确性

前面我们已经提到，体育教学原则贯穿教学的整个过程，无论是教学内容的选择、教学目标的确定，还是教学方法的选择，都需要按照教学原则进行。在教学方法的选择中，要保证其符合教学原则的要求。如教学原则中“因材施教的原则”，就需要教师在选择教学方法的时候，按照学生的特点进行教学方法的选择，这就保证了教学方法的针对性和正确性，对教学起到积极的作用。

4. 体育教学原则能够提高教学效果

通过前面关于体育教学原则的作用的介绍，我们已经了解到体育教学原则在体育教学中的地位和作用，除此之外，体育教学原则还能起到调节教育行为，从而提升教学效果的作用。如在进行体育教学的时候，教学原则约束了教师的行为，为教学指明了正确的方向，避免了教学过程中走不必要的弯路，提高了教学的效率。教学原则中“坚持教与学统一的原则”，明确规定了教师和学生在教学过程中的行为，使得所有的教学过程按照教学原则进行，从而提高了教学的效果。

（二）体育教学的原则

随着近年来教学改革的不断深入，有关体育教学理论和教学实践的研究和探索也越来越活跃，教学领域中关于体育教学方面的著作也越来越多。本书经过对当代体育教学著作的研究及对我国体育教学现状的研究发现：每一种体育教学原则都是相对稳定的，并且以潜在的体育教学规律为基础。同时，每一个具体的体育教学原则，都能在教学实践过程中找到相对应的实践指向。基于目前体育教学原则体系混乱，导致人们对体育教学原则认识不清的现象，笔者在本书中建立了一套完整、指导性较强、便于记忆的体育教学原则体系，充分地发挥了体育教学原则在整个教学过程中的指导作用。体育教学原则有以下几点。

1. 整体性原则

在本书中介绍的体育教学原则的整体性包含两层含义：第一是指教学所承担的任务具有整体性的原则。因为开展体育教学就是为了培养全面发展的青少年，这一教学任务是完整的，在教学的过程中应该坚持这一完整性的原则，不能有任何的缺陷和偏颇。二是体育教学活动本身的整体性。体育教学中涉及很多的相关要素，它们也是构成整个体育教学活动的关键要素，这就要求在教学过程中，要将体育教学过程中的各相关要素有机地配合起来，保证其在体育教学过程中能够共同发挥作用。

2. 身心全面发展的原则

青少年正处于生长发育的时期，可塑性比较大，体育教学又是学校教育中对学生进行身体和心理教育的有效方式。为了培养时代所需的全面发展的人才，保证学生身心的健康发展，就应该在教学的过程中选择不同材质、不同类型及多手段的教学，以便学生身体的全面锻炼和各个器官系统的机能都能得到协调的发展，养成正确的身体姿势，培养学生的健康心理。因此在教学的过程中，要始终坚持身心全发展的原则，保证教学内容、教学手段的多样性，使学生无论是身体的机能、感知、想象、思维、心理承受能力、交际能力等都能得到全面的发展。

3. 运动负荷与间歇相统一的原则

每个人的身体所能承受的运动量都有一定的标准，这称为运动负荷，人体生长发育、成熟的不同阶段，所对应的运动负荷也会有所不同。只有将学生在练习时的身体和心理的负荷都控制在机体所能承受的最佳范围之内，才能达到最佳的练习效果。如果运动负荷太强，就会对机体造成一定的伤害，不能达到运动的根本目的，如果运动负荷较弱，就无法达到对机体进行体能训练的目的。同时，在运动的过程中还要有必要的间歇，保证机体体能的恢复，两者相统一能够调节运动的节奏，消除学生的疲劳之感，活跃课堂气氛，从而提升学生的学习效率。

4. 掌握“三基”与发展体能相结合的原则

体育教学应有计划地全面锻炼学生的身体，发展学生的体能，同时根据体育教学的目标使学生掌握体育标准中所规定的知识、技术和技能，提升学生的身体素质，培养学生进行体育锻炼的能力和习惯。这一原则是由我国体育教学的目标和体育教学的要求所决定的。笔者通过反复的体育教学实践认为，学生只有掌握体育的相关知识、技术和技能，才能正确地运用并处理三者之间与提升学生身体素质和体能之间的关系，才能养成正确锻炼的习惯，更好地完成体育教学的目标。

5. 注重体验运动乐趣的原则

每一个成熟的体育运动项目中，都有其特定的运动乐趣，体验运动乐趣是人进行体育运动的目的，乐趣是体育运动的本质。在进行体育教学的过程中，让学生充分体验到体育运动的乐趣，满足学生对运动乐趣的追求，从而提升学生对体育运动的兴趣，激发学生在学习过程中的主观能动性，促进学生养成热爱体育运动的习惯，促进终身体育教学的发展。从学生的角度而言，体育是学生的学习活动。因此，只有充分地激发学生的学习动机，才能充分调动学生的主动性，从而提升体育教学的质量。因此在进行体育教学的过程中，要始终坚持注重体验运动乐趣的原则。

6. 循序渐进的原则

循序渐进的原则是指在进行体育教学内容、方法和运动负荷的安排时，要把握好不同内容之间的顺序，且必须遵守系统性和连贯性的要求，保证所安排的教学进程和顺序能够符合学生的身体和认知发展的一般规律，使学生能在这一规律的保证下，使得体育运动的能力和技能得到逐步的发展和提高。因此，在教学的过程中，必须按照学生的认知规律、知识和技能的习得规律、学生身体的发展特点，科学、系统地安排体育学科知识的顺序，然后进行有规律的教学。

7. 统一要求和因材施教相结合的原则

随着新课改的推行，我国教育的目的也随着时代的发展做出了相应的调整，并强调在教学的过程中，既要保证要求的统一性，又要保证学生的个性和特长能够得到发展。因为如果在教学的过程中，脱离了统一的要求，那么教学工作就失去了方向，如果对学生都按照统一的标准和要求进行教学，那么就会扼杀学生的个性和特长，使其难以发展。因此，在进行体育教学的时候，应该坚持统一要求与因材施教相结合的原则，这一原则是由人的身心发展的规律和教育的目的决定的。

8. 实效性与发展性相结合的原则

实效性和发展性相结合的原则，是建立在掌握实用的体育知识、技术、技能，并且能够有效地利用的基础上，这是体育教学的基本要求和实现体育教学目标的必要手段。体育教学直接面对的对象是学生。因此体育教学与学生身心发展的一般规律有着密切的联系。学生在进行体育学习的过程中，技能的形成和体质的增强之间有着紧密的联系，是相互促进的关系，如果一个学生个体不具备体育相关的技能，那么他就能够通过体育运动增强体质。换言之，如果一个学生没有强壮的体质，就不能够更好地掌握体育技能。因此，要实现教学目标的发展，不仅要重视学生体育相关知识和技能的获得，还要重视学生的发展性，根据国家对体育教学的要求，坚持实效性和发展性相结合的教学原则。

9. 安全运动与安全教育的原则

任何一项运动都是有利有弊的，运动虽然能够增强人的体质，促进个体体能的提高，但是与此同时，也会在一定程度上产生消极的作用。如果运动负荷超过机体的承受范围，就会对身体产生消极的影响，在运动的过程中不能掌握运动器械的使用方法，也会对机体造成一定的伤害。这些都是在进行体育教学的时候经常出现的一些问题，因为体育运动是以非正常的体位活动、剧烈的身体活动、器械上的活动等需要身体直接参与的活动构成的，因此在教学的过程中，要始终坚持安全运动与安全教育的原则。

从以上对体育教学原则的论述中可以看出，体育教学原则体系是动态的、开放的，并且同一教学原则在不用的教学阶段和教学时期，所包含的内涵也不完全相同。本书中关于体育教学原则体系的论述也并不是一成不变的，但是所讲述的教学原则却是教学过程中所应该遵守的。笔者希望体育教学研究者能够结合体育教学的时间过程，不断地丰富和发展体育教学原则体系。

（三）体育教学的规律

体育教学是通过体育课程完成的，体育教学内容的接受者和教学目标的实现对象都是学生。不论是一节体育课还是一个课时的体育课，都是一个教学过程。任何一种学科的教学都有其需要遵循的一般规律，体育教学也不例外。为了帮助更多的体育教学专业的学生和教师更好地掌握体育教学的规律，笔者特将体育教学的一般规律和特殊规律总结如下。

1. 体育课程应该遵循的一般规律

前面我们已经提到，任何一个学科的教学都需要遵循一定的规律，所谓体育教学过程中的一般规律，就是每一种形式的体育教学都应该遵循的规律。笔者通过多年对体育教学规律的了解，将体育教学的一般规律总结如下。

（1）社会制约性规律。体育教学是一种社会性质的活动。因此在教学的过程中会受到社会中多种因素的影响，如社会物质、文化条件和社会发展趋势和需求，以及社会政治和经济的特点等。因此，各国的情况不同、人们的文化水平不同，体育教学的目标和内容也不尽相同。体育教学不仅是学校教育的组成部分，而且在学校教育中起着重要的作用。与此同时，体育教学的条件和手段对社会经济的发展和科技水平及社会文化水平都有不同程度的依赖性。因此，体育教学必须遵循社会制约性的规律，并且随着社会的需求不断地变化。

（2）学生的身心发展规律。学生是体育教学的主体，是教学目标的实现者和教学任务的承受者，再加上学生的身心发展会随着年龄的不同，表现出一定的规律性。不同年龄阶段和教学环境下的学生的身心发展特点不尽相同，为了保证教学过程更符合学生身心发展的需要，在制定教学目标、选择教学方法、安排教学内容的时候，都必须从学生的特点出发，保证其符合学生接受能力和体质的状况，保证其符合学生的身心发展规律和特点，如此才能使体育教学过程具有针对性，才能保证教学目标的顺利实现。

（3）认知事物的规律。进行体育教学的过程是学生掌握体育相关知识、技术和技能的过程，在这个过程中需要体育教师的正确引导，才能保证教学顺利完成。为了保证教学目标的实现，在教学的过程中，必须遵循学生认知活动的规律，在此基础上，引导学生将感觉、思维、实践三个环节紧密地结合在一起。在学生接受知识和技能的过程中，感知是认识事物的基础，但是在不同的阶段，有着不同的感知能力；思维是学生对所学习事物的理性认识，学生思维的发展具有顺序性和阶段性；实践是对所学知识和技能的巩固和发展，以及不断提高的过程，同时也是增强学生体质、完成体育教学目标的必要途径。因此在进行体育教学的过程中，要严格遵守学生认知事物的发展规律。

（4）体育和德育、智育相统一的规律。随着我国对体育教学研究的不断深入，我们逐渐认识到，体育教学承担着增强学生体质的责任，因为它是一种以小组、团队等集体为主的教学。因此某种教学活动对学生的思想道德、精神面貌、意志品质等也会产生一定的影响。教学过程也是学生的认识过程，要在此教学过程中，不断地提升学生的素养和认识，充分地发挥学生的体力和智力，使学生能够掌握正确的学习方法，并养成一些良好的习惯。体育教学的目的就是培养全面发展的学生。因此在教学的过程中，应该始终坚持德育、体育和智育完美结合的教学方法。

（5）教、学相统一的规律。教学的过程是教师教和学生学习的过程，要想促进教学质量的提高，必须正确地认识教学的过程，在教学的过程中，不仅要充分地发挥教师的主导作用，同时还要十分重视学生的主体作用。在整个体育教学过程中，两者缺一不可，与此同时两者之间还存在非常紧密的联系。教师的教是学习过程的外因，学生的学是教学过程的内因，外因只有作用于内因，并且通过内因的变化，才能起到教学的作用。因此，教师的主导作用和学生的主体作用是相互联系、相互制约的。在教学的过程中，应该坚持教与学相统一的规律，这样才能取得更好的效果。

2. 体育教学应该遵循的特殊规律

所谓的体育教学的特殊规律，实质上是指体育教学过程中所特有的规律，主要包括以下几个方面。

（1）动作技能形成的规律。体育教学是一门实践性较强的学科，在学习的过程中主要以运动为主，体育技能的学习和掌握的过程有自己的规律，这是个体在学习某种动作技能过程中的基本规律，主要包括粗略领悟阶段、改进和提高动作阶段、巩固和运用阶段。任何一种动作技能的习得都需要经过这三个阶段，这就是动作习得的规律。但是由于每一种动作的难易程度及学生的熟悉程度不同，因此在每个阶段所需要花费的时间也就有所不同。因此三阶段的划分虽然是动作习得的必经规律，但是却没有严格的、明显的界限，对体育教学而言，只有在教学的过程中，按照动作内容的不同，严格遵循动作技能的形成规律，才能最大限度地提高教学的效率和质量。

（2）人体机能的适应性规律。人体在进行运动的时候，体内会发生一系列的变化。由于不同运动对机体造成的影响不同，因此，机体对每一个运动都有一个适应的过程，并且有一定的规律性。机体在运动的时候，由于运动动作的变化，会对机体产生一定的负荷，使得机体产生对能量的消耗，这一时期称为机体的工作阶段。经过一定时间的调整和休息，体内的能量逐渐恢复到之前的水平，称为能量的恢复阶段。再经过一段时间的休息，机体的体能量会超过运动之前的水平，这就是超量恢复阶段。因此在教学的过程中，要合理地利用这一规律，把握好运动的时间间歇，保证最佳的学习状态，提升教学的质量。

（3）人体的生理、心理活动起伏变化的规律。体育教学的目标不仅是增强学生的体质，提高学生的运动能力，除此之外，还注重学生的心理发展，强调身心的共同发展，这就是当前体育教学中提倡的“促进学生全面发展”的目标。从体育教学的特点上看来，运动本身就是学生身心共同参与的过程，在反复的练习和休息的过程中，学生的生理机能变化具有一定的规律性。由于学生的年龄、身体条件、气候、社会环境及接受训练的方法不同，教师选择的教材和所采用的组织教法也存在一定的差异性。如对于少年儿童来说，机体的活动能力一般是上升的速度比较快，但是维持的时间较短，和身体活动相对应的是，学生的心理活动也呈现相同的发展趋势。由此可见，体育教学过程中呈现不同的变化趋势，这也是体育教学应该遵循的规律。

由于体育教学在学校教学过程中具有重要地位，再加上体育教学具有复杂性和实践性。因此在教学的过程中要围绕上述介绍的体育教学中所应该遵循的一般规律和特殊规律进行，从而提高教学的效果。

第三节　体育教学的发展

一、国外体育教学理论的发展

近代是国外教学理论的形成时期。从 14 世纪开始到 17 世纪初期的文艺复兴时期，资产阶级革命和工业革命的发生，是这一时期教学理论发展的社会背景。17 世纪欧洲从封建社会向资本主义社会过渡过程中，捷克著名教育家夸美纽斯出版了教学论史上划时代的著作《大教学论》，它是近代西方第一部独立的教学理论著作。夸美纽斯认为：“身体是灵魂的住所，一旦住所坏了，灵魂便立刻离开了这个世界。身体患病了，精神也会患病，因此，身体要免于疾病和死亡，就得尽量注意身体，以便健全的精神寓于健全的身体。”他提出了养生之道的若干原则，这就是：有规律地节制生活，尤其是适量的饮食、体育运动、必要的睡眠与休息。法国著名启蒙思想家、教育家卢梭强调身体锻炼对以后的体育教学理论与实践的发展产生了深远的影响。他在 1762 年出版的《爱弥尔》中揭开了西方教学思想中个人主义价值取向的序幕。卢梭之所以强调锻炼身体，首先是因为他认为锻炼身体、强健体魄是他的教育目标“自由、独立的人格”所不可缺少的素质；其次，他认为身体是精神陶冶的基础，身体强健，精神也健康。卢梭主张教育应“回归自然”，顺应人的本性，按客观自然规律进行教育，按兴趣爱好组织运动，使身心得到自由发展。他重视利用自然条件来锻炼人的肢体和感觉，培养其意志，使之学会各种生活技能和适应各种变化。瑞士教育家裴斯泰洛齐进一步发展了几代教学论思想，他主张教育的目标是要造就具体化的有自力更生能力的人、具有独立自主能力的人，他主张根据自然的法则去开发这种人类本性的力量，提出体育手段多样化以使青少年身体全面发展的思想。他指出：“有人主张单独教授单项技术，也有人充任舞蹈、击剑和骑术的教师。可见，就连体操专家也竟然多半在教授单一动作，而不改善人的整个身体发展状况。由于这个原因，这些人的活动不能认为是真正的体育，而只是舞蹈、击剑或骑马的传授……”德国教育家古茨穆斯一生的职业是教师，他为人类的体育教育的形成与发展做出了很大的贡献。当时在德国只是把体育当作维持健康的一种措施，在人体发展上的教育作用常常被忽视。当时的体育主要是从卫生的角度来考虑饮食、衣着、空气、日光、散步和旅行等养生之道，不包括当前这样许多身体运动技术的内容。古茨穆斯认为，体育以保养为目标是不充分的，更重要的是增强体力，提高运动技能，培养良好的性格，从这里可以看出现在我们所说的体育教学的三项任务，这个思想体系大概是古茨穆斯在18世纪后期提出的。古茨穆斯主要的贡献是对身体教育提出了一系列运动教学的内容和方法。他在《少年体操》中系统地阐述了体操理论与方法，论述了身体训练和体操的意义、重要性、目的、效果等，并试图将体育教学理论及其实际问题同生理学、解剖学理论结合起来。把体操列入学校正规课程的一部分、获得社会承认的是施皮斯，其终身职业是体育教师，因为他的主要贡献是在学校体育方面，因此被称为“德意志学校体育之父”。他继承和发扬了古茨穆斯的运动教育的思想，他将多年的中小学体育实践经验进行理论加工，形成了一整套体育教师必备的著作。施皮斯的体育著作《体育论》共分四卷：徒手体操、引体向上运动体操、支撑运动体操、集体运动体操。他最重要的贡献是根据男女性别和年龄造成的能力差异，选择和安排适当的运动，并把体操列入所有年级的体育课。施皮斯从1833年开始确立了运动规格和体系，即把身体运动动作规格化和系统化。施皮斯的体育教育理论在西方应用了一个世纪，即从19世纪30年代到20世纪30年代。到19世纪中期，近代体育教育有了较大的发展，丹麦政府于1809年规定中等学校设置体操学科，对各国体育教育都有很大影响。

这一时期体育教学理论迅猛发展，但尚不完备，逐渐从其他学科吸取新的研究成果，为体育教学理论研究开辟了新的道路。

随着科学技术的发展和提高，心理学、生理学、社会学、法律学等经验学科逐渐兴起，这些学科的知识和研究方法，对体育教学理论的发展起了巨大的作用。第一，随着生理学的发展，应不断对身体练习重新检查和加以发展；第二，体育是早期协调发展人的重要手段，只有协调发展的人才能以最少的精力并在最短的时间内达到最高的生产率；第三，协调发展的基础是人的体力和智力的统一，这种发展是受意识的主导作用而实现的；第四，体育教学的实质是传授历史过程中积累的教育素材；第五，只有在“体育教养”制度建立在科学的基础的条件下，身体才能获得正常发展；第六，从“体育教养”科学制度中吸取的教学素材并不包括知识宝库的全部内容，而仅仅指易于在学龄期掌握的动作形式，并适合学生运动与发展的项目，如步行、跑步、跳跃、投掷、摔跤、自由体操、游泳和旅行活动；第七，体育发挥的是教育规律的功能，在教学过程中应当极其注意循序渐进、持之以恒、年龄特点和顺序原则。

高尔霍夫尔，奥地利人，他的主要著作是：《奥地利学校体育概要》《自然体育》《新学校体育》《少年体育》等。

他主张体育活动应注意儿童的生理、性别特征及儿童锻炼的限度，强调儿童要进行自然的运动。此外，还要注意儿童、少年在心理和审美方面的要求。他将身体锻炼、卫生教育、娱乐教育都容纳在自己的身体教育体系之内，形成了当时最为完善的身体教育体系。

进入20世纪以来，由于世界范围内的生产力水平不断提高，文化教育与科学技术的发展向传统教育提出了挑战，促使教育家去探索新的教育与教学理论，开展新的教育与教学变革。于是，欧美等国开始创办了新型的学校，改变传统的教育与教学模式，重视使用知识的传授和实际技能的训练，在教育领域进行教学改革。最早提出体育教学法的是瑞典体育教师斯卡斯特罗姆，他在1914年出版了《体育教学法》，美国哥伦比亚大学威廉姆斯博士1927年著有《体育原理》，是这一时期体育教学理论的代表，其主要论点是基于当时美国杜威的实用主义教育哲学的“自然体育”的思想和方法提出来的。“自然体育”特别强调：体育即生活，体育即教育，体育要适应人的生理及心理特征等，使学生生活丰富、满足。自然体育所形成的一整套概念、理论和方法，成为19世纪20—40年代体育教学理论的主导思想。20世纪40年代，马克思主义教学论诞生，这是教学论发展史上一次革命性的飞跃，是在苏联十月革命后的社会主义条件下形成的。教育学家凯洛夫在1939年出版了《教育学》，其理论建立在马克思主义哲学的基础上，以培养全面发展的信任学说为基本原理，逐步形成了苏联教育教学理论体系。凯洛夫在《教育学》中对教学的基本理论进行全面阐述，从教学的指导思想到对教学原则、教学过程的剖析都在很大程度上影响了体育教学体系的构成。其中比较有代表性的是依·格·凯里舍夫主编的《苏联体育教育理论》和格·依·库库什金主编的《体育教育理论》。

二、中国体育教学理论的发展

（一）中国古代体育教学理论的产生

知识的增长和研究方法的更新使近代每一门学科的研究逐步深化，出现了新的研究领域，从而诞生了新学科。在我国，体育教学论研究大致可追溯到20世纪初期，而我国对体育理论进行系统化研究开始于20世纪70年代。科学技术的迅猛发展，对培养人才提出了更高的要求。体育教学理论的研究非常活跃，从研究方法到研究内容都有许多创新。在国外，教学流派林立，体育教学论的研究已达到了一个新的水平。我国改革开放以来，体育教学改革试验和教学理论的研究也非常活跃，开始形成了具有中国特色的体育教学理论。历史学家与考古学家的研究资料表明，人类最少有两三百万年以上的历史。体育作为获取生存所必需的物质财富活动之外的一个社会活动特殊范畴，产生于原始社会的晚期，其训练的内容是多方面的，其中包括许多身体运动能力等方面的训练。例如：从事畜牧业的民族骑马和骑马围猎是人们主要的谋生本领。因此青年们必须接受这方面的训练；在农业村庄，人们感兴趣的是摔跤、举重、舞蹈和养生术等，青少年则以学习这些内容为主。当时体育教育的最初内容就是通过成人接纳仪式而进行学习和训练。当然，不同的地域、不同的历史时代，体育教学的内容、形式都各有差异。孔子的教育过程理论是中国古代传统的教学过程理论的开始。他的一些教育思想对体育教学也有着巨大的影响和指导作用。在孔子的教育理论体系中，教学过程是学与习的结合、学与行的结合。循循善诱，因材施教，在体育教学中充分体现出了这个特点。《论语》开卷的一句话说："学而时习之，不亦说乎？"这段话从方法指出，学必须"时习"，学而时习，才能对所学的有所体会，感到无穷乐趣。他所推崇的"六艺"，也非常重视人的身体发展，为中国的体育教学做出了应有的贡献。

（二）中国近代体育教学理论的发展

近代中国体育教学理论是指1840—1949年在中国流行和实施的体育教学

理论。1840 年鸦片战争以后，中国逐渐由独立自主的封建专制的国家演变为半封建半殖民地的国家，中国的教育也进入了近现代时期。在体育教学思想领域中，各种教学思想、理论经过冲突、融合，出现了新的特点。

1. 资产阶级改良派的体育教学思想

康有为是近代资产阶级改良主义教育家，他的体育教学思想集中反映在《大同书》中。他主张：第一，各级学校都要注意卫生、体育设备及环境布置，即各级学校都应当实施近代体育并为其创造物质条件；第二，要特别重视青少年儿童的体育。他认为少年儿童的身体强弱关系终身健康，儿童阶段应把体育放在第一位。在实施儿童教育的过程中，他主张对儿童不要完全放纵。

梁启超由于接受了西方的学术思想和教育思想，所以提出：“德育、智育、体育三者，为教育上缺一不可之物。”他可能是最先向中国介绍西方的军国民体育思想的。

严复是近代资产阶级启蒙思想家，他在 1895 年所写的《原强》中根据进化论原理，以及“体”“用”统一的思想，积极主张运动强身，强调力、智、德三育为强国之本。在这一时期，资产阶级启蒙思想家比较系统地介绍西方文明到中国来，因而第一次从全国教育角度把西方体育教育引入中国，并且有了初步的实践。

2. 新文化运动中先进人物的体育教育思想

五四运动期间，中国兴起了反封建主义，宣传民主与科学，提倡文学革命的新文化运动。一些进步的体育思想理论对我国体育教育产生了深刻的影响。

蔡元培在 1912 年发表了《对教育方针的意见》一文，提出应实行五种教育，即军国教育、实利主义教育、道德教育、世界观教育和美感教育。1920 年 12 月，在《在新加坡南阳华侨中学的演说》中，他强调：“所谓健全的人格，内分‘四育’，即体育、智育、德育、美育。”“四育”同样重要，不可放松一项。“先讲体育，在西洋有一句成语，叫作健全的精神，宿于健全的身体。可见体育的不可轻视。”他强调了体育的重要，并精辟分析了运动竞赛和体育健身两者的关系，指出：“体育要发展学生的身体，振作学生的精神。其实体育最重要的是合乎生理。”从蔡元培的体育教育思想可以看出，蔡元培接受了西方全面教育思想，把体育作为其中一个重要内容，并针对中国当时的形式，提倡军民教育，试图用教育救国，用体育强国。1917 年 4 月，毛泽东以“二十八画生”的笔名发表了《体育之研究》，针对当时中华民族体质衰弱，而提倡体育者多不知“体育之真意”的情况，运用近代科学知识，对体育的各项基本问题进行精辟的分析和研究。文章强调指出：体育的目的，不仅在于养生，还在于卫国，体育的效用在于强身健体、增知识、调感情、壮意志。文章正确地阐述了体育与智育、德育的辩证关系，指出："德智皆寄于体，无体是无德智也。"对少年儿童应特别"注意于身体之发育"，学校"宜三育并重"。同时，还以古今中外丰富的典籍和人物作例证，科学地阐述了体育运动的原则、方法，论述了身体与精神、体强与体弱、锻炼与养护、客观不利条件与主观努力之间的辩证关系。《体育之研究》发展和丰富了我国体育教育理论，代表了当时先进的体育思想及主张。

三、国外与中国体育教学理论的比较

（一）中西体育文化历史根源的相似性

1. 中西方体育都曾是依附宗教文化的体育

在中国农业社会里，宗教思想禁锢着人们的思维，人们的价值选择和价值判断也依附宗教且根深蒂固。中国很多的民族传统体育活动，如"摆手舞""茅古斯舞""划龙舟""东巴跳""绕三灵"等，在远古只是作为该民族图腾崇拜、祭奠祖先时进行宗教祭祀活动的一种仪式。而作为西方体育发源地的古希腊，在克里特时期出现的体育活动，如角斗、掷石饼、赛跑、跃、拳击、赛车和舞蹈等，也同样是宗教祭祀、国家庆典中的一种活动形式。因此，中西方体育在远古都是依附于宗教的一种祭祀礼仪和活动形式。

2. 中西方体育都曾是强调群体本位的体育

中国自古以来的文化传统就是主张群体本位。在这种哲学理念和社会关系中，个人不能作为一个独立的实体存在，个人依附于群体，群体主宰着个人。儒家伦理对人生的目的和任务提出"修身、齐家、治国、平天下"的要求，个人的修身只是作为手段而存在，个体只是作为群体的附属物而存在，国家的治理和天下的太平才是最终的目的。

古希腊生活中的一个基本原则就是国家优先于个人，个人从属于国家。亚里士多德根据希腊城邦生活的经验指出："城邦，在本性上则先于个人和家庭。"这种城邦（国家或社会）至上的集体主义原则在柏拉图的《理想国》中体现得更为淋漓尽致。因此，现在既具有独立文化形态，又作为社会文化重要组成部分的中西方体育，在远古都是强调群体本位的体育。

3. 中西方体育都曾是内敛的体育

中世纪以前的西方体育文化和中国传统体育文化极其相似，都是一种内敛的体育文化。中国传统体育文化从文化结构上理解，应该是依附于宗教、感性至上、强调群体、隶属于中国传统文化的体育文化。而古希腊克里特时期的体育活动，虽然在活动形式上具有多样性，甚至出现初期的竞技性倾向，但是基本浸渍在宗教文化之中。此时的体育活动以游戏、风俗习惯、宗教为主题，表现出明显的娱乐性、传承性、神秘性、神圣性等。而初期的竞技性倾向也由于四次大地震和火山爆发等自然灾难及社会的变迁，发展得十分缓慢。因此，现在既具有独立文化形态，又作为社会文化重要组成部分的中西方体育，在远古都是特性内敛的体育。

（二）社会演变过程中中西体育文化的差异性

在漫长的历史长河中，由于中国大部分时间处于一种闭关自守的封建状态，这就决定了中国体育文化依然以农业文化形态为主体。相比之下，西方自文艺复兴、宗教改革和思想启蒙运动以来，社会发生了重大变革，商品经济成为社会的经济基础。与之相适应，西方体育开始逐渐摆脱落后状态，进入工业文化形态，并正在向后工业文化形态过渡。在这两种截然不同的社会背景下，中西体育文化的核心理念和价值取向也具有显著的差异性。

1. 中西体育文化核心理念的差异性

中国体育文化的核心概念表现为“利他”性。“仁、义、礼、智、信”的对象都是他人，不是自己，这是一种纯粹的以他人为中心的做人做事原则，突显了中国人自身更注重和谐的人际关系。而西方体育文化核心内容则表现为“利我”性。“勇敢、竞争、自由、平等、节制、谨慎”的对象都是自己，没有他人的位置，是一种典型的以自我发展为中心的做人做事原则，突显了西方人同样重视处理自己与整个社会的秩序问题。西方在竞争为贵、物竞天择、适者生存的传统价值观的影响下诞生了以个体为本位的体育思想。因此，西方人在从事体育活动时坚持个人主义，提倡个性解放，尊重个人权利，重视契约关系。

2. 中西体育文化教化原则选择的差异性

中国体育文化价值选择以“乐行而礼成”和“经世致用”为教化原则。这表明中国古代体育文化主张利用体育活动修身养性，将体育活动纳入治心、修身、为国、观人的教化过程中。正是基于这种认识，具有实用价值和有利于完成个人道德修养构成了中国古代选择个人体育活动的两个基本原则。

西方体育文化价值选择以充分尊重人的自由意志、张扬个性为基本原则。西方文化强调激发和释放人类的创造潜能，这种追求个体美、个体自由意志的思想境界和尊重人性与人的自由意志也成为西方社会选择体育手段的重要原则。可见，无论是古希腊和罗马的竞技运动，还是发展到近代的户外运动乃至现代运动，西方体育运动始终强调了人的自我价值的实现，追求个体自由意志，注重竞争而不是伦理。

3. 中西体育文化参赛原则选择的差异性

在以儒家思想为思想主流的古代中国，重视的是仁、义、礼、乐而非身体运动本身，倡导的是人（君子）之间以礼相待的规范而非突出个体力量的竞争精神。在这种重道德轻肉体的观念主导之下，中国古代体育形成了“射不主皮，力不同科”的参赛原则。这说明了以孔子为代表的儒家思想重视体育尤其是古代军事体育为仁义礼乐服务。

而与此相反，西方体育文化所彰显的则是自由竞争的参赛原则。古希腊思想传统主张人可以认识自然，征服自然，向大自然挑战。那个时候的人们清楚地意识到自身与自然的差异、对立和矛盾，并力求克服这种矛盾。

4. 中西体育文化竞技观的差异性

从审美情趣来看，中国人崇尚超人的智慧和完美的贤德，中国人讲的形体美，首先是“生而长大”，即父母给定的而不是后天练就的；其二是讲貌美与神韵。而在希腊人眼中，理想的人物不是善于思索的头脑或一个感觉敏锐的心灵，而是血统优良、发育健全、肢体匀称、身手矫捷、擅长各种运动的竞技家。古希腊对力的崇拜与对肉体的赞美构成了西方体育文化竞技观的基础。

中西体育文化中不同的价值理解影响体育活动中的竞技观，不同的竞技观影响人们对活动方式的选择，从而形成不同类型的基本运动模式。西方重视体格，赞颂力量，其主要运动竞赛大都属角力、跳跃、拳击、赛跑、掷铁饼等力量型的运动，其竞赛以展示体能的高低为特征。而中国运动方式大多呈技术型，就是在力量型的竞赛中也崇尚“四两拨千斤”的技巧，以展示技法技巧之优劣为其竞赛特征。

第四节　体育教学的过程

一、体育教学过程的含义与性质

（一）体育教学过程的含义

对体育教学过程的认识有三点是共同的：①体育教学过程是实现体育教学目标的过程和途径；②体育教学过程是有组织的程序和有计划的安排；③体育教学过程是学生掌握体育知识、运动技能和接受各种教育的过程。

据此，本教材对体育教学过程做出如下的定义：体育教学过程是为实现体育教学目标而计划、实施的，使学生掌握体育知识和运动技能并接受各种体育道德和行为教育的教学程序。这个程序具有学段、学年、学期、单元和课时等不同的时间概念。

（二）体育教学过程的性质

1. 体育教学过程是学生掌握运动技能的过程

体育教学过程首先是学生掌握运动技能的过程。知识类学科的教学过程主要是使学生识记概念及运用判断、推理等思维方式去掌握科学知识并发展智力，而体育学科则是使学生在不断的身体练习中去掌握运动技能，并通过运动技能的掌握进行其他方面的养成教育，因此我们首先要把体育教学过程理解成一个学生掌握运动技能的过程。

2. 体育教学过程是提高运动素质的过程

掌握运动技能需要运动素质的提高，同时大肌肉群的体育活动也能有效地提高运动素质，掌握运动技能和提高运动素质是相互促进的关系。因此体育教学过程也是一个不断提高学生运动素质并以此增强学生体能的过程。在体育教学过程中，不仅要注重学生对运动技能的掌握，而且要关注学生运动素质的提高，要在设计教学、安排进度和选编内容等方面将两者有机地协调起来。

3. 体育教学过程是学习知识和形成运动认知的过程

体育是涉及人文学科和自然学科的一门综合性课程，在以掌握运动技能为主的体育教学过程中，学生也会涉及许多的知识学习和运动认知获得，有时，这些知识学习和运动认知获得还是掌握运动技能和提高运动素质的基础。因此体育教学过程也必是一个掌握体育知识和进行运动认知的过程。

4. 体育教学过程是集体学习和集体思考的过程

“集体学习”和“小集体学习”是体育教学的主要教学形式，这是由于大多数的体育运动项目是在集体和小集体的形式下完成的。因此体育的习得也需要在集体性学习和集体性思考的过程中进行。与此同时，当前的体育教学的目标也越来越指向学生的集体学习，以期获得集体教育潜性作用。体育教学中的集体学习和集体思考也是加强师生、生生互动和沟通，培养学生的社会交往和社会适应能力的途径。因此我们也要把体育教学理解成一个学生集体学习和集体思考的过程。

5. 体育教学过程是体验运动乐趣的过程

学生学习体育的过程是一个在生理上伴随着苦、累、汗，甚至伤痛的过程，是身体经受生物学改造的过程，但同时也是一个在身体和心理方面体验运动固有乐趣的过程，这种乐趣是体育运动生命力的体现，也是体育教学的学习目标与内容，更是培养学生的体育参与意识的途径和手段，是终身体育的重要基础。因此，我们还要把体育教学过程理解成一个学生体验运动乐趣的过程。

二、体育教学过程中的客观规律

（一）体育教学规律的含义

规律是客观存在于事物发展过程中的本质属性和必然联系，它是事物发展过程中本身所固有的、不以人的意志为转移的客观必然。体育教学过程作为一种以体育课程内容为中介、以促进学生体育素养发展为根本目的的师生互动活动，也存在其客观的规律。我们在进行体育教学时必须认清和遵循这些客观规律，否则体育教学过程的目标实现就定会大打折扣。体育教学规律是在体育教学过程中客观存在和必然显现的，与体育教学的特殊性有着密切联系的现象及其有规则的变化。在体育教学过程中究竟存在哪些规律呢？许多学者对此有着不同的总结和归纳。笔者依据体育教学规律的定义，提出体育教学过程中客观存在五大规律，即运动技能形成的规律、运动负荷变化与控制的规律、体育知识学习与运动认知的规律、体育学习集体形成与变化的规律、体验运动乐趣的规律等。

（二）体育教学过程的五大规律

1. 运动技能形成的规律

体育教学要让学生学会和掌握一定的运动技能，而运动技能的形成要经历一个由不会到会、由不熟练到熟练、由不巩固到巩固的发展过程。动作技能形成、提高的过程分为三个阶段：①粗略掌握动作阶段；②改进与提高动作阶段；③动作的巩固与运用自如阶段。虽然在体育教学过程中，每次课只有 45 分钟，每周只有间断的 2 ～ 3 次课，体育课安排不可能明显地体现和准确地划分出动作技能掌握的这三个阶段，但从一个动作技能掌握的长链结构上看，仍然是要遵循运动技能形成的规律的。

在体育教学过程中，运动技能形成的三个阶段受一些因素的影响，如运动技能的难度、学习运动技能的总时间和时间的密度、体育教师的教学经验与教学能力、学生的前期经验积累、学生的体育基础及学生身体素质强弱等。

2. 运动负荷变化与控制的规律

体育教学是学生通过身体练习来完成的体育习得过程。因此，在体育教学中学生的身体必定要承受一定的生理负荷，而且从某种意义上讲，这种生理负荷越大，对学生身体产生的生物性痕迹效应越深，对体能提高的效果也越强。但是作为教育的体育教学与一般的体育锻炼和运动训练不同，其追求的不仅是生理负荷和生物性改造，还有其他方面的教育意义。

根据人体生理机能活动能力变化的规律，体育教学过程中学生承受运动负荷的规律也与此相适应，运动负荷的安排要与机能变化的三个阶段相匹配，在人体机能活动最强的时段安排较大的负荷，在人体机能活动上升和下降阶段要控制运动负荷，这是一个基本规律。

但是，在具体的体育教学中，由于学生年龄特点、学生的身体健康状况、学生的体育基础水平、教材的性质、教学组织教法及气候条件等不同，学生机能活动能力上升阶段所需要的时间、最高阶段的高度、稳定的时间，以及身体承担急剧变化负荷的能力等均有所不同。因此，学生承受运动负荷的大小要根据现实情况酌情考虑，要进行及时的调整和控制。

体育教学中的运动负荷变化与控制过程分为三个阶段：①热身和逐渐加强运动负荷的阶段；②根据教学的需要调整和控制运动负荷的阶段；③恢复和逐渐降低运动负荷的阶段。

3. 体育知识学习和运动认知的规律

在体育教学中，学生学习的重要内容之一是体育运动文化和身体锻炼的知识，在体育教学中所培养的认知也是其他学科不能替代的运动认知。由于体育学科具有独特的运动认知体系，因此体育教学还要遵循体育知识学习和运动认知的规律。

体育学科特有的运动认知体系是不断提高人体对物体、对自我的速度，对时间、空间、距离、重量、力量、方位、平衡、高度等因素进行识别和控制的能力，是一种“身体—动觉智力”。所谓身体—动觉智力主要是指运用四肢和躯干的能力，表现为个体能否较好地控制自己的身体并使之对事件做出恰当的身体反应及是否善于利用身体语言表达自己的情感和思想。构成身体—动觉智力有三个核心要素，其一是有效地控制身体运动的能力，其二是熟练地操作物体的能力，其三是体脑协调一致的能力。身体—动觉智力在多元智力中占有非常重要的地位。

用多元智能理论来解读体育教学，我们就可以在体育教学中，帮助学生协调地控制身体运动、熟练地操作物体（器械、器材），培养学生的空间感知能力和对方向的判别能力，培养学生对器械的速度、重量的感知能力，从而不断地提高学生的运动认知能力。

体育教学中的运动认知过程是：①广泛进行感性认知形成感性基础的阶段；②进行理性的概括形成理性认知的阶段；③将理性的认知演绎到各种运动情景的应用阶段。

4. 体育学习集体形成与变化的规律

体育学习集体形成与变化的规律主要是指在体育教学过程中，学生的学习主要是在集体合作、配合和相互帮助中进行的。因为体育项目和活动中大多数都是以集体形式呈现练习的，因此体育教学过程中的集体性学习体现了体育的特性和目标指向。因此，体育教学中要注重和突出学生体育学习的集体性规律。

体育学习集体形成与变化的规律要求教师在体育教学设计中，要选择体育集体性项目作为教学内容；要采用分组的小群体教学组织形式；要研究集体性学习的评价方法。只有遵循好这条规律，才能更好地把集体教育和思想道德教育融化于体育教学过程之中，体现体育学科特有的集体特性和集体教育的价值。

体育教学中的集体教育的过程是：①组成集体，形成集体因素的阶段；②集体巩固，在集体中接受教育的阶段；③集体成熟，自觉进行集体性行为的阶段；④集体分解，形成新学习集体的阶段。

5. 体验运动乐趣的规律

在体育教学过程中，要让学生不断地体验运动的乐趣，这是培养学生体育兴趣，使形成运动爱好和专长的首要条件，也是学生掌握运动技能、增强体质的前提条件，更是体育教学过程中教师自始至终要把握的客观规律。体育本身就是充满了乐趣的运动文化，学生对体育的乐趣追求也是体育学习动机的重要组成部分，重视体育中的乐趣因素可使体育教学成为活泼和充满乐趣的过程，忽视体育中的乐趣因素也可使体育教学成为“身顺心违”的过程，成为“磨难”的“畏途”。

体育教学中的乐趣体验过程是：①学生在自己原有的技能水平上充分地运动从而体验运动的乐趣的阶段；②学生向新的技能水平进行挑战从而体验运动学习乐趣的阶段；③学生在运动技能习得以后进行技术和战术的创新从而体验探究和创新乐趣的阶段。

三、体育教学过程的层次及其特点

为了更好地理解体育教学过程的概念，掌握体育教学过程的特点，我们还要对体育教学过程做进一步的分解认识，认识一下体育教学过程的层次及其特点。体育教学过程的层次可以分为：①超学段体育教学过程；②学段体育教学过程；③学年体育教学过程；④学期体育教学过程；⑤单元体育教学过程；⑥课时体育教学过程；⑦技术学习点教学过程等。

（一）超学段（12 ～ 16 年）体育教学过程及其特点

所谓超学段的体育教学过程是指学生从入小学开始到大学毕业的整个体育教学的过程。在这 10 多年的体育教学过程中，学生所享受到的是国家规定的体育教育。超学段的体育教学过程具有以下一些特点：

1. 国家规定性

此教学过程受到国家教育意志、社会、政治、经济发展状况和生产力发展水平等多方面的直接影响。由国家安排的超学段体育教学过程可长可短，由 12 年至 16 年。超学段的体育教学过程是由国家控制的，体现的是国家教育课程设计思想和国家对体育教育的期待，其过程的目的和目标充分地反映了国家的意志和要求，是一个宏观的、有系统性的学科教育过程。

2. 多模式性

超学段的体育教学过程具有多模式性。超学段的体育教学过程是由若干个学段的体育教学过程组成的，而每个学段的体育教学过程又受各段教育性质的影响而时间长短不一，这使得超学段体育教学过程并不一致。由于中国地域广、民族差异明显，超学段体育教学过程在目标表述、教学内容、学时规定及教学特点上均具有多模式性。

3. 非全体性

超学段体育教学过程包含基础教育、中等教育和高等教育三个阶段，由于教育普及程度的问题，并不是每个学生都能享受到上述完整三个阶段的体育教学过程。因此它对学生来说具有非全体性的特点。

（二）学段（3～6年）体育教学过程及其特点

学段体育教学过程，按当前中国教育的学制进行划分，可以分为小学、初中、高中、大学等体育教学过程；按目前《体育与健康课程标准》划分，可分为水平一（相当于小学1～2年级）、水平二（相当于小学3～4年级）、水平三（相当于小学5～6年级）、水平四（相当于初中阶段）、水平五和水平六（相当于高中阶段）。学段体育教学过程表现为某个学段的《课程方案》或《学段教学计划》。它的特点主要有：

1. 发展阶段性

学段体育教学过程划分的主要依据是学生的身心发育规律，如初中生处于青春发育期，成长发育迅速，体型剧变，身体机能迅速健全，性开始发育成熟；随着生理的逐步发育成长，初中生的心理也发生了较大的变化，感知能力和观察能力明显提高，记忆力接近高峰期，具体形象思维向抽象逻辑思维过渡，想象能力有所提高等。因此初中学段体育教学过程就要体现初中生上述生长发育的特点，这就是发展的阶段性。

2. 相互衔接性

学段体育教学过程与超学段体育教学过程相比，是进一步的细化，它把超学段的相对多样的、宏观性的国家体育课程目标、内容和要求进一步进行分解和细化，合理地分配于几个相互联系和相互衔接的学段中，并使之有机地结合。学段的体育教学过程主要是由国家来规定原则，由各级学校具体设计的。

（三）学年体育教学过程及其特点

学年体育教学过程是指根据学校的体育教学情况，针对学生的特点，把学段体育教学标准和方案的内容、任务、要求等具体地分配到学年中，使之相互衔接，并付诸实施的过程。它是一种客观的体育教学过程，此过程一般由各级各类学校的体育部门来掌控，主要表现为学校的《学年教学计划》，学年体育教学过程的主要特点有：

1. 系统性

学年体育教学过程要完成学段体育教学的要求和目标，而学段的教学目标如何分解、教学内容如何排列、教学时数如何分配、学年与学年又如何衔接等均是学年体育教学过程要着重解决的问题。因此，学年体育教学过程不仅要注意学段中各学年体育教学过程的关系，还是注意学年内两个学期间体育教学过程的关系。因此其系统性比较强。

2. 周期性

学年体育教学过程的计划和安排要考虑体育教学内容的周期性，以及在全年 32 ～ 36 周的体育教学过程中安排什么教材，安排在哪个学期，出现几次，教学内容之间的相互关系等。

3. 承启性

学年体育教学过程具有明显的承上启下性，它是超学段体育教学过程、学段体育教学过程和学期体育教学过程的连接点，对上具有体现作用，对下具有指导作用，是宏观过程转向微观过程的中介环节。学年体育教学过程也是超学段、学段体育教学过程的具体化，它实施的好与差会直接影响体育教学的质量。

（四）学期体育教学过程及其特点

学期体育教学过程是根据教师、场地、教材的特点、气候、教材性质等条件，把学年体育教学过程的内容、要求和任务分配到两个学期的各个教学周中去。此教学过程一般由各级各类学校体育教师和体育教研室来掌控，表现为体育教研组的《学期教学计划》，其主要特点是：

1. 季节性

学期体育教学过程的设计，要根据季节变化和当地的气候特点，把学年教学过程中所选择的教材合理安排到学期中去，使体育教学与季节相一致。如在夏季进行游泳、双杠、单杠的教学，而在冬季则可进行中长跑、滑冰及室内运动的教学。

2. 集散性

学年的体育教学内容确定后，就要根据学生的素质、教材的难易程度及气候的变化等，把体育教学内容分配到学期的各周中去，这样就涉及教学内容的排列（集中与分散）。有的内容要集中起来学习，有的内容则可能要在两个学期中进行间歇性的学习。

（五）单元（1～36周）体育教学过程及其特点

单元体育教学过程是指教师按照学期体育教学过程的方案，按教学内容的学理性，安排一些单元，进行课时分配并实施教学的过程。单元是体育教学过程的基本单位，是由若干课时组成的“教学板块”。单元体育教学过程在体育教学中具有最重要的意义，它表现为体育教师的《单元教学计划》，它的主要特点有：

1. 规模变化性

单元体育教学过程有大有小，有长有短，而单元教学过程的长短和大小实质上决定了教学的容量和质量。单元的大小因教学目标、教材难度、学生水平、场地设施、教师水平的差异而不同，一般情况下，技术性不太强，教材难度不大的单元可小一些，如游戏、走跑等，低年级的单元也应该小一些，而高年级随着教材的复杂程度和难度的增大，单元教学过程则会大一些。

2. 学理性

单元体育教学过程具有较强的学理性，安排和设计主要应根据学生的学习原理，突出教学目标和任务的要求。同一教学目标可设计出不同的教学单元结构，同是篮球项目的教学，可以设计先分解教学再到整体教学的单元结构，也可设计先整体教学再到分解教学最后到整体教学的单元结构。而后者往往比前者在设计上要科学和先进，也就会避免我们经常能看到的“学生会篮球基本技术但不会打球”的现象，对比两种不同单元设计，可更清晰地发现其问题所在。

（六）学时（45～90分钟）体育教学过程及其特点

学时（45～90分钟）体育教学过程是指教师根据单元体育教学过程对每节课的要求组织实施体育教学的过程，它也是我们通常意义上讲的体育教学过程。根据学段和学校情况不同，有的学时教学过程为45分钟，有的则为90分钟。学时体育教学过程实践性较强，它是超学段、学段、学年、学期和单元体育教学过程实现的主要环节。

学时体育教学过程的主要特点有：

1. 结构性

学时体育教学过程作为体育教学的主要实践环节具有一定的结构性，这个结构遵循着课堂教学的规律，遵循着学生身体机能活动的规律，遵循着学生认知的规律。因此在学时体育教学过程中，教师的教学要有一定的结构、层次和逻辑性。例如，课堂可按“三段式”结构，即开始、基本、结束来展开；也可按导入、学习、活动、结束等结构展开。

2. 行为性

学时体育教学过程与其他阶段的体育教学过程相比，最大的特点就是行为性。它表现为一种积极的教学实践，无论从学生还是从教师的角度，都是实实在在的行为过程，是在教学时间里发生的教学行为。

3. 方法性

学时体育教学过程作为一种教学行为存在，非常注重教学过程中方法的应用。方法主要指教法、学法和课堂组织与管理的方法等。这些方法是完成学时体育教学过程目标和任务的关键因素，也是完成学时体育教学内容的轴心。

（七）技术学习点（10～30分钟）教学过程及其特点

技术学习点（10～30分钟）教学过程是指在学时体育教学过程中，课堂教学的关键和核心部分，也就是课堂教学中的重点和难点部分，时间长短不等，在10～30分钟。技术学习点教学过程也具有较强的实践性，它是学时教学过程中的重中之重，主要特点有：

1. 技能形成的基本单位

技术学习教学过程是课堂教学的重点部分，往往课堂教学是围绕这个点展开的，因此在这个点上要突出注意学生技能的形成，在这个技术学习点时间内要突出学生学习的重点、难点和技术的关键，注意学生掌握技能的情况，使教学的其他目标和任务的实现建立在学生技能形成的过程之中。学生只有掌握了技能，才有可能实现其他领域的目标和任务。

2. 身体负荷性

技术学习点教学过程的另一个特点是，要利用学习的重点来增加学生练习的负荷，在学习的高峰时期、注意力集中时期，增加学生的练习负荷，提高学生的生理承受能力，以达到增强体质、增进健康的目的。

四、体育教学过程的优化与管理

学习和掌握体育教学过程的主要目的不仅是了解体育教学过程的理论知识，更重要的是要把理论运用到实践中，从而提高教学效率和教学质量。但要达到此目的，我们还要学习和掌握有关体育教学过程优化和管理方面的知识。体育教学过程优化的基础理论源自苏联教育学家巴班斯基的教学过程最优化理论。

（一）体育教学过程的优化

在当今社会信息量猛增，既讲求效率，又讲求效益的时代，特别是在新一轮基础教育课程改革实施中，体育教学过程的优化具有深远的意义。体育教学过程的优化是指体育教师通过对教学系统的分析和综合，有目的地选择和实施优化教学方案，在规定的时间内和现有的条件下获得优质的教学效果。

1. 体育教学过程优化的观点

（1）用整体的观点认识体育教学过程。用整体的观点考察体育教学过程，有助于我们在教学实践中科学地把握体育教学过程的结构和活动环节。我们应该将体育教学过程看作一个系统，它由纵横两个轴向构成，纵向是由超学段、学段、学年、学期、单元和课时等教学过程组成的；横向是由当地、所在学校所有学科教学过程组成的。

用这种整体的观点才能更好地认识体育教学过程，才能对体育教学的大环境做一个具体的、整体的判断和分析。在此基础上才会实现全面优化教学目标、教学内容、教学方法、教学手段、教学组织形式和教学评价等。因此，在体育教学过程中必须整体而有序地考虑教学过程结构成分及其相互联系，力求使体育教学全过程最大限度地发挥整体效益。

（2）用联系的观点看待体育教学过程。用联系的观点分析体育教学过程的结构和功能，可以发现教学过程存在多种多样的内在和外在联系。其中主要有因果联系、发展联系和控制联系。

因果联系是指体育教学过程中各种行为活动与效果之间存在一定的相互依存关系。因此，在教学过程中及其结束之后要不断地分析和研究各种现象之间的因果联系，寻求教学中的一些因素之间存在的本质的必然联系，并用这种联系达到教学效果优化的目的。

发展联系是指体育教学过程本身就是一个发展过程，而学生在教师的影响下所产生的对掌握一定知识、技能、技巧的需求和满足这种需求的实际可能性之间的矛盾，是教学过程内部发展所固有的矛盾，这是推动教学过程不断前进的动力。因此，体育教学要充分发挥教师的主导作用，充分考虑学生的主体地位，精心选择教学内容、方法、形式和手段，以实现学生的身心发展。

控制联系是指教学过程是一个控制和自我控制学习认识活动的过程。表现在教师对学生学习活动的计划、组织和检查工作上，反映在体育教师教学的主导作用上。对教学过程控制太严，会压抑学生学习的主动性、独立性、创造性和学生自我控制能力的发挥；对教学过程控制太松，则会降低教师在教学中的主导作用，不利于学生主体地位的体现，影响学习效果。把握合适的尺度，寻求教与学控制之间的优化组合点是关键。

（3）用综合的观点处理教学中的方法和形式。体育教学内容的执行和体育教学目标的实现均建立在优选的教学方法和组织形式之上才能完成。而体育教学是一个复杂的系统，涉及的因素比较多，如教材的难度、场馆的设施、教师的亲和力、学生的基础、天气的变化、环境的清洁等，而这些因素都可能成为选择教学方法和手段的关键点，因此在体育教学过程中要以综合的观点处理这些问题，优选教学方案，优质执行方案，优化评价标准，综合思考教学过程的优化。

2. 体育教学过程优化的策略

体育教学过程有不同的分类，但是学时体育教学过程是体育教学的具体实践环节，是体育教学的基本单位，我们在这里着重探讨此过程的一些优化策略。

（1）优化体育教学目标，使之具有明确性。体育教学目标是体育教学过程的起点和归宿，是首要解决的问题，因为在整个体育教学过程中它对教学内容的组织、教学方法的实施、教学结构的建构和教学手段的运用起指导和统领作用。体育教学目标的确定有一定的依据，它具体受教育目的、学校教学目标、学科整体目标等制约。确定体育教学目标时要明确、科学和可操作，不可模棱两可、含糊不清，各种目标之间要有鲜明的差异性和连贯性。体育教学目标的确定要有利于教学设计，要有利于监控教学过程，要有利于衡量教学评价等。

（2）优化体育教学内容，使之具有可学习性。体育教学内容是体育教学过程中最基本、最主要的组成部分，是教学目标的载体。体育教学内容是教师和学生直接接触的材料，它是否受到学生的欢迎、学生是否对学习内容感兴趣都最终影响体育教学目标的完成情况。

因此，一定要精选体育教学内容，使之更具有可学习性，能受到学生的欢迎。当前的体育教学内容往往脱离学生的实际情况，脱离学生的生活经验，过多的竞技性内容，过多的成人要求，使体育学习内容变成学生“可望而不可即”的东西。为了优化教学过程，教师既要选择那些学生喜闻乐见，锻炼形式活跃的内容，还要对竞技项目进行必要的改造，使之更具有教材性。

（3）优化体育的课堂教学结构，使之具有合理性。课堂结构是教学过程的主要表现形式，课堂结构不仅是在规定的时空间内教学活动的各个环节、步骤的具体安排，更是教学目标、教学内容和教学方法等的具体体现。课堂结构是一个复杂的系统，根据系统论整体大于各要素部分之和的观点，在优化体育教学课堂结构时不能只重视局部优化，而要着眼于整体，使课堂教学结构的各个组成部分相互协调，相互促进。按照课堂立体结构的理论，进行体育课堂结构的优化。

（4）优化体育教学方法，使之具有实效性。体育教学方法是指在体育教学过程中，教师和学生为了实现体育课堂教学目标所采取的行为方式的总称。包括教师在课堂教学过程中的行为活动方式和学生在教师指导下学习体育知识和技能的行为方式。

优化体育教学方法要使方法的选择适应教学内容、适应学生的基础水平，使学生在尽量短的时间内掌握较多的知识和技能，并受到全面的思想道德教育，得到全面发展。体育教学方法的选用要做到科学选用、高效突出、力求创新，同时注重对学法的研究。

（5）优化体育教学评价，使之具有激励性。体育教学评价是教学过程中重要的一个环节，是指运用科学的手段，依据教学目标，对教学（教师和学生）活动进行全面的、全方位的定量或定性的分析，做出客观公正、准确的价值判断。优化体育教学评价要注意评价的全面性、民主性和发展性，最重要的是突出评价的激励作用和功能，使评价成为教师教学和学生学习的不竭动力。

（二）体育教学过程的管理

从管理学的角度来看，体育教学过程同时也是一个管理的过程，其中涉及计划制订、计划执行、信息反馈和计划评估等一些管理学的理论。从提高效益角度来讲，体育教学过程要非常重视管理，不仅要注重对教师教学能力的管理，而且要重视对学生学习行为和方式的管理；不仅要重视课堂秩序的管理，而且要重视课堂问题的管理；不仅要对学生进行约束，更要创设良好的学习氛围。

体育教学过程管理的内容比较多，有对体育教学计划的管理、有对体育教学场馆设施的管理、有对体育教师的管理、有对学生学习的管理、有对学生成绩的管理等。但我们常见的是有关体育课堂时间方面的管理。

课堂时间是有限的，如何在一堂课中让学生掌握更多的知识和技能，提高教学效率，是当前教学改革的首要问题。在体育课上怎样减少浪费的时间、提高时间利用率也是当前体育教师面临的一个难题，更是体育教学过程优化的一个标志。

体育课让学生等待的时间较长会让学生对课的学习失去兴趣，教师运用管理的时间太多，说明课堂秩序不好，组织比较零乱。因此体育教师在课堂上应尽量减少管理和等待的时间，增加学生活动和练习的时间，以此来提高教学效率。

为了更好地提高体育课堂教学效率，提升学生学习的积极性，体育教师首先应加强体育教学课堂的管理，合理地分配时间，掌握教学技巧，使教学达到条件许可范围内的最大限度的优化。

第二章　体育教学方法研究

第一节　体育教学方法的内涵

一、体育教学方法的概念与含义

体育教学的方法即为实现体育教学目的而采用的手段、方式、措施和途径等的总和。具体而言，可将体育教学方法的概念定义为：在体育教学过程中，为了达到体育教学目标和实现体育教学目的而由师生所采用的可操作性的教学方式、途径和手段的总称。关于体育教学方法的含义，可以通过以下几个方面来进行掌握。

（一）体育教学方法是教师“教”与学生“学”的统一

体育教学方法是教与学的统一，只有师生之间实现有效的双边互动，才能够更好地发挥体育教学方法的价值与作用。体育教学活动可以简单理解为“教师的教”和“学生的学”两个层次的内容，教师和学生是教学活动的主体。体育教学方法和手段都是针对学生来选择与运用的，教师和学生之间具有密切的关系，在师生的双边互动中，体育教学的任务和目的逐步实现。因此，教和学这两方面的内容贯穿体育教学方法实施的始终。

（二）体育教学方法是师生动作和行为的总和

教学方法是在师生互动中得到贯彻与实施的，体育教学的方法也是师生之间行为动作总和的体系。体育教学的方法与其他科目教学方法的主要区别在于，体育教学方法在注重教学语言要素的同时，更加注重动作要素。体育教学过程中，各种动作的掌握和熟练都需要教师进行示范、讲解及纠正，并在此基础上，学生重复进行练习，才能最终掌握相应的技术动作。因此，体育教学方法是教师和学生的动作和行为的总和。

（三）体育教学方法和教学目标不可分割

任何一种体育教学方法都具有一定的目标性，如果脱离了目标，那么体育教学的方法也就失去了其存在的意义。体育教学方法应与体育教学目的之间保持密切的联系，教学方法的实施应能够促进体育教学目标和任务的实现。因此，体育教学方法作为体育教学的重要组成部分，其服务于体育教学的目标和任务。体育教学方法和体育教学目标之间具有一定的不可分割性，如果将两者割裂开来，那么体育教学方法没有明确的方向，会表现出一定的盲目性；而体育教学目标如果脱离了体育教学方法，则不能得到有效实现。

（四）体育教学方法的功能具有多样性

现代体育教学不仅注重学生动作和技术的掌握，以及各方面身体素质的增强，更加注重学生的全面发展。因此，体育教学方法的功能也具有了多样性的特点，多功能的体育教学方法不仅能够在一定程度上促进学生运动能力的增强，还能够促进学生思想道德品质、心理素质等方面的发展，对于学生的全面发展具有重要的促进作用。

二、体育教学方法的特点

（一）多种感官集体参与性

体育教学活动是感知、思维和练习三者的结合。因此，其教学活动也需要多种感官参与其中，这样才能够保证各项动作的顺利完成。体育教学活动的特殊性要求在体育教学过程中，所有参与者都需要动员身体的各种器官。具体而言，教师需要为学生进行相应的动作示范，并且对学生的动作进行必要的指导和纠正；学生则需要进行必要的准备活动，然后进行相应的动作练习。在学习过程中，参与者的眼睛、耳朵及触觉和动觉等感受器官对运动的方向、用力的大小和动作的幅度等方面进行感知，学生通过自身和他人信息反馈控制身体完成正确的动作，形成正确的动作定式。

鉴于体育教学活动的上述特点，在进行体育教学活动时，教师应运用多种方法，有效调动学生的各种器官参与教学活动，以使得学生更好地掌握相应的活动。具体而言，在体育教学活动中，应引导学生进行认真学习，积极进行思考，注重动作技术的调节控制，并大量进行重复练习。对于学生而言，正确的体育教学方法能够更大限度地调动多个身体器官参与活动，从而帮助其掌握各种动作，实现学习目标。

（二）感知、思维和练习的有机结合性

在体育教学过程中，学生的学习是一个复杂的认知过程，在这一过程中学生需要动用思维、感知、记忆和想象，并结合具体的身体练习最终实现动作的掌握。因此，体育教学方法也是感知、思维和练习相结合的过程，在结合的过程中，学生需要通过自身的信息接收器官将外界信息传送至大脑皮层，并运用大脑对各种信息进行整理、分析和加工，然后大脑指挥人体的各器官完成相应的动作；通过动作的不断重复，学生建立起相应的动力定型，实现动作的自动化，同时掌握相应的动作技术。在这个学习过程中，信息的感知是动作学习的基础，思维活动则是学习过程的核心，而练习则是动作技术掌握的重要手段。

体育教学方法的实施过程是认识与实践、心理与身体相结合的过程，是感知、思维和练习三者的有机结合。

（三）实践操作性

体育教学方法与一般的教学方法相比，其最大特点是实践操作性。体育教学方法必须与体育教学实践紧密相连，当然有些方法是室内学科教学方法的借用，如直观教学法、讲解法等，但这些方法必须根据室外体育教学的特点、环境、学生的队列等情况加以调整，否则就不能适应体育教学。

体育教学的主要方式是身体运动，身体运动是学生对自身身体的运动感受，具有“此时此地”的特点。因此，在选择与安排教学方法时，一定要根据体育教学自身操作活动的实践特点进行，而不仅是停留在理论层面上。只有结合实践操作的体育教学方法，才能让学生在掌握动作技术概念的基础上，通过身体实践活动达到掌握运动技能、促进心理发展的目的。同时，体育教学方法必须得到体育教学实践的检验，才能判断其教学方法是否有效。

（四）时空功效性

体育教学可以划分为不同的阶段，在不同的阶段内，有着鲜明的阶段特点，师生之间相互产生着一定的影响。在教学的开始阶段，教师处于主导地位，随着时间的推移，学生的主体地位逐渐增强。

在教学过程中，教学方法和途径发挥了重要的作用。在开始阶段，学生学习动机、兴趣、欲望等的激发，需要教师运用合理的方法；教师通过讲解、示范等方法来使学生理解和掌握相应的知识和技能；学生在学练过程中，通过一

定的方法来感知、理解和掌握相关的知识。总之，在体育教学的不同阶段，体育教学方法都发挥着其应有的作用，这是体育教学方法的时空功效性特点。

（五）运动与休息的合理交替性

在体育教学过程中，学生的大脑和身体通过一定的学习活动会产生相应的疲劳，造成学习效率的下降。尤其是高强度的身体运动对于学生的体能消耗较大，这时为了保证教学活动的正常进行，有必要安排相应的休息活动。

在学习活动中，学生通过一定的认知、理解和记忆后，就会有相应的脑力消耗；通过进行相应的身体练习，人体的能量消耗会加剧，人体相应的器官出现一些疲劳症状，并且随着运动负荷的增加，其会对学习活动产生一定的消极影响。因此，体育教学方法应注重运动与学习的结合，使学生的身体疲劳能够得到一定程度的恢复，保证其保持较高的学习效率。

需要注意的是，这里的休息并不一定是指暂停相应的活动，也可能是一种积极性的休息，通过开展相应的轻松的活动，来达到身心的放松，帮助学生消除疲劳症状。安排休息时，应注重积极性休息和消极性休息的结合，使得休息能够更好地达到预期的效果。

（六）继承发展性

体育教学的方法是在长期的体育教学实践过程中逐步发展起来的，经过多年的积累、发展和创新，逐渐形成了内容丰富的体育教学方法体系。很多教学方法具有鲜活的生命力，经过多年的发展依然在教学过程中发挥着巨大的作用。这些有效的教学方法值得人们对其进行总结、整理和借鉴。在教学实践过程中，在继承传统的经典教学方法的基础上，一些新的教学方法不断被提出，使得体育教学方法的体系不断完善。

需要指出的是，虽然体育教学的方法众多，但不应过于迷信现代化的教学方法，更不能对一些国外的教学方法进行刻板的模仿。教育工作者应在扬弃的基础上发展创新，在时代发展的大环境下，在体育教学具体实际的基础上，对教学方法进行开拓创新。

三、体育教学方法的分类

体育教学方法众多，对其进行分类整理不论是对教学方法体系的发展完善，还是对教师科学选用体育教学方法，都具有极为重要的意义。但是，目前对于教学方法的分类缺乏统一的标准和依据，因此众说纷纭。通常，体育教学的方法分为两个基本大类：教法类和学练法类，具体内容如下。

（一）教法类

1. 知识技能教法

教法类包括基本知识的教法和体育技能的教法。

（1）基本知识的教法。基本知识的教学包括体育保健类知识及体育的相关理论等的教学。体育基本知识的教学方法同其他学科的教学方法类似，这类教学方法分类时也较为复杂，根据不同的分类依据可将其分为不同的类别。

在体育教学过程中，教师在选择相应的体育教学方法时，要注意教学的实践活动和它的多功能作用的发挥，要将体育教学的基本知识与体育活动的具体实践密切结合起来，教学方法要具有可操作。

（2）体育技能的教法。体育技术技能的教学方法即为一般意义上的运动教学方法，这是体育教学方法中与其他学科的教学方法有很大差别的部分。在采用相应的体育教学方法时，应首先确定体育教学的目的。教师应首先明确教学的目的是使学生掌握运动技术技能，还是为了发展学生身体或是要达到其他什么目的；其次，应对体育教学的内容进行分析和处理，运用相应的动作教学方法来实现相应的教学任务。体育教学的目的及体育教学的内容不同时，活动的方式也会有很大的区别，这时就需要采用不同的动作方法和策略。因此，体育技术技能教学方法具有灵活多变的特点，应根据具体的教学情况随机应变。

2. 思想教育法

思想教育法是对学生进行思想品德教育和美育的方法，这也是体育教学的重要任务之一。在开展相应的思想教育时，应结合体育教学的特点采用相应的教学方法，确保教学能够收到很好的效果。体育教学方法的运用要能够促进学生顽强拼搏的意志品质的形成，培养其团队协作的意识，要促进学生个性意识的发展，并促使其形成正确的价值观念和审美观，培养其探索性和创造性思维。

（二）学练法类

1. 学法类

学法类即为指导学生进行学习的方法，这也是体育教学的重要方面。在进行体育教学时，指导学生进行学习的方法应注重以下几方面的内容。首先，应确保学生能够较好地掌握前人积累和总结的知识和经验，在继承的基础上求得发展；其次，学生应将相应的知识和经验与自身的个性特点相结合，从而最终形成终身体育意识与拥有相应的能力。

总而言之，学法类的教学方法应使学生不仅能够掌握相应的知识和技能，还要使其愿学、会学，并且在以后的工作和生活中能够对所学的知识进行运用，使其养成良好的体育锻炼习惯。

2. 练法类

指导学生锻炼的方法是体育教学里面最具本质特征的方法。练法类教学方法对于学生的身体素质及各项运动技能的发展具有直接的作用和效果，在教学过程中，学生应能够理解和感受身体运动时的各项体验。在教学过程中，具有众多的身体锻炼的方法，其效果也是因人而异。另外，在教学过程中，各种教学方法既可以单独使用，也可以进行有效的整合，从而形成一定的方法体系来运用。在教学过程中应使得学生明确各种练法的作用和意义，并把握不同练法之间的联系，从而能够自如运用。

第二节　体育教学方法研究发展的历史演变

一、引进与曲折阶段（1949—1976 年）

我国体育教学方法在发展研究中只有百年的历程。19 世纪初期，我国的教育受到“西学东渐”思想的影响，在清政府实施“新政”条件下，1903 年拟定了《奏定学堂章程》。在《奏定学堂章程》的实施中，要求各学堂都以兵式体操的形式进行练习。这种按照军事化模式对学生进行训练的形式，是不适合学生体育训练的，导致教学质量不高，教学效果极差，对教学的发展产生严重的影响。

这种兵式体操形式的课在体育课堂中的推行，受到五四运动时期的冲击，1922 年北洋军阀政府公布《壬戌学制》后被正式废除，我国引进了新的教育思想、新的方法。这种新思想、新方法的引进使以兵式体操训练的形式转变成过于注重学生的“主体”，教师在教学中几乎发挥不到作用，体育课的开展几乎体现不出教学效果。

1949 年 9 月，在中国人民政治协商会议第一届全体会议上，根据《中国人民政治协商会议共同纲领》提出来一项具有政治色彩指示的任务，这项任务提出不久，在 1950 年内就颁布了《中小学体育暂行标准（草案）》，为 1956 年颁布的第一部正式的《中小学体育教学大纲》奠定了基础。在《中小学体育教学大纲》中采用苏联的教学模式，全盘引进学习苏联的教学方法，主要有语言讲解法、动作示范法、完整练习法、分解练习法及纠正错误动作方法。这种以传授知识、动作技能、技术为目的的，以凯洛夫教育学作为理论基础，发挥教师的主导作用的教学方法，对执行新中国第一部中小学体育教学大纲，对体育教学的发展发挥了积极作用，同时具有加强学生身体锻炼、增进学生身体健康、为建设祖国和保卫祖国提供人才保障的社会价值。

1957 年毛泽东提出“增强人民体质，发展人民体育锻炼”的方针，这是新中国成立以来的第一个教育方针，为体育教育指明了方向。这种只重视“增强人民体质”而脱离生产劳动、脱离实际、忽视政治和党的领导的错误思想方针很快得到批判。为了扭转这种状况，1961 年，我国教育部又颁布了以“增强学生的体质”为中心的《中小学体育教学大纲》，这是新中国成立以来的第二部教学大纲。这种以促进学生正常生长发育、提高学生的基本运动能力、培养学生体育锻炼习惯、重点发展有天赋学生的体质、提高学生的体育文化水平、加强文化素养、增强学生爱国思想为基本任务的体育教育，对学生的身体素质和技术技能的提高仍未引起足够重视，依然没有摆脱“工具主义”形式。接着教育的发展受“大跃进”“十年文革”政治势力的影响，而遭到了严重的破坏，教育的发展几乎处于瘫痪停滞状态。

二、重建与探索阶段（1977—1989 年）

受到国家政治动乱的影响，全国教育发展几乎处于停滞状态。为了解决教育战线上的拨乱反正问题，体育教学的发展进行重新地探究和构建。1978 年 2 月，我国教育部制定并颁布了《全日制十年制中小学体育教学大纲（试行草案）》，将“全面锻炼学生身体，增强学生体质”“掌握体育基础知识、基本技术和基本技能”和“对学生进行思想品德教育”等三方面作为体育教学的基本任务，依然强调“增强学生体质”的教育指导思想。这一大纲与第二次《中小学体育教学大纲》相比有了明显的转变，进一步加强学生对基本技术、技能与知识的掌握，成了体育教学的核心思想，这一思想在 1979 年扬州会议上得到进一步的加强。

1979 年扬州会议，是改革开放以来，我国学校体育发展的重要里程碑式会议，这一会议的召开使体育走向了竞技化。体育教学的思想也发生了明显的转变，从“增强学生的体质”转变为“注重竞技体育的发展”。把竞技化体育作为发展的对象，实行对外开放，引进国外好的教育思想、教学理论，以加强体育管理，提高技术训练效果，促进竞技体育的发展。

我国引进的体育教学方法有：“程序教学法”“问题教学法”“个别教学法”“单

元教学法”“自学辅导法”“掌握学习法”“设计法”等。另外，为加强学生的基本身体素质和更好地掌握动作技术，我们还将“循环练习法”应用到体育教学中，这一方法对技术动作巩固和提高有很大的帮助，但缺点是需要学生以较大的负荷量作为支撑，训练时间过长学生会因疲惫而感觉枯燥乏味，失去学习的兴趣。为了改变这种现状，又引进了日本的“快乐教学法”。这一教学方法以学生为主体，教师为辅导，让学生在课堂上自由快乐玩耍。学生在玩耍过程中遇到问题，教师引导学生进行探究，有利于促进学生对动作技能、技术的更好掌握，起到在玩中学、在学中玩的效果。同时，通过对国外教学思想的借鉴、汲取各科教学思想的精华和参照20世纪五六十年代苏联教学模式的标准，我国创造出了“小群体学习教学法”“领会教学法”“重点教学法”和“游戏教学法”，为实现教学目标和促进教学任务的完成提供了帮助。

促进竞技体育的发展，只重视学生技术的提高，这种目的性太强、功利主义太明显的教学思想很快得到评判。1987年教育部又制定了以“全面发展”为中心的教学大纲。目的是培养学生的学习能力、个性发展、学习兴趣，对学生进行德育、智育、体育、美育等方面的全面教育，为培养社会主义祖国的建设者和保卫者做准备。以此为教学目的，促进体育教学的发展，便引进了国外的发现法、程序教学法、微型教学法。与此同时，我国还创造出情境教学法、“学导式”教学法、“念动”练习法、“双簧”教学法。

这些引进和本土化的体育教学方法，在体育教学方法的发展中起到了推进作用，将推进体育教学方法的发展走向更加繁荣昌盛的时期。

三、改革与创新发展阶段（1990年至今）

进入90年代后，体育教学的改革与发展走向成熟阶段。教学思想与之前相比也发生了明显的转变，教学大纲又先后经历了三次变动：首先是，1992年11月，我国正式颁布了新中国成立后的第5部《中小学体育教学大纲》。该大纲以“育人”为核心；其次，1999年颁布了以“健康第一”为核心的大纲；最后，2007年国务院发布7号文件《关于加强青少年体育增强青少年体质的意见》等。随着这三次教学大纲的改变，从事体育教学方法研究领域工作的人员逐渐增多，发表的论文数量也越来越多。从文献的整理情况看，对体育教学方法的改革、创新、分类等这一类的文章占的数量较多。

笔者从这些发表的有关论文和其他有关书籍资料对体育教学方法在这一时期的研究成果进行整理。包括语言法、直观法、矫正法、负重法、持续法、间歇法、重复练习法、变换练习法、游戏练习法、综合练习法、集中注意力练习法、放松练习法、说服法、榜样法、评比法、表扬法、批评法、想象练习法、电教法、板书图示法、编号纠正法、综合纠正法、同步指导法、模特示范法、流水练习法、即刻指导法、事后指导法、问答法、练习法、实验法、讨论法、研究法、讲授法、谈话法、演示法、讲练法、预防与纠正错误动作法、自学法、自练法、自评法、比较法、归纳法、情景质疑法、启发法、多媒体法、模拟法、辅助练习法、暗示法、纠正错误法、部分完整练习法、对比法、变换条件法、过渡练习法、强化法、比赛法、反馈法、学导式教学法、问题法、范例教学法、成功教学法、情景教学法、完整练习法、游戏法、竞赛法、群体教学法、任务驱动式教学法等66种体育教学方法。

由此看来，我国体育教学方法在教学思想的不断改革下是不断地进行完善，并趋于成熟的，这对在教学中提高教学质量和教学效果及体育教学的发展是有利的。另外，通过对三个阶段我国体育教学方法的详细梳理研究发现，我国体育教学方法具有双边性、实践性、整体性、继承性、创新性的特征。虽然这些教学方法在发展中还受到某些因素的影响、约束，存在很多的问题，但是从历史的视角看，这也是当代适合时代发展的最佳选择，从我国体育教育发展的总体上看也是发展的、进步的。

第三节　体育教学方法的选用

一、常用的体育教学方法

（一）语言教学法

语言法即在教学活动中，教师通过对学生进行语言指导，从而达到相应的教学效果的方法。作为一名教师，能够正确、简明、形象地使用语言，对于学生的学习和教学工作任务的完成具有重要的意义。正确地使用语言，不但能够使学生更好地理解相应的学习目标和任务，还能够促进其对相应的知识和技能的快速掌握。

因此，在体育教学过程中，教师应注重语言法的运用，注重语言的技巧。一般学校体育教学中语言法的形式有：讲解、口头汇报、口头评价及口令和指示等。

1. 讲解法

讲解即教师将相应的动作要领、方法和规则要求等方面的知识向学生进行说明，其目的在于更好地指导学生进行相应的运动技能的学习和掌握。讲解法是较为常用的教学方法，在运用时，应注重以下几方面的问题。

（1）要明确讲解的目的，根据教学的目标、教学内容和学生特点进行讲解。在讲解过程中，应对自身的语速、语气进行调节，并抓住教学内容的重点和难点，具有一定的目的性和针对性，这样才能够使学生明白哪些是重点和应该着重理解的方面。

（2）在进行讲解时，应注重其内容的正确性，不管是具体的工作原理还是相关的基本知识，都应做到准确无误。另外，还应注重讲解的方式要与学生的学习情况和学习能力相适应，使学生能够很好地接受相应的知识。

（3）为了更好地使学生理解相应的技术动作，讲解要做到生动形象、简明扼要。具体而言，在讲解过程中，应注重将新的技术动作和知识内容与学生已经了解和熟悉的内容联系起来，使学生更好地理解相应的动作技术。另外，教学时间有限，学生的注意力集中程度也会随着学习时间的延长而有所下降。因此，应抓住重点，简明扼要地进行讲解。

（4）在内容讲解过程中，不能将一些知识体系和动作技术孤立起来，要注重启发学生的发散性思维和创造性思维，使学生能够触类旁通、举一反三，更好地理解相关的知识，达到学以致用的目的。

（5）在进行讲解时，还应注重讲解的时机和效果。在讲解相应的内容时，首先应选择合适的站立位置，确保每个学生都能够听到相应的内容。另外，给学生进行讲解时，应充分调动其好奇心和积极性，如此才能取得更好的效果。

2. 口头汇报法

口头汇报是教师了解教学效果的重要方法之一，这种方法要求学生根据教学需要，向教师表述学习心得和有关教学内容、方式和疑难问题等相关方面的问题。通过学生的口头汇报，教师能够明确自身在教学过程中的不足，为提高和发展自身的教学水平提供相应的依据。对于学生而言，这种方式不仅能够培养其语言表达能力，还能够促进其进行积极的思考，加深其对于教学内容的理解。因此，在教学过程中安排相应的口头汇报不仅有助于教师和学生素质的提高，而且对于教学质量的提升也有重要的促进作用。

3. 口头评价法

口头评价也是一种重要的语言方法，对于学生的动作完成情况及课堂表现给予相应的口头评价，能够更好地促进学生的学习。口头评价可分为两种：一种为积极的评价；另一种则是消极的评价。积极的评价即对学生的正面鼓励，这能够在一定程度上激发学生的积极性，促进教学活动的更好开展；消极评价则是否定性的评价，这种评价往往指出学生的不足，明确其提高的方法和努力的方向，用这种方式时应注重语气和口气。

4. 口令、指示法

在体育教学过程中，需要借助多种口令和指示，如“立正”“跑”“转体”等。这些语言简短有力，能够很好地指导学生进行相应的技术动作的学练。但是，需要注意的是，运用这些口令和指示时，应注意把握其时机和节奏，否则会造成学生动作的不协调和出错。

（二）直观教学法

直观法是体育教学中较为常用的一种教学方法。通过相应的直观的方式作用于人体的感觉器官，引起相应的感知，从而实现体育教学目的。一般直观教学法的形式有：动作示范、条件诱导、多媒体技术、教具和模型的演示等。在实践过程中，人们认识事物时都是首先从感觉器官的感知开始的。因此，直观教学法能够使得学生更易于理解相应的教学内容。

1. 动作示范法

动作示范法是指教师采取一些示范动作使学生对技术动作的形象、结构和要领进行掌握的基本方法。一般在进行动作示范时，应注重以下几方面的问题。

（1）在进行动作示范时，应具有一定的目的性。如果是为了使得学生了解动作的基本形象，示范动作可稍快；如果动作示范是为了使学生了解相应的动作结构，并引导学生进行学习，则动作应稍慢，可略夸张；如果是示范相应的重点和难点动作，可多示范几次。

（2）示范动作一定要注重其正确性，避免对学生形成误导。在进行相应的讲解时，不仅要注重内容的正确性，还要体现出教学内容的特点，并与学生的学习能力相适应，提高学生的学习兴趣。

（3）进行动作示范时，应使得全体学生都能够看到。因此，可使学生呈圆圈形站立，或是错位站立。

（4）在进行动作示范时，一般要配合相应的讲解方法，使得学生能够更好地理解。可采用先示范后讲解、边示范边讲解和先讲解后示范等方式。

2. 条件诱导法

条件诱导法也是较为常用的一种教学方法，以某种条件为诱因，并与相应的动作建立联系，从而达到相应的教学目的。例如，通过相应的音乐伴奏和喊节拍的方式，形成一定的动作节奏感；通过简单的语言提示使得学生的动作能够流畅进行。另外，也可设置相应的视觉标志，指示学生进行相应的动作方向和运动轨迹、幅度等方面的操作。

3. 多媒体技术法

多媒体技术主要包括电影、幻灯、录像等。在运用电影和电视、录像时，应注意播放内容要与体育教学目标相适应，并有机结合电影和电视、录像与讲解示范练习。多媒体技术虽然在教学过程中得到普遍的运用，但是在体育教学过程中，其应用并不广泛。这与体育教学在户外授课、器材运用不方便具有很大的关系。

4. 直观教具与模型演示法

在体育教学过程中，对于一些高难度的动作可采用图表、照片和模型等直观方法进行辅助教学。通过运用这些教学工具能够使学生更加易于理解相应的技术结构和动作形象。另外，对于一些战术配合，也常采用模型演示的方式进行讲解。

（三）完整与分解教学法

1. 完整教学法

完整法是指从动作开始到结束，完整地进行教学和练习的方法。一般在技术动作的难度不是很高或技术动作不可进行分解时，会采用完整法进行教学。另外，在首次进行动作示范时，也会采用完整法来进行动作技术形象的示范。完整法的优点在于动作协调优美，结构简单，方向路线变化较小，各部门之间具有密切的联系。其缺点在于对一些复杂的动作而言，采用这种教学方法会为教学带来一定的困难。为了便于学生进行学习，促进教学活动更好地开展，应注重以下几方面的问题。

（1）在讲授一些简单和易于掌握的动作技术时，教师可以先进行完整的动作示范，示范之后，学生直接完成完整的动作练习。

（2）有些技术动作无法分解，这时要采用完整教学法。需要注意的是，在采用这种方法时，要对其中的各项要素进行必要的分析，如动作的用力、动作转变的时机等。但是，不能拘泥于动作的细节，要从整体上进行把握，确保动作的完整和流畅性。

（3）对于一些难度动作，可适当地降低其难度，可先通过降低难度或是徒手完成相应的动作，在此基础上逐渐增加难度。需要注意的是，降低难度时，不能使技术动作出现错误，这是其基本要求。在教学过程中，对于一些器材的质量及高度、距离等标准可适当降低。

（4）采用完整法进行教学时，可适当改变外部的环境条件，在外力条件的帮助下完成相应的完整动作。

2. 分解教学法

分解法即将完整的动作划分为几个部分，逐步使学生掌握完整的动作技术。这种方法适用于难度相对较高，并且动作可分解的运动项目。采用这种教学方法，能够将复杂的动作分解为简单的动作，从而使技术难度降低，更加有利于学生的学习和掌握。但是，这种方法也有其相应的缺点，即它注重对于局部动作的分解把握，可能在一定程度上使得学生对于整体的理解不全面。因此，分解教学法和完整教学法通常结合使用。在运用分解法进行教学时，应注意以下几方面的问题。

（1）应仔细分析动作技术的特点，采用合理的方式对其进行分解，注重时间、空间等方面的有序性和统一性。

（2）将完整的技术动作分为多个环节时，应注重各个环节之间的联系，注重动作结构之间的联系性。

（3）在熟练掌握各阶段的动作之后，要注重各个环节之间的动作衔接，要保证其过渡的流畅性，形成有机的整体。

（四）游戏与竞赛教学法

1. 游戏教学法

游戏法也是体育教学过程中较为常用的一种方法，它是指教师组织学生通过做游戏的方式来完成相应的教学任务的方法。通过开展相应的游戏，学生之间开展竞争和合作，提升了学生的思考和判断能力，促进了教学质量的提升。游戏法具有一定的趣味性，能够提高学生参与的积极性，培养学生的学习兴趣，因此在体育教学中被广泛地运用。在运用游戏法时，应注重以下几方面的问题。

（1）应根据教学目标和教学内容采取合适的游戏规则和游戏要求，确保游戏内容与教学内容相契合。

（2）采用游戏法时，学生需要遵守相应的规则。但是，应注重充分发挥学生的主动性和创造性。通过开展相应的游戏引发和启迪学生的思考。

（3）教师应做好相应的评判动作，要做到公正、客观，避免挫伤学生参与体育学习的积极性。

2. 竞赛教学法

竞赛法即在教学过程中，为了检验教学效果和提高学生的技术水平，组织学生进行比赛的方法。竞赛法将所学的技术动作应用于实践，能够使得学生更好地掌握相应的技术动作。采用这种方法具有一定的竞争性和对抗性，学生需要承受较大的运动负荷。开展竞赛能够培养学生的应变能力，对于其心理素质和意志品质等方面的发展也能起到一定的促进作用。

采用竞赛法时，应注重以下两个方面的问题。

（1）开展竞赛时，应进行合理的组织，无论是个人赛还是小组之间的比赛，其实力应相对较为均衡。

（2）开展相应的竞赛时，学生应熟练地掌握相应的技术动作，能够在比赛中很好地运用。

（五）预防与纠错教学法

为了防止和纠正学生在练习过程中出现和可能出现的错误动作，教师在教学过程中经常采用预防与纠错法。在教学过程中，学生对于各种动作技术的掌握不标准和出错的状况是不可避免的，教师应正确对待，并注意进行有意识的引导和纠正。

预防和纠错是相互联系的。预防具有一定的超前性，要求对于可能的错误动作进行积极的引导，并要对其出错的原因进行分析；纠错具有鲜明的针对性，针对学生的错误动作采取相应的纠正措施，并分析出错的原因。预防与纠错的具体方法有以下几种。

1. 语言表述法

为了使学生建立起正确的动作概念，应注重动作细节与要点描述的准确性，使学生能够明确理解各技术动作的标准和结构顺序。通过这种方式，学生能够建立正确的动作意识。

2. 诱导练习法

为了使学生的动作准确无误，可采用诱导性的教学方法，使学生达到相应的教学要求。例如，学生在做肩肘倒立时，不能将腰腹部挺直，针对这种情况，可在垫子上方悬挂一个吊球，让学生用脚尖触球，这样学生就可以挺直腰腹部了。

3. 限制练习法

在进行相应的动作练习时，设置一定的限制条件，有助于错误动作的纠正。例如，在进行篮球投篮练习时，为了使学生的投篮动作更加协调、标准，可进行投篮练习，使学生掌握正确的投篮方式。

4. 自我暗示法

自我暗示法是一种重要的方法。学生在进行相应的动作练习时，为了保证动作的准确性，在练习中有意识地暗示自己达到要求。例如，在进行篮球的投篮练习时，学生可暗示自己投篮时手指、手腕的动作要标准，使得自身的投篮动作准确无误；再如，在奔跑练习中要暗示自己注意后腿充分蹬地。

（六）体育教学的其他方法

除了上述的教学方法之外，在创新教学理念的影响下，一些其他教学类别的教学方式也逐渐被移植入体育教学之中，如自主学习法、合作学习法及发现式教学法等。

1. 自主学习法

为了实现相应的教学目标，在教师的引导下，学生依据自身的需要和条件制定相应的目标，选择相应的教学内容，并通过独立地分析、探索、实践、质疑、创造等方法来进行学习。自主学习能够充分发挥学生的主观能动性。

在体育教学中，自主学习法是指“为了实现体育教学目标，学生在体育教师的指导下，依据自身的需要和条件制定目标、选择内容等，从而完成学习目标的一种体育学习模式”。自主有独立性、能动性和创造性等特点，有利于激发学生学习体育的积极性，培养学生的体育自主学习能力，确立学生在体育学习中的主体地位，提高体育教学的学习效果。

在体育教学过程中，采用这种方法时应注意以下两方面的问题。

（1）学生应根据自身的知识储备和能力水平，选择相应的目标和学习内容，并在教师的引导下进行。

（2）学生应根据自身情况，对照学习目标，积极进行自我调控，并及时改进教学方法和教学策略。

2. 合作学习法

合作学习法指“在教学过程中，对学生进行相应的分组，学生为了完成共同的学习任务，而有明确的责任分工的互助性学习形式”。各小组成员根据自身的特点承担相应的责任，各成员之间是相互依赖的关系，在相互协作中，完成相应的任务。在体育教学中，应用该方法应遵循以下几个步骤。

（1）在教师的引导下，学生分成相应的小组。

（2）全体成员在教师的指导下，根据教学内容确定相应的教学目标。

（3）确定各学习小组的研究课题，对各小组成员之间的分工进行明确。

（4）小组成员合作学习，围绕相应的主题完成自身的任务，从而实现小组任务目标。

（5）各小组进行一定的学习和交流，分享相应的成果，并纠正自身的不足。

（6）对学习的过程进行评价，总结经验和得失，促进下次学习更好地开展。

3. 发现式教学法

发现式教学法是通过积极引导学生发挥自己的创造性思维，使学生在发现的过程中进行学习的一种教学方法。有学者将其定义为：“从青少年学生的好奇、好动等心理特点出发，以发展学生的创造性思维为目标，以解决问题为中心，以机构化的教材为内容，使学生通过再发现进行学习的方法。”

在体育教学过程中，运用发现式教学方法要遵循以下步骤：首先，提出相应的问题，或是设立相应的学习情境，使得学生在教师的引导下去进行相应的探索；其次，通过进行相应的练习，初步掌握技术动作的原理和方法；再次，通过分组讨论，提出相应的假设，并进行相应的实践验证，并对提出的问题进行讨论；最后，得到共同的结论。

采用发现式教学法时，应注意以下几方面的问题。

（1）教师要善于提出相应的问题和创设相应的情境，要充分调动和激发学生的积极性，激发学生学习的兴趣。

（2）教师提出的问题应适应学生的能力水平，使学生能够根据已有的知识和经验，并通过一定的探索得到相应的答案。

（3）要注重抓住教学的重点，引导学生对于重点问题进行积极的思考，并找出解决问题的方法，启迪学生的创造性思维。

（4）采用这种方法时，应注重由浅入深、由抽象到具体，使得学习过程符合人们的认知规律。

二、体育教学方法的选择

（一）选用教学方法的艺术

在体育教学实践过程中，有多种制约教学活动的因素，在不同的教学目标、教学内容、教学对象及教学条件下，教学方法也发挥着不同的作用。这在一定程度上决定了教学方法的多样性。因此，在教学过程中，应注重教学方法的科学性、艺术性和综合性的结合，形成良好的教学方法模式，并且要灵活进行变通。实践表明，教学方法都有其优点和缺点，适应于所用教学条件下的教学方法并不存在。因此，在选择教学方法时，应注重科学性、艺术性和综合性的结合。

在选择教学方法时，并不是随意选择的，必须有一定的科学依据。在教学过程中，应以教学规律为根据来选用合适的教学方法。教学方法与教学目标、教学内容、教学对象等均具有一定的联系，在选择教学方法时，应分析和掌握这些因素之间的内在本质联系，从而确定科学教学方法。

在选择教学方法时，还应注重选择的艺术性。教学方法不仅要具有一定的科学性，还要保证在具体的教学实践过程中，采用的教学方法要具有灵活性、艺术性和创造性，避免机械、僵化地运用。在实践过程中，应根据具体的条件和教学需要，选择相应的教学方法，必要时，还要对相应的教学方法进行加工和创造。

在教学实践过程中，教学方法的选择具有综合性的特点。不同的教师会采用不同的教学方法体系，并取得一定的教学效果。在选择教学方法时，也不能要求所有的教师都要千篇一律。不同的教师会有不同的个性教法特色，只要其教学方法能够取得一定的教学效果，就值得使用和发展。

需要注意的是，体育教学的内容处在不断的发展和变化之中，教学对象也呈现变化性的特点，这就要求体育教学的方法也要不断进行发展和创新。因此，在选择相应的教学方法时，应用发展的眼光看问题，动态地去选择相应的体育教学方法。

（二）选择体育教学方法的具体参考依据

1. 参考体育教学目标

体育教学目标的主要特征之一是多层次性，身体发展目标、技能发展目标、知识发展目标、社会发展目标和情感发展目标等是体育教学目标的不同层次。为了实现不同的教学目标，应采用不同的教学方法。在体育教学中，教学目标并不是孤立的，它是多种目标的综合，而每一单元、每一堂课目标的侧重点是不同的。因此，在教学过程中，应根据具体的课堂教学目标选择重点发展某一方面的教学方法。课时教学目标是体育教学总目标的具体化，这一目标具有很强的指导性。它既有相应的运动技能和运动理论方面的知识，也有心理和品质品格方面的内容，针对这些不同的教学目标，应选择与之相匹配的教学方法。

2. 参考体育教材内容

体育教学的内容与教学方法之间具有密切的关系，如对一些技术动作方面的教学内容应采用主观的示范操作的方法，而对一些原理和知识结构方面的内容则应注重运用语言法进行讲解。不同性质的体育教学内容，应采取相应的教学方法。每一种教学方法为实现一定的目标而运用在某一教材内容时，其效果也会表现出一定的差异性。因此，在体育教学过程中，应注重教学方法的灵活性。

3. 参考体育教学环境

教学环境对教学方法的选择具有重要的影响。教学环境包括场地器材、班级人数、课时数等，同时，外界的社会文化环境也对教学环境具有重要的影响。教学环境必然会对教学方法产生制约作用。例如，一些直观教学方法需要借助一定的教学器材才能实现相应的教学目标，而学校体育教学资源的具体情况在一定程度上对教师采取的教学方法具有决定作用。

教师在体育教学过程中，应充分利用现有的教学环境，选择合理的教学方法，最大限度地利用现有的场地、器材条件。

4. 参考学生的实际情况

在教学过程中，教学方法的实施对象是学生，采用多种教学方法的最终目的是促进学生更好地学习。因此，在选择相应的体育教学方法时，应与学生特点及其实际情况相符合。学生的实际情况表现在多方面，包括学生的年龄特点、性别特征、身心发育状况及相应的知识储备和学习能力等。

学生处于不同的年龄阶段，则其身心发展过程也具有阶段性的特点。对于大学生而言，低年级学生和高年级的学生其身心发展特点会表现出鲜明的差异性。另外，男女性别上的差异性也会导致其对于体育的态度有所不同。因此，应采取合适的方法，充分调动学生体育学习的积极性。

学生的经验和知识储备及其相应的学习能力也是教师选择不同的教学方法的重要依据。对于知识储备量较为丰富，已经掌握了基础的知识技能，并且学习能力较强的学生，其在学习新的体育技能时能够更快、更好地掌握。此时，教师可采用合理的教学方法促进学生的技能水平向着更高的水平发展。

5. 参考教师的自身条件

体育教师是各种教学方法的实施者，其自身的素质对于教学活动的效果具有重要的影响。体育教师如果能力和素质有限，则其将不能发挥相应的教学方法的作用，从而对教学活动产生消极的影响。因此，教师在选择相应的教学活动时，应对自身的专业素养、能力水平及教法特点有着客观的理解。

一般而言，体育教师所熟练掌握的教学方法越多，则其越能够根据自身及学生的实际情况选择出最佳的教学方法。不同教师根据学生实际状况采取同样的教学方法，也会得到不同的教学效果，可见教师自身条件极大地影响着体育教学活动。因此，教师要加强认识自身素质与教学风格的意识，并通过积极的学习增强自身的素质，尝试和掌握更多的教学方法。

（三）选择体育教学方法需要注意的事项

1. 注意师生之间的协调配合

在体育教学过程中，教师和学生的默契配合是取得良好教学效果的重要保证。教学活动不存在没有“教”的“学”，也不存在没有“学”的“教”。因此，不管是何种教学方法，都应考虑到“如何教”和“如何学”这两方面的问题。

在传统体育教学过程中，片面强调以教师为中心，教学方法也只是注重教师“如何教”的问题，而对于学生在教学过程中的作用则选择性地忽略了。例如，教师在示范动作时，只考虑动作的优美和协调性，而没有考虑学生的感受，从而使得学生的学习效果不佳，影响教学活动的开展。

因此，体育教学方法的应用应考虑师生双方的合理配合，避免两者相脱节，这样才能取得良好的教学效果。

2. 注意学生内部与外部活动的配合

学生的学习过程是内部活动和外部活动的综合体现。因此，在选择相应的教学方法时，应注重两者之间的配合。所谓内部活动，即学生的心理活动及相应的生理反应等方面；外部活动则是其动作质量、情绪、注意力等方面。

在选择相应的体育教学方法时，应注重这两者之间的配合。教师应善于分析学生的内外活动变化，有机结合指导学生外部活动的方法与激发学生内部活动的教学方法，以促进学生主动积极地参与到体育学习中。

在选择体育教学方法时，还应对多种教学方法进行对比分析，从而确定最佳的教学方法。在教学过程中，应明确不同的教学方法适应什么样的教学内容，能够解决什么样的教学问题，能够对什么样的教学对象起到更好的作用等。

3. 注意不同学习阶段的前后配合

学生在学习过程中，在不同的学习阶段会表现出不同的特点。体育教学方法的应用应考虑到学生学习知识的不同阶段的前后配合。例如，在动作学习过程中，应注重“模仿型”向“创造型”的过渡，并实现两者的有机结合。

学生的学习过程是由不了解到熟悉的过程。在学习的初始阶段，往往以模仿（模仿教师或他人）学习为主，之后，学生就会形成动作定式而完全摆脱模仿，从“模仿型”过渡到了“创造型”。这两个阶段之间具有一定的联系，又相互区别。因此，在运用教学方法时既要防止两者之间的互相代替，又要防止两者之间的割裂。

三、体育教学方法的运用

（一）运用体育教学方法的注意事项

良好教学效果的取得不仅要求教师要选择合适的教学方法，还要求教师具有良好的素养，能够有效运用体育教学方法。在对相应的体育教学方法加以运用时，有以下几点需要注意。

1. 注意体育教学方法效果的影响因素

在对体育教学方法进行合理应用时，为了取得良好的教学效果，体育教师要加强与学生之间的协调配合。在体育教学实践活动中，教学方法所产生的效果受体育教师的知识储备、人格魅力及教学技艺等方面的影响。因此，提高教师的素养对于教学方法使用的效果将会产生积极的影响。

然而，需要强调的是，体育教学是教师与学生之间的双边互动，学生对于教学方法运用的效果也具有重要的影响。因此，学生的能动性的发挥情况对于教学方法的运用效果具有重要的影响。例如，当学生没有太大的兴趣参与到体育课教学中时，就会在课堂上注意力不集中，即使体育教师使用正确、生动、形象的讲解方法或准确、协调、优美的动作示范，学生依然不会提高参与课堂学习的兴趣与积极性。

除了教师和学生因素之外，体育教学的物质条件和环境也在一定程度上影响体育教学方法的运用。例如，在进行篮球运动教学时，如果是在较为干净的室内塑胶场地上，学生在奔跑和起跳时的心理状态与在水泥地面上时是不同的，室内塑胶场地上，当学生起跳落地时，可以做出相应的保护性动作，能够有效避免受伤。因此，在强调教学主体主观因素的同时，也不可以将物质和环境等客观因素忽略掉。

2. 注意体育教学方法有关理论的运用

有关体育教学的理论源于实践，但又高于实践，是科学总结体育教学实践的结果。因此，体育教学的相关方法既要注重实践方面的问题，又要注重理论方面的探索。如果体育教学的相关理论具有一定的片面性，则其体育教学的方法也会表现出一定的片面性。在体育教学过程中，体育教学方法方面的理论基础应综合考虑以下几方面。

（1）辩证唯物主义与唯物辩证法的基本观点。

（2）系统论原理，深化理解体育教学系统。

（3）教育学、心理学等与体育教学有关的学科理论知识。

（4）普通教学论和体育教学论，这是体育教学方法直接的理论基础。

（5）对当代各学科的先进理论成果进行借鉴和吸收，创造性地应用相应的理论和方法。

总而言之，在体育教学过程中，应用新观念、新理论指导体育教学工作，不断对体育教学的方法进行创新，并充分发挥各种教学方法的效用。

（二）体育教学方法的优化组合运用

1. 优化组合运用的原则

（1）最优性原则。不同的教学方法其特点、功能和应用范围都会有相应的差异性，各教学方法都有其优缺点。因此，在对教学方法进行组合运用时，会形成不同体系的综合教学方法，每一套教学方法也有其鲜明的特点。教师在进行教学方法的优化组合时，应根据实际情况，选择一套最符合实际情况的教学方法。教师在选择教学方法时，应从整体入手，将各种教学方法进行有机结合，充分发挥教学方法体系的整体功能。

（2）统一性原则。统一性原则要求教师在选择相应的教学方法时，注重“教”与“学”的统一，使得两者之间密切结合，相互促进。如果只强调其中的一方面，则教学活动并不会取得良好的效果。另外，统一性原则还要求在教学过程中，应将教学方法的多种功能充分地发挥出来，促进学生素质的全面发展。

（3）启发性原则。不管是何种形式的教学方法，其都应该能够更好地调动学生的积极性和自觉性，促进学生进行积极思考与探索，促进学生全面提高自身素质。在体育教学活动中，注重学生兴趣和动机的培养，发展其自主思维和学习的意识。

（4）创造性和灵活性原则。在选择体育教学方法时，应注重发挥教师和学生的创造性。应对教学方法进行积极的改进和创新，使其更加适用于自身的教学实践活动。只有这样，才能使得教学方法的功能最大化，从而取得较好的教学效果。教师要对教学方法进行不断的发展和创新，这样才能与教学水平的发展相适应。

教学活动是一个动作的过程，教师在课前设计的相应教学方法可能在具体的教学实践中面临多方面的问题，这就需要教师进行灵活应变，根据实际教学情况，对所选的体育教学方法进行灵活的、创造性的运用。

2. 体育教学方法优化组合的程序

（1）将体育教学的任务进一步明确。选择不同的教学方法要以教学任务和教学目标为主要依据。因此，应将一节课的具体教学任务进行分析和细化，制定出相应的任务规划。

（2）根据实际情况将总体设想提出来。通过对教学任务、教学内容、学生的具体情况及教学的外部情况等进行分析，对相应的教学方法进行评估和分析。在提出教学的总体设想时，应将教学方法的可行性和适用性充分考虑进来。

（3）对多种体育教学方法加以优化组合。制定教学方法和教学方法的具体方式和细节表，对于各种教学方法进行分析，并对其不完善的地方进行相应的补充。在此基础上，将优化组合后的教学方法应用于具体的教学实践中去。

（4）对优化组合的教学方法实施与评价。在体育教学过程中，应对教学方法产生的效果进行跟踪了解，可通过学生反馈的形式了解具体情况。对于教学方法的反馈信息进行归纳和分析研究，并对教学方法做出相应的调整。在以后的教学过程中，要不断地总结经验和教训，促进教学方法的不断优化。

第四节　体育教学方法改革与发展的影响因素

一、影响体育教学方法改革与发展的外部因素

首先，受教育思想的影响。随着新中国的成立，教育的发展进入了一个崭新的阶段，教学思想也先后经历几次转变。以最初的“增强体质”为中心的教育思想转变为以“传授技术”为中心的教育思想，再到以“全面发展”为中心

的教育思想、以“终身体育”为中心的教育思想、以“育人”为中心的教育思想，再到现在的以“健康第一”为中心的教育思想。虽然，教学思想在不断发生着转变，寻求着最适合的发展位置，但是，其始终没有摆脱以“教材、课堂、教师”为中心，注重教师主导地位，注重技能知识传授的这种应试教育。这种“满堂灌”的教学课堂对培养学生的兴趣、发展学生的个性、提高教学质量等都会产生严重的影响。

其次，国家对体育教师工作地位的重视度不够高。“重教育轻体育”的现象在全国各地普遍存在。因此，在各个学校出现其他各科占用体育课，体育课的课时安排较少，体育教师的工资待遇比其他各科教师待遇普遍都低，体育教师专业知识培训机会也比其他课教师培训机会少等现象，教师的潜力得不到充分发挥，教师对体育教育工作的热情不高，对教学发展趋势不够关注，教学工作的责任心不强，导致教学在发展中因缺少这些基层教师的支持而出现困难。

最后，受到教学设备严重匮乏的影响。由于我国的经济发展比较落后，经济实力不强，还达不到为全国各地的每所学校提供所需的器材设备的标准，导致我国大部分学校的场地、器材设备达不到要求，体育教学工作无法正常开展，体育课堂成为“放羊式”的课堂，体育课显得毫无组织、毫无纪律，也没有质量保证，这不仅无法按照教学的要求完成教学任务、实现教学目标，也无法按照教学要求对体育教学方法进行新的研究改造。

二、影响体育教学方法改革与发展的内部因素

影响体育教学方法改革与发展的内部因素是对传统体育教学方法的宣传力度不够。体育教学方法的改革与发展就是在对传统体育教学方法进行“取其精华，去其糟粕”的基础上对教学方法进行创新改造，促进体育教学方法的研究发展。因此，加大传统体育教学方法的宣传力度对体育教学方法的改革与发展有着重要的作用。否则，我们许多学者或一线教师通过自己多年的经验和辛苦与努力研究出来的成果就会随着时光的流逝慢慢地消失，甚至被人们彻底地遗忘。这不仅对体育界造成巨大损失，在体育教学中，失去了本应为体育教学服务的应有价值，而且，这也是对那些伟人的学者或一线教师的研究成果的一种不尊重表现，并且对提高教师自身能力及教师工作能力等都是不利的。同时，这也为日后的体育教学方法在改革与发展研究中带来很多困难。如不了解传统体育教学方法在改革与发展中到底存在什么样的问题，弊端在哪里，不了解传统体育教学方法到底有哪些，到底哪些属于传统体育教学方法，哪些属于现代

体育教学方法，也不清楚传统体育教学方法的研究方向（以学生为主体还是以教师为主导不清楚）。这些都是体育教学方法改革与发展中存在的问题。

我们在加大对传统体育教学方法的宣传时，首先，多鼓励教师在教学实践中，根据教学的具体任务选择多种教学方法，并且将这些教学方法整合起来，有针对性地应用到教学中，提高课堂的灵活性和加强课堂的丰富性；其次，加强对教师专业知识的培训，增强教师对专业知识的学习理解能力，以提高教师的教学工作能力。因此，这样才能有利于对教学方法在教学实践中的广泛宣传，有利于更好地实施对体育教学方法的改革与发展。

因此，加强对体育教学方法在教学实践中的宣传是推动体育教学方法的改革与发展的内在因素。

三、体育教学方法改革与发展的约束

体育教学方法是为实现教学目标和提高教学质量服务的，因此，在体育教学过程中，教师选取的体育教学方法的科学性、合理性及受学生的欢迎程度越高，那么教学的气氛就越浓，学生的学习兴趣就越高，体育教学的质量也就越高，教学的效果就越好。否则，就会使得学生的学习激情不高、兴趣不浓，学生的学习过于被动。

这种教学方式显然不太符合现在学生的发展需求。它不但不能对体育教学方法的改革与发展起到促进作用，而且对体育教学方法的改革与发展也是一种制约，约束着体育教学方法的改革与发展。虽然，随着教学思想的转变，对教学方法的研究也产生了相应的教学成果（产生新的教学方法），但是，对体育教学方法的研究目的和研究对象不进行改变（注重以技能知识的传授为目的，而不重视以学生的个性发展为目的；以教师的主导地位为研究对象，而不以学生的主体地位为研究对象），创造出来的新的体育教学方法就不能称为是对体育教学方法的一种改革与发展，只能称为是对体育教学方法的一种改进与提升。

体育教学方法的研究只有以促进学生的身心健康，增强学生的体质，培养学生体育锻炼的兴趣、个性的发展，提高学生的自学能力，加强教师的引导能力为目的，研究创造出来的体育教学方法才能称得上是对体育教学方法的改革与发展。因此，在对体育教学方法的改革与发展的研究中，以学生作为研究对象，以培养学生的个性发展为目的，才能促进体育教学方法的改革与发展，否则，对体育教学方法的改革与发展就是一种约束。

第三章 体育与文化理论概述

第一节 文化的概述与发展

一、文化概述

人类从野蛮到文明，靠文化进步；从生物的人到社会的人，靠文化教化；人们千差万别的个性、气质、情操、风格也靠文化培养。人们全部生活的意义及存在价值都离不开文化。今天我们正在建设一个具有中国特色的、现代化的和谐社会，也必须从现存的文化基础出发，去开创新的历史格局。

（一）文化的含义

“文化”一词的社会学含义，是19世纪后期和20世纪初期随着社会学、人类学的发展而被赋予的。最初只是把它定义为：“以广泛的民族意义而言，……文化或文明乃是一复杂的整体，包括知识信仰、艺术道德、法律风俗，即作为社会成员的个人而获得的任何能力与习惯。”通常而言，文化有狭义和广义两种含义：狭义的文化主要是指人类社会意识形态及与之相适应的制度和设施；广义的文化指人类所创造的物质财富和精神财富的总和及其创造过程。严格地说，“文化”一词是一个发展变化的概念。在中国古籍上，文化主要指文化教化，与武功相对立。在西方，文化一词来自拉丁文“cultura”，主要是指耕作、培养、教育、发展出来的事物，是与自然存在的事物相对应的。随着历史的演变，文化一词在不同的时期，其含义也有所变化。

（二）文化的性质

根据文化的定义，可以看到文化具有非遗传性和超个人性，文化还具有复合型和象征性。就文化的时间和空间存在而言，其还具有以下的社会学特点。

1. 文化的继承性

人类的文化，随着物质生产和人口生产的发展，是具有历史的连续性的，甚至是可以形成传统的。文化的继承性，使文化成为一个整体，而非散漫无规则的无序状态。由于文化的继承性，同一民族在不同的时代，总会有共同的东西。这就使文化因素具有超时代性。对文化的继承过程，也就是文化的过程。文化的继承是有选择的、批判性的。在文化继承的过程中，人们总是批判传统文化，有选择地进行继承。我国体育文化具有悠久的历史，各种养生导引术、武术技击、民间游戏娱乐等，经历了几千年的承袭、发展、演变，成为当今世界体育文化中的瑰宝，充分证明了文化的继承的存在，也充分证明了中华民族是世界上文化传统最优秀的民族之一。以奥林匹克运动为代表的欧洲竞技体育，在古代延续了 1000 年，共举行了 293 届奥运会。由于战争等原因，古代奥运会被迫中断。但在约 1400 年后，近代奥运会又重新勃起，这虽然是一种间接的继承，然而正好说明，凡是一种进步的文化，总会得到历史的承认而被继承下来。

2. 文化的时代性

有本书曾经这样说过，一定时代有其一定的特点，这一定的特点必然导致一定的发展规律和一定的发展方向，也正是在这个时代的发展规律和发展方向中，这个时代才充分表现出来。文化的时代性要反映这个时代的特点，必须表现这个时代的发展规律和发展方向。的确如此，每个时代都有不同于其他时代的特殊的物质生产方式、特殊的人与自然的关系（在阶级社会中就是特殊的阶级关系）。因此文化也具有特殊的性质。事实上任何文化的发展都不是一成不变的，都具有一定的时代特点和差异。时代的经济和政治变动得越激烈，这种特点和差异就越明显。然而，在同一时代里，并非每一种文化都具有时代性。应该严格区分这两种文化，即反映时代精神、具有时代性的文化和不具有时代性而只具有时代烙印的文化。只有这样才能把握文化的发展方向。体育运动的时代特征是十分鲜明的。例如，古代奥运会主要是田径、摔跤等个人项目，那是希腊奴隶制走向民主政治，提倡个性解放时代的必然产物。而到了 20 世纪的现代奥林匹克运动会，则越来越多地增加了集体项目，如球类比赛等，深刻地反映出了工业大生产条件下的一种新型人际关系。现代奥运会是全世界 200 多个国家和地区参加的体育盛会，而古代奥运会只不过是古希腊一些城邦参加的地区运动会。由于国际政治、经济、文化、科技的飞速发展，现代奥运会所代表的竞技体育，几乎在每十年中，甚至每一届奥林匹克运动会的四年之间，都可以看出新的时代特征。

3. 文化的民族性

每个民族的文化都有着不同于其他民族文化的特点，这就是文化的民族性。任何形态的民族文化，都是根据本民族的特点而形成和发展的。它把本民族凝聚为一个整体，具有独特的民族个性和社会心理意识。每个文化所蕴藏着的，并从多发面显示出来的这些特征，是由不同的地理环境、人种特点、生产条件、社会结构造成的。每个民族都是一个世界，其内部由于阶级、阶层、职业、信仰等的种种差异，各色人等的文化心理呈现复杂的状态。然而，一个民族总是有共同的历史渊源，承接着大体一致的文化积淀，因而每一个民族往往又带有倾向性的心理素质和文化特征。不重视文化的民族性，抛弃文化的民族个性，就会陷入民族虚无主义。但是，过分强调文化的民族性，无视文化的世界性也是不可取的。体育运动的民族性十分强烈。我国56个民族各有自己的民族体育形式，如傣族的泼水节、苗族的踩花节、侗族的三月三、白族的三月街、朝鲜族的荡秋千、藏族的春节、蒙古族的那达慕、宁夏藏族的响浪节、黎族的火把节。全世界两千多个民族更是以各种各样的体育活动形式和内容，组成了一个蔚为壮观的体育大千世界。

4. 文化的世界性

在当今世界，任何一种文化，都是属于全人类的，纯粹的独立的民族文化是不存在的。现代人类学的研究成果证明各民族的文化其实是大同小异的。文化的世界性表现在以下两个方面：其一，文化是可以通过各种传播媒介传到世界各个角落中去的，人类绝大部分文化形式都可以在各民族中相互沟通。正是因为这个缘故，文化中存在着大量的冲突、交流、选择、融合等现象。体育运动是一种最便利的条件，这就是构成体育运动国际化的一个重要因素。其二，文化财富为全人类所共有。任何一个民族所创造的物质文明和精神文明都是属于全人类的，任何一个民族文化都是世界文化的一部分，它或多或少与其他民族相互影响。越是接近现代，越是如此。文化的民族性和世界性之间存在一种辩证的关系。一个民族文化不仅应有与世界其他文化相同的规律和内容，而且应该有不同于其他民族文化的特殊的民族形式。一个民族的文化特征越鲜明，形式越独特，它对世界的文化的价值和意义越大。那进入世界文化宝库中的精品，都是具有鲜明民族性的。没有鲜明民族性的文化，世界文化也就不能存在。

5. 文化的阶级性

虽然文化多少带有某种程度的阶级性，但不能说一切文化现象都有阶级性，不能把文化的阶级性绝对化。那些揭示自然发展规律的自然科学、人体科学（包括体育科学中的部分内容），一般来讲不涉及阶级利益，往往是各阶级公认的，是没有阶级性的。然而，它的制度组织、价值观念、目的任务等则是有鲜明的阶级色彩的。在不同的阶级社会中，体育呈现不同的特征，在同一阶级社会中，不同阶级的体育有着明显的差别，如在奴隶社会，奴隶主阶级是角斗场上的看客，而奴隶角斗士就只能充当相互残杀或与猛兽以死相拼的玩物。奴隶的命运掌握在奴隶主手中。文化的主体是人。在阶级社会中，人是分为不同阶级的，物质生产及其所造成的经济关系，正是通过对阶级关系的影响来左右文化的。各种文化在不同形式上，从不同的角度，以不同的方式表现不同的阶级利益、感情和思想。

（三）文化的结构

在文化的大结构中，是分内外层次的。一般将它划分为三个层次，即外层的物的层次（物质层次）、核心部的层次（心理的层次）、中间的心与物结合的层次（体制的层次）。文化的外层，即马克思所说的“第二自然”或称对象化了的劳动。这个物质形态文化，不是任何未经人力作用的自然物，也不是指劳动的物质产品本身，而是指物质产品中所体现的人的行为方式和思维方式（如生产工具、技术、生活器物所体现的生活方式和情调等）。因此，科学技术也应该归属于物质形态文化之中。

文化的中间层次包括各种社会制度、社会关系、社会组织和有关社会的各种理论等。文化的里层（核心层次），指的是文化心态，包括价值观念、思维方式、宗教情绪、民族性格、审美情趣、道德情操等。应该指出的是，文化的三个层次是相互适应、相互联系的，由里向外表现出更为强烈的制约作用。因此，任何真正意义上的革命或改革都必须以最里层文化心态的变革为最终的实现目标。

体育运动与上述三个层次的文化均有不同程度的联系。它既有物质技术层次，还有内在的价值观念、思维方式、审美情趣、道德情操等。因此，体育文化是一种多层次、内容极其丰富的文化形态。反映这个文化形态的体育科学、体育学也必定是复杂结构的综合体。

二、文化的发展

当我们回顾各民族体育发展的历史时，可以发现文化的运行有着惊人的相似之处，尤其是一百多年来的文化争论始终凝聚在两个焦点上，即历史性（纵向）的传统与反传统之争、共时性（横向）的民族文化与国际文化之争。也就是说，可以把文化的四个特征中的传统与民族放在一极，把时代与国际放在一起。

有人会说："文化就是我们从书上学习的知识，上学就能使我们成为有文化的人。"也有人说："文化是个很有内涵的东西，高深莫测，对于我们来讲触之不及……"其实这些对文化的理解都有失偏颇。文化不仅是知识，更是一种精神追求。"腹有诗书气自华"，它的内涵与外延是相通的，如同太阳以它内心的炽热表现出外在的光辉。但同时文化又深深植根于我们每个人的心中，就像空气一样，无时无刻不围绕在我们的身边，体现在我们每个人的精神风貌上。

打开历史的画卷，纵览千年风尘，回忆朝代更迭，我们不难发现，中华文化不断地变更发展。在几经改变之后，多数在今天似乎已经面目全非，但我们依然喜爱李杜的诗、唐寅的画、松龄的小说、孔老夫子的警言。当今世界，各个国家、各个民族的文化正在相互交融、相互撞击。各国经济政治生活中的摩擦，更多在表现文化的冲突。

近年来，我们的政府比较重视现代文化建设，将它作为"软实力"纳入综合国力建设的重要组成部分。如何构建"大文化"战略，也成为当代中国社会建设的重大课题。中华传统文化也经历了无数辉煌：春秋时期是文化的勃兴期。从社会形态上看，农奴制布满了县邑，奴隶制相反没有得到充分的发展。在民族政策上，楚人把自己定位于夷夏之间，实行抚夷属夏的国策，对所灭之国，迁其公室，存其宗庙，限其疆土，抚其臣民，用其贤能。充分昭示了文化的个性与气魄。战国时期是文化的鼎盛期。铜器生产登峰造极，铁器运用普遍推广，丝织刺绣兴旺发达，漆器木器应运而生，城市建设欣欣向荣，物质文化达到了顶点。特别是此时的精神文化大放异彩，给予后世巨大的启迪，从哲学到文学，从字画到乐舞，无不独领风骚，彪炳千秋。政治社会体制、民族文化心理、日常生活方式等趋于成熟定型，楚文化真正成了千百年来为人们津津乐道的文化。秦汉之际为文化的转变期。秦国灭掉楚国，并排斥楚文化，使文化遭受重大打击。魏晋南北朝时期，农业文明与游牧文明在民族迁徙、冲突中互相交流和融合，北方世族南迁，促进了南方文化的发展，南方文化又回流北方，实现了南北文化的沟通。同时，玄学从儒、释、道争论中诞生，各民族文化风习也在战乱中薪火相传，可谓中国文化内部冲突与融合的阶段……

中国传统文化遭受了三次浩劫：第一次是秦始皇统一六国后，文化的多元性与中央集权政治体制冲突，造成了焚书坑儒。第二次是近代的新文化运动，新文化运动将中国传统文化与儒家学说妖魔化，用“吃人的理论”来完全概括统治了中国几千年的儒家学说与传统文化，用愚昧与迷信作为中华传统文明尤其是我国古代科技的标签，特别是面对西方文明，面对船坚炮利，我们的文化自信被摧毁了，百年屈辱历史使得人们对民族核心价值观的信心动摇。新文化运动对民族核心价值观的否定，实质上导致了一个中华文化的崩溃。中华民族成了抛弃自己文化沉淀的民族，民族的精神和价值彻底丧失，新文化运动对于中华文化而言，破大于立。第三次是当代的“文化大革命”。“文化大革命”实质上是文化领域的一场浩劫，中华民族安身立命的传统文化被批判抛弃，丧失了文化认同，中华民族成了一个灵魂漂泊的民族，民族自信心与信仰空前缺乏，导致国人的信仰丧失与文化断层，乃致陈寅恪说自己“托命于非驴非马之国”。

一个民族失去了自己的文化传统，就难以屹立于世界民族之林。一个文化没有创新的民族，就失去了精神支柱和前进的动力，最终断送国家民族的前途与命运。我国有着56个民族，也就有56种不同的文化，但因为彼此的尊重与交流，形成了中华民族的大家庭。世界各国如果文化与文化间没有交流，只会造成误解甚至是仇视与敌视。

在文化的发展脉流中，现代文化离不开优秀传统文化的传承，我们必须从孔孟那里汲取阳光，从李杜那里获得雨露，从屈原那里丰盈血脉，从鲁迅那里强健筋骨，唯有如此，我们的现代文化之树方能根繁叶茂、参天挺立。文化只有慎重地选择，才有更美好、更丰富的内涵。有人说现在是知道“周迅”的人越来越多了，知道“鲁迅”的越来越少了；知道“关之琳”的越来越多了，知道“卞之琳”的越来越少了；知道“马克”的越来越多了，知道“马克·吐温”的越来越少了；知道“比尔”的越来越多了，知道“保尔”的越来越少了；知道“景岗山”的越来越多了，知道“井冈山”的越来越少了；知道“爱情”的越来越多了，知道“艾青”的越来越少了；知道“就要发”的越来越多了，知道“九一八”的越来越少了。文化的发展既需要创新，更需要传承。就如同我们生活，记住该记住的，忘却该忘却的，保留该保留的，淘汰该淘汰的。只有这样，千百年以后，人们才可以仍然记得鲁迅是如何用笔与当时的黑暗社会斗争的；爱情依然是人们永恒的主题，而艾青的诗作依然被传唱；青年们带着保尔的精神，如同比尔一样去创业；海外的游子们对月举杯吟诵李白的诗。

现代文化，在发展中反思，在反思中茁壮，如同浴火的凤凰，在生命的涅槃中获得绚烂的完美。文化呈一种两极运动的规律。两极运动规律，就是指每个文化形态（包括体育文化）都是由两极对立动态构成的。两极对立或交替出现，或同时并存，并不断发生冲撞与抗击。双方都有向对立面反方向运动的趋势，而某一极又为另一极所牵制，因而在对立的两极中，便形成一种张力平衡。其效应就转化为文化发展的内部动力。正是在这两极运动中，文化自身不断调节和新陈代谢，并向更为完善的高级形态演变。文化的发展是一种曲线运动，在两极之间摆动前进。历史越向未来发展，两极对立越是激烈，中间的张力越来越大。这种文化发展的两极运动是普遍的、必然的。因此，我国只有掌握好批判地继承、批判地吸收、古为今用、洋为中用的方针，才能少走弯路，才能建设一个独具民族特色的先进的中国体育文化。可以这样说，民族文化是历史的必然，世界文化是当今地球上各种文化的未来。在我们掌握中国体育文化发展的方向时，无疑应该持这种观点。

三、中国文化的特质

中国文化的特质如果仅仅以一个简短的篇幅来概括，是十分困难的，因为中国不仅幅员辽阔，而且有绵延五千年的历史，不仅有历史的、地域的、时代的、民族的、阶级的多种差异，而且又包含进步的、落后的、明哲的、愚昧的多种多样的文化因素和成分。因此，这里只能做一个简单的概括。

（一）统一性

中国文化在其历史文化发展的长河中，逐渐形成了一个以华夏文化为中心，同时汇聚国内各民族文化的统一体。这个统一体发挥了强有力的同化作用，在中国历史上任何时刻都未曾分裂和瓦解过，即使在内忧外患的民族存亡危急的关头，它仍能保持完整和统一。这一特质是在世界其他任何民族的文化中都难以找到的。这种传统性使中国人对自己的民族文化产生强烈的认同感，在对于各种文明的比照中，往往一眼就能认出自己文化的象征。中国人自始至终都在严守华夏文化的纯洁性、独立性和统一性。这已经成为中华民族性的重要特征。

中国文化的统一性对体育文化的影响是非常深远的。这不仅表现在中国体育活动的内容和形式上，而且表现在体育运动那种强烈的民族情绪和愿望上。这常常是其他文化系统所不能比拟的。

（二）非宗教性（人文精神）

在西方，宗教传统直到现在仍保持着强大的势力，并渗透到文化生活的各个领域，使西方文化带有浓厚的宗教色彩。而中国文化显然不具有这些特质。中国文化的这种非宗教性的品格特征，主要是由其浓厚的人文精神决定的。西方体育文化与宗教有着密不可分的联系，随着宗教产生，并随宗教传播，体育运动中有许多宗教精神和思想，而中国体育文化则不具备这样的特征。

（三）连续性

中国文化是世界各种文化中唯一没有中断过的文化，表现出极其优良的传承性。这种特有的连续性，使中国文化具有牢固的传统，这种文化传统既是前进的一个起点，也是导致倾向保守的一条羁绊。因此，中国社会的发展常常在文化传统中获益很深，同时，而又不得不付出沉重的代价。中国的体育文化也具有很好的连续性。几千年来，虽有多次朝代更替，经济兴衰，但体育文化始终一如既往，绵延至今。到了近代虽受到西方体育文化传入的影响，但其精髓始终保持了下来，并发扬下去。

（四）乡土情谊

中国长期以来一直处于典型的农业社会之中，人们世世代代生活在同一块土地上，对自己的乡土人物有无限的眷恋之情。这种乡土之情深深地灌注进中国文化之中，促进中华文化的发展。这种乡土情谊经过升华，可以加强中华民族的凝聚力，培养团结共进和互助友爱的精神，是当代竞技体育在中国发展的一种重要推动力。中国运动员在国际比赛中获胜，不但国人为之振奋，还常常在海外华人中引起热烈反响，就是这一特征的反映。

（五）泛道德性

中国文化中，道德对政治、法律、文学、艺术等（包括体育）都具有深刻的影响和重要的指导意义。道德的理性化发展，使之常有取代政治、法律而起作用的趋势。中国文化的泛道德性，常使体育娱乐成为教化民心的一种手段，即所谓的礼乐之治。有人曾专门研究中国古代的一些竞技运动规则，发现有四分之一以上的条款不是约束比赛本身，而是规范参与者的道德的。这一点与其他文化系统的体育有很大的不同。

（六）中庸和平

与其他文化系统相比较，中国人具有和平文弱的性格，这是中国文化中庸和平特征的表现和反映。与西方的好战健斗相比，中华文化在人与人的关系上表现出了那种雍容、巽顺、和平、温良、宽柔的品格。中国人崇拜圣人超过崇拜英雄。中国历来奉行非侵略政策。然而这一特征，也导致了长期的重男轻女、文弱之风盛行。

中国文化的这一特征不利于体育文化的发展，这是中国古代体育发展长期受压抑，未能走向世界的重要原因。这一特征也抑制了学校体育教育的发生和发展，几千年来始终没有形成自己独立的体育教育形态。因为这一特征从根本上是扼杀人的竞争性的。因此，中国竞技体育虽几度兴起，但最终都几乎湮没。

第二节　体育文化的概述

一、传统体育的起源与发展

（一）传统体育的起源

体育是人类社会活动的内容之一，它同其他文化活动一样，起源于原始人的生产劳动和其他社会实践，并伴随着社会的进步不断地发展完善。体育的产生与发展取决于社会物质生活条件，首先取决于经济生产的发展，由于生产资料异常贫乏，生产力极为低下，所以原始体育形态对于经济的依赖性表现得更为突出和直接，其活动领域不仅与生产活动联系紧密，而且在原始社会人们的物质生产、生活的原始性的制约下，相应地表现得很狭窄。所以只能从生产活动及其他社会活动中间看到某些体育因素。随着原始公社制的发展，人类从生产劳动实践中所得来的认识、思想、感情等日益复杂，原始体育形态的内容和表现形式才逐渐丰富和多样化起来，并在人们对其逐步认识过程中，逐渐从生产劳动和其他社会实践活动中萌发出来。

在生产力低下的原始社会，人类为了生存，除制造和使用工具从事劳动外，还必须依靠自身徒手的技能与大自然斗争，如奔跑、攀缘、跳跃、搏击等技能最初是出自人类的本能活动，但随着生产力的发展，这些技能也逐渐成为有目的、有意识的活动。我国北京人居住过的洞穴遗址中，有数千计的鹿和马以及其他兽类遗骨。可以推测北京人在用其制造的原始粗糙的木石工具进行狩猎的同时，也具有一定的奔跑追逐的能力。从历史记载和近代一些原始部落的狩猎活动中也可以看出这种奔跑的萌芽。原始人采集、狩猎及居住活动等都离不开攀缘。清代云南一些少数民族仍有巢居的遗俗。采集果实需要爬树，栖息在树上同样需要爬树，这就逐渐有了攀缘的技能。北京人遗址中除大量的动物遗骸外，还有相当数量的被燃烧过的树籽。朴树籽是小球似的果实，食之有香味，是北京人通过攀缘采集的主要果实之一。至今在一些少数民族中仍常见一种藤秋千，它是利用树上垂下的藤来摆荡而发展来的。这种藤秋千很可能就是从人类采集果实抓住垂藤摆荡发展来的。

我国手搏技能的产生也与原始人徒手搏兽的生产技能有关。沧源崖画第七地点五区的画面上，就有两人与兽搏打的场面。二人均两臂展开，有一臂与兽搏斗，旁边有一人两手各持短棒，似赴援者。

我国羌族有一种古老的传统风俗舞，叫“跳盔甲”，又名“大葬舞”。舞者人数不定，数人，十多人不等。舞时身穿生牛皮制作的铠甲，头戴插着野鸡翎和麦秆的皮盔，手执兵器。开始时先跳圈，然后形成两排，长弩飞舞，肩上挂的铜铃作响，吼声震天。这种舞蹈既是祭祀舞又是训练战伐而用的舞蹈。傣族至今流传有单刀舞、棍舞，也可以两人对舞，近似要枪棒或器械操，不过带些舞蹈的艺术动作和美观步伐罢了。这种舞蹈都可能是原始武舞的遗俗。其他如布朗族的“刀舞”、景颇族的“盾牌舞”以及描写血亲复仇的“以湾湾”等舞蹈，都类似古代的武舞。可见武舞是原始部落进行军事训练、为战争准备的主要内容。

总之，我国不同地区、不同民族从原始部落形成的各种生产技能、生活技能和军事技能形成了传统体育的起源。最初的体育内容是通过从事生产劳动的形式体现出来的，生产劳动场所往往是学习体育活动的内容。随着社会生产力的发展，一些体育内容开始在生产活动之外进行了，它有意识地通过某些身体锻炼手段来培养人们的体魄，这意味着“体育”作为身体练习手段开始萌发了。

（二）传统体育的发展

在生产技能和军事技能的基础上，体育作为一种有意识的身体练习手段逐渐完善起来，形成了各具民族特色的传统体育内容，在源远流长的中国历史上大放异彩。据史料记载，传统体育早在夏商时代已具雏形，某些传统体育的内容在从其他社会活动中分离转化的过程中，逐步丰富和多样化起来，具有了明显的体育特性。经过春秋战国、汉、唐、宋、元、明、清等历史朝代的锤炼和加工，特征鲜明的传统体育已奠定了深厚的民族根基，为提高国人的身体素质做出了巨大的贡献。传统体育的发展主要经历了下列几个发展阶段：

1.夏商周的传统体育雏形

夏、商、西周的体育是在我国奴隶制建立及发展基础上形成的体育形态。

其内容已与生产劳动分野，而进一步与军事、教育、礼仪等社会活动结合在一起。并在其中向着多样化和复杂化的方向发展。这个时期，战争发展了，军事斗争成了推动体育发展的重要动力之一。因此军事体育活动的内容较为丰富。在学校教育方面，奴隶主阶级“文武兼备”特点的教育奠定了我国学校体育教育的雏形。其他如医学知识的积累、养生思想的反映等都在不同程度上为体育的继续发展提供了前提条件。这一时期，一些有关体育的概念及理论也在逐步地形成和发展，如射、御、舞、拳、搏等。这方面的内容与后世传统体育的概念和理论有区别，又有联系，它在某种程度上为后世体育的发展奠定了基础。

2. 春秋战国传统体育的兴盛

春秋战国时期是我国奴隶制向封建制剧烈转变的时代，由于奴隶制的崩溃，奴隶主阶级垄断体育的局面被打破了，民间体育活动蓬勃发展起来。这时刚登上舞台的新兴地主阶级要求改革旧制并付诸实践，使很多体育内容在相当程度上得到了发展。这时，“百家争鸣”的各个学派都在不同程度上涉及了体育的思想和实践问题，这对体育发展有推动作用。有些虽是用体育现象来说明其哲学观点，但对后世也有相当之影响。另外，这一时期，逐渐增长的自然科学知识也为体育发展创造了有利条件。上述这些原因促成了我国古代体育第一次较全面地大发展。

这一时期的军事体育活动、民间娱乐体育活动以及各种导引养生活动都出现了崭新的局面。不仅内容丰富多彩，形式多样，而且很多项目、很多体育观点都是新的，一些体育内容走向竞技化的趋势也在逐渐形成。这些都对传统体育发展产生着深远的影响。此外，值得一提的是这时期的教育家孔子，他身体力行的体育实践对传统体育产生了较大影响。

孔子身体魁伟，身高九尺六寸（相当现今2米）。青年时期的孔子身强力壮，有能举起数百斤重的城门栓的记载。他的养身之道曾对后代产生了很好的影响，主要包括两个方面：第一，积极提倡并亲自参加各种身体活动。孔子从教四十多年，设置六门课程，其中有锻炼身体的射（射箭）、御（驾御战车）两门为学生必修。此两项也是他本人之擅长。孔子还喜爱钓鱼、田猎、登山、郊游等，很重视户外体育活动。现在泰山顶还有“孔子登临处”的古迹。他“登东山而小鲁，登泰山而小天下”的名句至今为人们所颂。第二，倡导注意起居饮食卫生。孔子曾以回答鲁哀公提问的形式，从反面告诉人们长寿有三条经验。子曰：“人有三命而非命者也，人自取之。夫寝处不时，饮食不节，佚劳过度者，疾共杀之。”这就是说，人要延寿，一要寝处有时（按时作息），二要饮食有节

（节制饮食），三要佚劳适度（劳逸结合），否则就会致病早亡。另外，《论语》中记有："食殪而（粮食坏了有臭味）、鱼馁败（鱼肉腐烂）不食。色恶不食。失饪（烹调不当）不食。不时（不到吃饭之时不食）不食。""内虽多，不使胜食气（不吃过量）。"对睡眠卫生要求"寝不言""寝不尸"（不要僵直躺）……孔子不但自己这样做，而且也要求学生这样做。不这样做的学生，要受到他的严厉批评。如"宰予昼寝"（白天睡觉），屡教不改，孔子非常不满，喻之为"朽木不可雕也"。

3. 秦汉传统体育的体系构成

秦汉时期，是我国体育进一步大发展的时期，这一发展是对先秦文化成就的总结和升华。决定这一发展的主要因素有三个：一是统一的多民族的封建集权国家和社会比较稳定。二是封建地主土地所有制的确立及封建国家经济文化的繁盛。三是春秋战国民间体育的大发展为这一时期的体育发展奠定了基础。

秦汉时期体育的发展表现在：体育活动项目增多，内容丰富，开展广泛，规模较大。有些体育活动，如蹴鞠、角抵、剑道、手搏、导引养生法都逐渐形成其技术和理论体系，其中不乏各有特色的内容。体育的场地设备不仅纳入了宫廷的建设计划之中，而且在民间也多见。与此同时，体育专著也有相应的发展。这一时期，体育活动的娱乐表现得比较突出。体育的表演内容有了发展，如剑舞、戟舞、刀舞、蹴鞠舞等，体育的欣赏娱乐功能进一步被人们所认识。例如，在汉代盛行的蹴鞠运动（现代足球的雏形）就是一个很好的实例。汉代宫廷盛行蹴鞠。汉朝初年，汉高祖刘邦在宫苑里建造了一个宏大的鞠城（蹴鞠城），作为御林军举行蹴鞠比赛和定期检阅军队的场所。汉武帝刘彻经常在宫中举行斗鸡、蹴鞠比赛，称之为鸡鞠之会。汉成帝刘骜由于好蹴鞠，还受到臣下的非议。即"成帝好蹴鞠，群臣以蹴鞠为劳体，非至尊所宜"，除宫廷外，贵族府邸中也见有蹴鞠活动。据学者桓宽说，西汉社会承平日久，贵人之家，蹴鞠斗鸡为乐。为了便于开展蹴鞠活动，有些贵族还在府邸中修建蹴鞠场，养鞠客。如东汉马援的儿子马坊的府邸中就有蹴鞠场；汉武帝的男宠董贤家中就养有长于踢球的鞠客。蹴鞠活动在民间也蔚成风气。

4. 两晋南北朝时期的民族体育融合

两晋南北朝时期虽然是一个分裂割据的动荡时期，但是由于民族的大迁徙、大融合，中华民族从物质到精神都吸收了外部的丰富营养。学术思想的发展，也由汉代的独尊儒术演变为佛、道、儒三家并立的文化格局，体育在这样的社会条件下有了颇具特色的发展。由于大量的少数民族相继进入中原地区，骑射等活动都得到了较大程度的发展；中原地区妇女习武等活动也空前盛行。导引养生之术也有新的发展，这都表明了这一时期体育在某些方面是有显著发展的。但这一时期体育发展也是极不平衡的，就南北而言，体育活动也有相当的差异。这都表现了社会分裂、动荡以及玄学兴起等社会因素对体育的影响。总之，两晋南北朝的体育上承两汉，下启隋唐，处处呈现出汉唐两大盛世间过渡时期的风貌，同时也为隋唐时期的体育繁荣做了准备。

这时期民族传统体育相互融合，出现了一些新的传统体育项目，如击鞠。击鞠又称击球、打球，是骑在马或驴上用棍杖击球的一项游乐活动，今谓之马球运动。击鞠活动究竟

起于何时，倡于何时，历来众说纷纭。一些学者认为它发源于波斯（今伊朗），由波斯传到西域，在唐代传入中国长安；有的人认为马球在欧亚一些民族语言中称“波罗”，而“波罗”一词起源于西藏，后为许多民族语言所借用，所以击鞠起源于中国的西藏地区，再向东西方传播；也有的人认为它源于中原，是由汉代的蹴鞠发展演变而来的。这些说法都不能论定，还有待于进一步研究。然而可以肯定的是，至晚到东汉末年三国初年已经出现了击鞠活动。曹植的乐府诗（名都篇）中即有“联翩击鞠壤，巧捷惟万端”之句，用以描写当时王公贵族们的娱乐活动，曹植的这首诗是至今为止发现的最早的关于击鞠活动的明确记载。

5. 隋唐时期活跃的传统体育

隋、唐时期，中国封建社会出现了空前繁荣的景象，当时政治、经济、文化等方面的发展为体育的兴盛奠定了非常有利的社会基础。

体育的兴盛主要表现为：宫廷、军队、民间的体育活动都非常活跃；体育项目的多样化和规范化；体育竞技活动空前兴盛，规模宏大，技艺精湛；有些体育项目设有专职机构和专业人员，体育技术、方法及理论探讨进一步深化。这一时期，女子体育活动较前代有显著发展，球戏、弈棋、武艺、杂技、秋千等项活动均有妇女参加，成为妇女生活中的组成部分，这在女子体育发展史上占有非常重要的地位。例如，击鞠在女子体育中就很盛行。女子击鞠早在唐朝就已经出现，唐诗人王建的《宫词》中说：“新调白马怕鞭声，隔门摧进打球名”，指的就是皇宫内宫女打球。唐代女子打马球完全是为了娱乐。剑南节度使郭英义看女伎打球作乐，每天得花费数万钱。大约在唐代宗时期（763—779年），还出现驴鞠。《旧唐书·郭英义传》说，剑南节度使兼成都尹郭英义“聚女人骑驴击球”。《新唐书·郭知运传》也提到：“（知运子英义）教女使乘

驴击球。”驴鞠就是骑在驴背上挥杖击球。驴比马身体矮小，而且性格特别温顺，非常适宜于女子骑乘。因此，一些宫女、富家闺秀，都喜欢以驴代马，挥杖打球。唐以后，有的朝代宫中也有女子击鞠活动。

6. 宋元时期传统体育的整合

宋元时期的体育发展是多方面的。首先是在尖锐的民族矛盾和阶级斗争中，军事武艺得到相当程度的发展，表现为兵器种类增加、武艺多样化、武科制度进一步完备以及民间武艺组织得以建立及广泛发展。

由于宋代社会生产力的发展达到了前所未有的水平，所以农业、手工业、商业都呈现出了繁荣的局面，这为当时体育的长足发展奠定了基础。宋代市民阶层壮大，角抵、马球、蹴鞠、武艺、棋类等项活动不仅广泛在市民中开展，而且还建立了民间体育组织，使体育日趋大众化、社会化。这标志着传统体育发展到了一个新的历史阶段。一些市民体育活动的内容，一直延续到元代。宋代在文化方面也实行了较为开明的政策，所以宋人思想活跃，敢于思维，敢于创新。因此在导引养生法、棋类、武艺、蹴鞠、捶丸等资料的收集、整理、编纂，创编简便易行的活动套路，从不同角度研习体育和发挥体育的健身、娱乐功能等方面都是有相当成就的。

宋元时期一些项目的发展也逐渐出现了衰亡的趋势，如蹴鞠由直接对抗转向间接对抗，马球由于骑兵落后，儒臣的反对，重文轻武之风的影响，习者渐少。这些现象一直到明清也无多大变更。但从总的趋势看，宋元体育是有相当发展的，它在中国体育发展史上占有重要的地位。当时流行的“捶丸”运动，对现代的高尔夫球运动产生了深远的影响。“捶丸”（捶为打击的意思，丸为小圆形物体）是中国古代的一种球类游戏，盛行于宋元明三代。它是由唐朝的“步打球”发展而来。唐代盛行马球，但还有大量的人无马可骑，徒步打球便成了马球的补充，这种步打球受到不善骑马的宫女们的欢迎。唐代宗时的进士王建在《宫词》中有“殿前铺设两边楼，寒食宫人步打球”的诗句。到了宋代，因受到社会文弱风气的影响，步打球改为非直接对抗，改球门球穴，用“捶丸”取代旧名。这时的捶丸，据《丸经》记载：是在空旷地上画一球基，离球基七步至百步做一定数目的球窝，旁树彩旗，用棒从球基击球入窝，以用棒数少或得穴数多的一方为胜者。从所记场地、运动用品、竞争人数、竞赛方式、裁判规则等方面来看，均与现代的高尔夫球很相似。由此可以推断：高尔夫球这种运动形式与我国宋元时期流行的捶丸运动有着十分相似之处，高尔夫球是从捶丸发展演变而来的。高尔夫球形成于14～15世纪，流行于荷兰、英国以及日本、美国等地。这比中国捶丸至少要晚一百年。

7. 明清时期传统体育的定型

明代是中国封建社会后期占有重要地位的一个朝代。这一时期，封建社会各方面都有重大的发展，同时出现御倭战争等明以前不曾有过的情况。因此体育的内容在沿袭前朝的基础上有多方面的发展变化。民间武术在沿袭宋元发展的基础上，出现了众多的拳、械门派，并开始向技艺融合兼备的方向发展。同时，辑录、整理、研究武术的著作也大量出现，内容丰富多彩，观点颇为深刻确切。民间武术体系初步形成，体育化现象日趋明显。

清王朝是少数满洲贵族建立起来的政权，他们采取了严厉的民族压迫政策，严禁民间宗教活动和习武，但是农民的反抗斗争一直未能停止，民间宗教和秘密结社活动迅速发展，并多和演习拳棒结合在一起，这对明朝发展起来的民间拳法的传播和发展起了积极作用。这时冷兵器进一步衰亡，而民间武术却蓬勃发展，不仅进一步门派化、理论化和套路化，而且多和导引养生术相结合。既练拳又练气功成了一个普遍的现象。这时武术已演变为表演多种作用的运动项目了，武术的体育化进程此时基本完成。继明之后，清人进一步应用导引养生术健身治病。他们在辑录前人导引之说的同时，注重了内外兼修、简便易行功法的推广和应用，以及其保健祛病的理论研究，把我国导引养生术的发展推向了一个新的高度。清廷入关后，注重本民族的体育活动，提倡骑射、摔跤、滑冰等项活动，使这些活动出现了兴盛的景况。而对其他则不重视，因此清代球类活动进一步衰亡，宫廷府第球类活动少见，民间的球类活动也多为节日活动。此时，棋类活动有了新的发展，棋坛名手辈出，棋谱亦大量涌现，有很多创新和发展。

当然，明清保留的一些传统体育项目在中国健身史上具有重要的历史意义，它所继承和发展的一些传统体育项目使中国传统体育，特别是武术、养生等健身方法对现今仍有重要的影响。

二、体育文化的基本概念

体育文化，大而言之，指体育运动本身所蕴含的、围绕体育运动所形成的一切物质文明与精神文明的总和；小而言之，又可指体育运动某一方面的文明因素。体育文化的主体是人类，是人类特有的社会文化现象和文明的成果，泛指人类在体育历史发展过程中所创造的物质和精神财富的总和。

(一)体育文化的定义

在近二十年国内兴起的体育文化讨论中，人们除了考察国外和我国的各种体育文化的概念之外，也从各自不同的角度去界定体育文化，几乎每一位论者在谈论体育文化时，都不可避免地要在现存的体育文化的诸义中做出自己的选择或提出自己的看法，以至于这个时期国内提出的体育文化定义有数十余种。

1. 用物质与精神的二元关系来定义体育文化

"文化从广义上说指人类社会历史实践过程中所创造的物质财富和精神财富的总和"的一个拷贝品。持这一观点的学者认为体育文化是有关体育运动的物质文明和精神文明的总和，即一定社会中的人们通过长期的体育实践所创造的物质财富和精神财富总和。

2. 借用文化结构主义来界定体育文化的概念

国内也有一些学者倾向于从文化结构层次来定义体育文化。关于文化结构，理论界存在诸多提法，如物质文化与精神文化两分说，物质文化、制度文化、精神文化三层说；物质、制度、行为、心态四层说；物质、社会关系、精神、艺术、语言、风俗习惯六大子系统说等。

3. 用狭义的文化概念来界定体育文化

这类观点把体育文化限定在体育精神现象或与体育活动相关的社会意识形态以及与之相应的制度和组织机构等范畴之内，也称为狭义体育文化说。狭义体育文化论者主张把体育文化的概念的外延限定在精神领域，认为体育文化就是在以身体的活动为基本形式、以身体的竞争为特殊的手段、以身体的完善为主要目标的体育活动过程中有关人的精神生活的那些方面。

体育文化究竟应该如何定义？体育文化的主体是人类，是人类特有的社会文化现象和文明的成果，泛指人类在体育历史发展过程中所创造的物质财富和精神财富的总和。

(二)体育文化的发生和发展

关于体育文化的产生和发展有很多说法，但比较集中的有以下几种：

1. 劳动起源论

从总体上说，人类的文化是通过人类自己的双手和大脑的思维创造出来的。早期人类在求生存中学会了奔跑、跳跃等技能，并在追捕猎物等活动中发展了速度、耐力、力量、灵敏等各种身体素质。这个时候的体育体现为以生存为直接目的，进行着各种能力的训练。

2. 军事起源论

这是由于个人之间为争夺狩猎得来的猎物而产生的冲突到后来发展到部落之间的武装冲突，各部落为了提高自己的力量进行了有组织的身体训练。其中还包括摔跤、飞镖、棍棒等技能。

3. 游戏起源论

这是当原始人在获得丰富猎物后，特别是当丰收之后，聚集在一起以游戏欢舞的方式庆贺，也表明了体育是在跑、跳、投等劳动形态中演化出来的，并以欢唱和舞蹈表达内心的喜悦。

4. 宗教起源论

这是原始社会后期，由于生产力水平低下，又受到四季和环境的困扰，原始人为求助于自然恩施，祭祀天地而形成的原始宗教活动，并以体育形势进行求助祭拜。

5. 教育起源论

生产劳动的发展以及在军事、游戏中演变出来的运动技能、技巧，以劳动教育的方式传授给后代。既发展了上述各种技能和身体素质，又逐步脱离了动物野性，向人性方向进化，形成了具有文化内涵的体育生活。

体育文化的产生是人类从动物野性变为人性的过程中上述因素相互综合演化的结果。

（三）体育文化的内涵与特点

1. 体育文化的内涵

体育文化是人类本身需求的特殊反映。它是人类在体育生活和体育实践中创造出来的，并通过有形的身体形态、动作技能、运动器材、物质以及无形的与社会属性相关的意志、观念、时代精神反映出来，显现了各具特色的存在方式。

体育文化和其他文化一样反映了一个时代、一个国家或民族的特征，并规范着人们的体育行为，也影响着人们的价值观念。东方，特别是中国体育文化，在儒家文化的长期影响下形成了以追求“统一”“中和”“中庸”，重在修身养性的内向性、封闭性、圆满性为主要特色的体育文化。像印度的瑜伽就反映了印度民族的体育文化特性。所谓体育文化，是一切体育现象和体育生活中展现出来的一种特殊的文化现象，即人们在体育生活和体育实践过程中，为谋求身心健康发展，通过竞技性、娱乐性、教育性等手段，以身体形态变化和动作技能所表现出来的具有运动属性的文化。

2. 中国传统体育文化的特点

中国传统体育文化是从中国文化母体中孕育出来的，道德是中国传统文化的重要组成部分。文化体系不仅是一种形态，而且是一套价值系统与行为模式。文化不仅具有外显的构架，而且具有无形或隐形的构架，从根本上制约、指导着人类的思维、行为，以及情感方式和表现形式。中华民族体育传统文化萌生于特殊的地理环境与民族文化氛围中，蕴涵着纷繁复杂的民族文化哲理和伦理价值观念。这种文化具有其显著的特点：

（1）民族传统体育的产生和发展受到民族地区政治、经济的制约。在历史发展长河中，民族传统体育如同民族文化、民族风俗一样与民族地区人民的生活息息相关，它同样受到政治、经济的制约。多年来的历史证明，哪一时期的社会稳定、经济振兴，那么这一时期的民族文化、民族传统体育就得到发展，反之就受到影响。

（2）民族传统体育集文化、娱乐、体育于一体。民族传统体育与现代竞技体育不同，它的活动内容涵盖着本民族的传统文化和风俗，这些体育活动多在喜庆节日或丰收农闲、恋爱社交、宗教祭祀中进行。因此它具有多方面的特点。

（3）民族传统体育古朴粗犷，独具特色，深受各族人民的喜爱。民族传统体育产生于生活，来自民间，在长期历史进程中不断交流、传承并逐步发展。它反映了生活，锻炼了身体，得到了保留。

（4）民族传统体育简便易学，对器材场地要求不高。场地就在田间地头，房前屋后，随手拿起农具或生活用具即可加入活动行列中。可见其简便易学，易于开展。

（5）身心并重、内外兼修的体育观念。体育文化是身体与精神的高度统一、和谐发展。中华民族的祖先世代生活在自给自足的以小农经济为基础的社会环境中，习惯于相对稳定、和平宁静的生活方式，所以中华民族的体育文化带有浓厚的修身养性的特征。这也是东方体育文化区别于西方体育文化的主要特征之一。

（6）以伦理道德为重点的体育特色。中华文明与道德风尚是举世推崇的，在中华民族传统文化与伦理观念的制约下，民族传统体育具有鲜明的道德教化痕迹，即使是以技击为特点的中华武术竞技，也以身体、武功、德行全面发展为重点，其守内、崇实、尚礼的风格正是中华民族传统伦理的反映，这与古罗马角斗士在格斗中所追求的所谓勇敢、残忍相比，中华武术在价值取向和文化坐标上的追求，显得更为深远，更加广博。对精神道德的侧重使得体育运动的审美标准也被赋予了相应的伦理道德观，这种追求完美的价值取向，使民族传统体育的内容和形式纷繁复杂，缺少西方体育的简洁明快，因此难以迅速推广和普及。

（7）高度吻合传统文化的体育形态。在中华民族传统体育文化的价值系统结构中，人体生命观、养生观的体育价值取向尤为显著。这也是东方体育文化从最高层次的哲学思维，乃至各种社会文化形态区别于西方文化的另一特征。中国古典哲学中阴阳平衡的辩证观、天人合一的宇宙观、精气神相统一的人体生命观，为民族体育的养生思想奠定了哲学基础。这种体育文化精神，促进了那种通过人的意念、呼吸及身体运动来调解机体内部阴阳平衡，活动气血，祛除疾病，增进健康，以获得超自然体验的特殊活动形式的顺利发展；另外，它又在一定程度上抑制了竞技性运动的正常开展，使得民族传统体育文化与现代体育文化相背离。

（8）独特性。中国民族传统体育文化具有鲜明的独特性。民族传统体育文化无论从悠久的历史传承还是从广博的丰富内涵以及辽阔的地域分布上都具有鲜明的典型性。就文化的主导性而言，民族传统体育文化历经数千年不衰，其交融会通的强大生命力之中，展现出立于主导地位的、与时代发展相适应的文化特质，居于中国传统文化的主流地位，成为民族传统文化的重要特征，反映出民族文化的主导性特性。一般来说，各民族都有保持民族体育文化传统独特性的强烈意识。因为有了它，对内可以增强民族凝聚力，对外可以显示民族体育的独立性，而民族体育文化传统独特性更重要的价值在于，它使世界体育文化丰富多彩。

（9）遗传性。文化遗传是指文化在一个人们共同体（如民族）的社会成员中作接力棒似的纵向交接的过程。这个过程因受生存环境和文化背景的制约而具有强制性和模式化要求，最终形成文化的传承机制，使人类文化在历史发展中具有稳定性、完整性、延续性等特征。中国民族传统体育文化的传承是体育文化具有民族性的基本机制，也是体育文化维系民族体育价值观的内在基因。民族传统体育礼仪文化传承首先是民族体育文化的再生产。每一历史时期的文化成果，都同它以前的成功有着继承的关系。民族传统体育文化传承不是简单的体育文化元素传递，而是按照体育文化适应的规律和要求做有机的排列组合，最终为民族的体育文化选择与体育活动准则提供要素积累，并使这些要素整合为一个具有民族性的和谐有序的系统。而这绝不是单个人的自我行为，而是需要极强的群体性和整合性，需要全民族的共同努力。民族传统体育文化礼仪传承是民族意识的深层次积累。

（10）变异性。生物基因复制具有较高的保真度，是在复制自身，而且整个过程都是相当精确的；文化有机体则表现为一个比较快速的历史进化过程，特别是在当今时代，变化更加明显。文化基因在传承过程中的复制，往往是不完整的，加之受到其他文化因素的影响，所以变异比较明显。文化变异是指一种文化因其内容的增量或减量所引起的文化结构、模式或风格的质的变化。通常而言，传统体育文化变迁的原因有两种：第一，随着社会状况的改变，尤其是社会形态的改变，传统体育文化传统内部新旧因素在矛盾中不断分化整合，通过变异、淘汰、更新，由旧的平衡转化为新的平衡，从而导致体育文化传统的改变。这是内部促发的文化变异。第二，在外来体育文化的影响、冲击、碰撞下，通过对外来体育文化因素的吸纳、交汇，使原有的体育文化传统结构发生某种程度的改变，进而达到新的协调统一。这是外部引发的传统体育文化变异。它的具体形式有三种：一是取代，即比较完整地吸收和接受某种新传统而抛弃原来的旧传统；二是融合，即通过不同民族体育文化传统的交汇、综合而形成的体育文化变异；三是消化，即以原有的体育文化传统为基础，对其他文化传统或文化因素的精神实质进行改造和吸纳。从广义上看，这也是一种融合，但其特点在于不是融合了其他文化的具体内容，而是融汇了其他文化的精神实质，使之以本民族体育文化传统的面目和形式出现，将其纳为原文化传统的有机成分。

（11）相对稳定性。传统体育的文化基因在体育文化发展的过程中具有稳定性，传统体育文化作为民众的生活文化，作为人们日常生活结构的一部分，与人们的生产和生活密切相连，只要社会结构基本稳定，人们的生产和生活结构不发生剧变，它就会基本保持稳定。另外，传统体育文化的稳定性又是相对的，其中存在着一定的变异性。与上层文化主要依赖于书写传承不同，传统体育文化主要是通过语言、行为和心意进行传承，这种沟通方式决定了文化在传承过程中有一定的不稳定性。同时，传统体育文化的历史环境总在不断变化，民间文化会不断地自我调适，自发地进行新陈代谢，从而适应这种变化。

民间文化非成文的传承方式为它应时而变提供了便利。民族传统体育文化是我国优秀的传统文化中的重要组成部分，它在中国社会漫长的历史发展过程中，深受传统文化的熏陶而逐渐形成了融养生健体、道德教育、娱乐竞技于一体的独特风格。这种根植于中华民族，具有极强生命力和稳定、坚韧的结构形态，并世代传承的体育文化模式就成了民族传统体育文化。这种文化模式主要体现了四个特征：注重“天人合一”与“身心兼修”的整体和谐理念特点；体育活动与文化娱乐融为一体的特点；养生保健功能突出的特点；采用直观与辩证的方法进行文化传承的特点。在看到民族体育文化博大精深的同时我们也必须看到它所附带的不健康的一面。特别是对于其过于玄乎、带有一定封建思想的狭隘内容，我们给予全面清理和淘汰。我们正确认识了民族传统体育文化，就能看清自身文化的优与劣，就能真正做到对待民族传统体育文化的不卑不亢，既不文化屈从和文化投降于西方竞技体育文化，也不文化自大，不加思索地认为民族传统体育文化就是优秀的文化，没必要融入世界文化体系。因此，只有正确认识民族传统体育文化，才能树立正确的体育文化观念，才能树立民族传统体育文化的自信，才能改变我国现有的体育文化格局。

总之，民族传统体育文化自信的重塑将是文化全球化进程中一个重要的内容。我们要重塑民族传统体育文化的自信，就应当正确认识民族传统体育文化，看清中西方体育文化的差异，坚持文化的多样性，克服民族传统体育文化自卑感，进行正确的民族传统体育文化定位，做到不卑不亢，并通过大力的推广与普及，提高民众对民族传统体育的认同。只有真正做到这些，我国传统体育文化的自信才能真正重新树立，民族传统体育才能更好地走上持续健康发展之路。

（四）体育文化的价值

现代体育教育和世界教育发展潮流是一致的。一百多年来，它不但极大地丰富了体育文化，提高了体育在社会中的地位和价值，而且在促进人的“全面发展”“协调发展”“完善发展”中起到了重要作用。

1. 奥林匹克运动文化的价值

“更高、更快、更强”是奥林匹克的精神，“互相理解、友谊、团结和公平竞争”是奥林匹克的格言，“为建立一个和平美好的世界做出贡献”是奥林匹克的目的。奥林匹克激励着青年人奋发向上、超越自我，向着更高的目标迈进。运动员们勇于克服各种艰难险阻，付出辛勤的汗水去争取胜利的意志和品质对所有人都是一种启迪。现代奥运会的五环设计要比20世纪二三十年代由推进了一大步。体育文化的任务由感性深入理性，从形体美深入心灵美。体育文化的理性任务要求锻炼者在身体健美、均衡和体态端正的基础上达到意志品质高尚、身心尽善尽美的境地，并与艺术相结合。这种深入的心灵美，是一种更高层次的体育文化的理性价值。现代奥运会经过一百多年的发展，已经成为世界上无与伦比的最广泛的社会文化现象。现代奥运会精神文化的设计，是对古代奥运会的简单继承和发展。古希腊的竞技运动受到社会各界的广泛支持和尊重。竞技场上的优胜者不仅受到橄榄桂冠、棕榈花环和塑像等奖励，更重要的是他们像英雄一样受到故乡人民的崇拜。

2. 竞技体育文化的价值

体育与人类的生存、发展紧密相连，人类创造了体育，也创造了体育文化。体育文化是一种竞技运动文化。正是人类对这一种竞技运动文化进行了改造，经济、文化才不断地获得创新与发展。然而这些创新与发展，是在众人不断的实践中完成的，并经历了与西方学者的社会变革的历史里程相对应的三个阶段，即宗教体育文化阶段、科学体育文化阶段和正在进行中的艺术体育文化阶段。艺术体育摆脱了人类求生存的宗教体育文化和强身健体适应环境的科学化和功利性体育文化的特征之后，向着竞技与艺术相结合、形体美与心灵美相结合的形态发展。

3. 校园体育文化的价值

校园体育文化作为学校教育的重要组成部分，在德、智、体、美、劳全面发展的教育方针中，在培养身心健康和具有创新精神和实践能力的社会主义现代化合格人才中具有十分重要的作用。

4. 大众体育文化的价值

在人类文明的进程中，出于人类的共同需要，大众体育文化对人类自身生存、发展、享受的追求和关注一刻也没有停止过，正是这种大众体育文化在教育全球化的浪潮中的推动力最大，影响最为广泛，也最为深刻。这是因为大众体育文化给人类带来快感和美感，并给社会带来健康和活力。无论是中国的大众体育，还是西方的大众体育，都是以全面发展和和谐发展为根基的。

5. 中国传统体育文化的价值

中国传统文化有着历史悠久和博大精深的光辉篇章，也是中华民族自强不息的象征。自古以来，中国传统体育都是围绕“养生”开展的，并认为决定健康和长寿的根本在于人体的内部而不在于外部；中国传统体育文化在体育形态上强调整体观和意念感受、动作简单而内涵深刻，很少有强烈的肌肉运动，因此缺少激进和冒险行为。随着东西方文化的交流，中国传统体育文化这种整体修炼和内在和谐之美，正在和现代科学相结合，形成新的独特风格而走向市场。

第三节　体育文化的模式初探研究

体育文化模式，是指体育文化在历史发展过程中形成的相对稳定的标准形式，或使人可以模仿的大致的标准样式。探讨各种体育文化模式的异同，对揭示不同体育文化的具体特征和属性、对体育理论建设和体育实践指导都是十分有益的。

一、文化模式与体育文化模式

（一）文化模式

模式一词，指的是某种事物的标准形式或使人可以照着做的标准样式。它指涉的事物范围很广，涉及前人积累的各个方面经验的抽象和升华。不仅是图像、图案，也可以是数字、抽象的关系，甚至思维的方式。它揭示了事物之间隐藏的规律关系，但强调的是形式上的规律，而非实质上的规律。简单地说，只要是一再重复出现的事物，就可能存在某种模式。文化模式，是某种文化的标准形式或使人可以照着做的标准样式，是具体历史文化的形式和内容、结构和要素的统一。确切地说，文化模式即以一定的价值系统为核心，并按一定结构组织起来的文化内涵的整体，是融语言、信仰、生活方式、价值观念于一体，融器物文化、制度文化、精神文化以及人本身的文化性格于一体而组合起来的具有独特个性的文化体系。文化模式也是指与人类特定区域、特定历史时期和特定人群相连的一种稳定的文化趋向。这种文化趋向有着共同的价值观念体系，有着较一致的道德评价和社会理想，并由此决定着人们大体一致的行为方式。在人类社会的发展中，主导性文化模式在人类社会和人类历史进程中具有重要的地位：决定着个体的行为；构成社会政治经济等活动的内在机理；在深层次上标志人自身的发展和社会历史的进步。

（二）体育文化教学的组织模式

抓好体育课各阶段的组织教学。体育教学过程是由开始、准备、基本、结束四个部分组成的，由于四部分教学内容和学生情绪各不相同，因此，教学中教师要灵活地组织教学，充分调动学生的学习积极性，切忌出现先紧后松、龙头蛇尾的不良现象。学生的情绪极易松懈，此时教师的组织教学更不能忽视，应采用一些调节情绪和恢复体力的放松性练习，保持学生兴趣，如舞蹈放松、意念放松，同时做好课堂的小结。如何在体育教学实践中通过教师的引导，使学生自觉地参与学习呢？

1. 培养学生的学习兴趣

学习兴趣是指学生对活动所具有的爱好和追求的心理倾向，它带有鲜明的感情色彩。浓厚的学习兴趣能调动学生的学习积极性，促使大脑处于高度兴奋的状态，造成获取知识、探究未知的最佳心态。可见，学习兴趣是促使学生主动参与学习的前提。如何使课堂教学兴趣化呢？

（1）导入课堂时激发学生的学习兴趣。课堂导入好比一场戏剧的序幕，要一开始就引人入胜，激发学生的好奇心，使学生产生求知欲，诱发出最佳的心理状态，要做到这一点，就需要教师创设最佳的教学情境。在导入课堂时（课的开始准备部分），无论从场地的布置、学生活动的队形、活动的内容还是组织手段的形式等方面，都应根据不同类型的课时内容，因地制宜地为学生创设一种富有激情、新颖的外界条件。有时场地采取的是多方位的或半圆形的、梯队形的、五角形的、马蹄形的、梅花形的等不同常规的场景设计，给学生一种好奇、新颖的感觉。热身活动时，有时采取自由运动，通过教师的引导，师生一起一会儿自由练习，一会儿小组结伴练习；有时安排在音乐的伴奏下，师生一起自编自舞，或模仿各种跳跃的随乐活动和无拘无束的唱游等。这种组织方式既给学生创造了良好的学习氛围，诱发了学生的练习激情，达到了热身的效果，又缩短了师生之间的距离，为顺利进入运动技能状态创造了良好的学习条件。

（2）新授教学时引发学生的学习兴趣。新授教学是学生理解知识、掌握知识的重要过程。教师要尽可能地创造条件，让学生参与这个过程。为达到此目的，教学中教师一定要重视对学生的启发、引导，使学生在教师的启发引导下，轻松地接受新知识。在新课教学中，要改变班级只是作为制约学生课堂行为的一种“静态的集体背景”而存在的现象，使班级、小组等学生集体成为帮助学生学习的一种“动态的集体力量”。因此，在教学时，教师不要急于讲解新授知识的动作要领，而是要创设教学情景，组织学生以学习小组为单位开展讨论，让学生进行积极的思维，提出问题、分析问题。教师则根据学生所提问题边整理、边删改、边示范、边讲解，最后很自然地引出正确的动作要领，使学生在充满热烈探讨的交谈气氛中和积极参与思维的过程中，自然地掌握新授知识的内容。如笔者在新授“前滚翻”内容时，场地安排时把垫子摆设在斜面上，在带着学生来到布置好的场地前，用直问与曲问相结合的方法，来帮助学生进入学习角色。

（3）安排练习时有趣。练习是学生各种技能形成的基本途径，优化练习设计是提高学生学习积极性的重要一环。单一的练习乏味，使学生厌学，因此，练习设计要尽量做到多样化、趣味化。在前滚翻练习时，笔者安排了自练、互练、小组合练以及互比、互评的交替练等方法，其间教师则运用精讲示范、恰当点拨、分层要求和整体提高等方法进行指导。这样的练习安排既达到了巩固知识的目的，又培养了学生浓厚的学习兴趣。

2. 教给学生学习的方法

课堂教学不仅需要帮助学生“学会”知识，而且要指导学生“会学”知识，学生掌握了学习的方法，就能快速地获取知识，更透彻地理解知识，从而可以增强学生学习的自觉性和自信心。要做到这一点就要求我们必须做好以下几方面：

（1）教给学生自觉学习的方法。体育教学是学校教学工作的重要组成部分，我们不要把体育教学单一地理解为只是直接为增强学生体质服务，更重要的是教会学生自觉学习、自觉锻炼的方法，只有这样才能达到“教是为了不教”和“自练通行，自学得之”的目的。教材是学生学习的重要依据，教师要精心创设问题情境，要因地制宜地组织学习材料，使教材中的图案、文字表达方式能够符合各年级学生的认知规律，使学生通过自己的探索明确原理，掌握方法。

（2）学生练习的方法。体育教学间的知识结构虽然相当复杂，但知识间往往存在着某种类同或相同的成分。在安排练习时既要考虑到学生的身体素质情况，又要考虑到学生自身的知识体系的差异性，同时又要根据不同的内容组织不同的练习方式，所以教师在教给学生练习方法时，应根据不同的教材内容而定。如引导学生尝试自练来体会动作的难易点；启发学生通过自由组合的小组练来开拓学生的思维，提高学生的组织表达能力，达到练习的效果。

在体育教学过程中，应随时给学生创造一个自我评价、自我检验以及对知识点简单分析、对课堂教学提出一些要求的环境。这种活动既是对学生组织能力、口头表达能力、思维能力、合作能力、评价能力的培养，也给学生创造了一个剖析自己、彼此交流、公平竞争、巩固知识的理想场所，后进生可以得到帮助和提高。总而言之，在体育教学中让学生主动参与学习，才是真正把开启知识的钥匙交给了学生，也是学生提高身心素质、掌握知识的最佳途径。

二、国外学校体育教学模式改革

（一）以学生能力驱动为导向的学校体育课程教学模式改革——以新加坡为例

尽管新加坡强调了统一和社会凝聚力，但这里在体育议程中并未提出要对性别或种族界限之间的权力关系做出分析。区别体育教育一般是大学预科水平的标准，由于在国民心态中防御非常重要，因而人们普遍认为，男人由于其在每年国民兵役征召（一直到 40 岁）中的角色，需保持健康身体素质，而女人尽管一般在外工作，但也应该对家庭负责，她们越来越多地从事家政助理、儿童看护等工作。在新加坡，体育可以作为学校整体学科发展评估的一个硬性指标，体育教师所获得的工作量是课堂教师工作量的两倍。在当地环境中，目前体育教师需有第二个教学科目，因为体育联谊会之外的共同看法是该领域内的教学只是“娱乐和游戏”。因此，体育教师并未被全面分配到他们的专业领域中。最近，规定的体育与第二教学学科的教学工作量比已经从 50 ：50 增加到 60 ：40。学校只有极力主张体育优化配置其专业体育教师，即体育价值比其主干学科价值要高，才能有效提升学生的体育学习效率和健康水平。

不幸的是，关于摒弃的全民健康匀称计划，公众还强烈地感觉到这对于肥胖和超重儿童是一种侮辱。体育被普遍接受的程度仍然仅限于通过学校对健康状况的重视，主要针对小学四年级和大学预科班，以及维持身体健康的需要。尽管近年来，新加坡官方立场已经通过“系统性健康框架”得到扩展，且体育基础设施建设有广泛的提升。但是，正是入学学生对国家体适能奖的从一而终，才使得学生和其教师在被问到他们对体育的看法时，他们不约而同地提到了国家体适能奖的压力，尤其是在学校的成就和长期成就中，实现全民健身目标的压力。有学者通过面谈得知，即使是分数极高的女生一想起国家体适能奖也会紧张，学生对其体育经历的记忆越来越多地反映出与将奔跑作为教学计划的重点有直接关联。

尽管新加坡在学术成就方面的声誉是应得的，但其教育还是因为通过高风险考试使学校阻碍了全面发展教育的推行，过度强调学术结果而备受批评。因此，在过去的十年中，注意力被放在了推动系统性教育概念中，这是一种用非学术结果从结构上平衡学术课程的概念。“重思考的学校、好学习的国家”这一政策得以强化，而 2006 年的体育教学大纲的修订推动了“系统化学习”这一知识体系。近年来，新加坡一直通过扩大教师的体育知识学习的范畴，摆脱

“优秀学业从而开发对成功生活至关重要的特质、心态、性格和价值观”这一压力。关于当前新加坡国家体育课程的结构变化，2000年制定的体育运动系统教育框架，直至4年后国家议会要求改进，才有了迅速的发展。

当时，新加坡国家议会承认了课外体育活动在实现教育成果中的重要作用。新加坡国家议会达成共识，学生的活动选择不是可有可无的额外活动，而是对学术课程必不可少的补充。关于结构问题，学术性课程包括体育课程，这多少有点自相矛盾，但是该学科中的解决问题的价值取向经常被学生忽视，因为对他们来说，体育不涉及“思考”。大多数非学术课程得以重新制定，将体育教育内在的一些特质作为目标。对于不同层次的学校教育，各国家有不同的课程要求。

（二）国外学校体育教学模式改革的走势及其启示

在能力驱动时期，教育和体育部也基于识别和输送学校体育人才展开合作。自2004年起，新加坡体育学校一直为在所选核心体育项目中有天赋的小学高年级学生提供食宿。这些学生运动员满足严格的学术甄选标准，他们已经在新加坡举办的首届青年奥林匹克运动会（YOG）中获得了3枚奖牌，新加坡体育代表团共获得7枚奖牌。学校还在其拥有先进设施的校区内主办了2008届和2010届世界游泳杯赛（国际泳联）。政府的另一项人才推动举措使学校特定体育院校得以建立。该举措自2008年制定后每年都在拓展，目前重点倾斜支持21家初中学校和3家青训学校。精英体制以主办学院为目标，具有可靠的业绩和完善的管理支持系统的学校中也得到证实。

三、东西方体育文化模式的差别与融合

如果将体育视为一种文化，这本身就是体育研究的一大独特视角，它摆脱了以往“以教育观体育”的思维羁束，开辟了多层次、多方位研究体育的先河。

（一）中西体育差别的研究概括

中西体育比较研究的不断深化就反映了这一点。以往对于中西体育差别的研究可以概括为以下两个方面：

1. 以文化三层次理论为基本思路，对中西体育的思想理论层面进行比较

有人认为，中西体育在哲学思想、医学基础、审美观念方面有显著差异。中国传统体育植根于“天人合一”“阴阳五行”等理论之中，而西方体育在西

方哲学重外在、分析，重与自然的斗争等观念的指导下形成和发展；中医整体观重人体自身的统一性及自然界的和谐，带有某种经验、直觉、模糊的性质，西方体育是科学实验、解剖学、生理学、现代医学等的综合运用；中国传统体育重节奏、韵律、神韵、内涵、和谐美，重朦胧、抽象、含蓄美，西方体育重阳刚的力量、速度之美，重外在、形体美。

2. 对中西体育进行体育性质的整体比较

如李力研认为以中国传统体育为代表的东方体育是哲学体育，其实质是对宇宙的把握；西方体育则是一种物理体育，其实质是对生命的展现。东方体育和西方体育都是人类共同的体育文化，是人类互相交往的结果。作为东方体育的代表，中国传统体育是黄河、长江文明孕育出来的，西方现代体育则是不列颠、美利坚等文化的产物，是古代希腊和意大利罗马体育文化发展的结果。

（二）中西方体育文化模式的融合

目前，世界文化在互相开放和交往中日益趋同，中西体育也日渐走向融合。中国传统体育在封建制度中存在和发展，自给自足的自然经济环境形成相对独立和隔绝的体育文化，封闭性、伦理性、民俗性、宗教性、军事性较强。西方现代体育是适应现代社会生产方式而存在并发展的，呈现出竞技性、普遍化、个性化、娱乐化等发展趋向。这两种在不同时代中产生和发展的体育在人类进入近代社会以后逐渐消除了隔阂。鸦片战争以后，中国传统体育在被动与主动、自觉与不自觉中开始了与西方体育的冲突与交融。如今，西方的田径、游泳、足球等项目已成为中国体育的主要内容，西方体育中的平等竞争等观念也已日渐深刻地影响到中国的体育（包括中国传统体育）。一部中国近现代体育史，实际上就是中西体育互拒互斥、互渗互融的历史。中国传统武术吸取了西方体育的竞赛方式，形成了散手竞技，气功引入了现代科学理论，龙舟、风筝等赋予了现代人的精神需求，这些中国传统项目成为中西皆宜的竞赛和活动方式，它逐渐得到西方人的接受和认可。这表明了中西体育逐步契合的趋势。有研究者指出，以奥林匹克主义为主的西方体育观念，如“和平与友谊”“平等地公平地竞争”“体育为大众”“重要的在于参与”等逐渐为中国传统体育所吸收，而中国传统体育中的由伦理道德观、健康长寿观、自然养生观、形神相关论、动静相关论、人天相关观等构成的整体体育观也被西方体育不同程度地接受；中西体育在运动形式、方法与手段上也不断趋同，西方的摔跤、举重、拳击被中国接受，网球、橄榄球也被引入。

西方体育文化起源于古希腊、罗马的西欧文化，它是在资本主义工业革命、市场经济的社会条件下，以城市为中心发展起来的以竞技为主要特征的一种体育文化。西方体育文化与资本主义历史条件以及竞争、冒险的哲学思想相适应，从而形成了重视“练形”、健美，讲究外在统一和激烈竞争的风格。奥林匹克运动文化便是西方资产阶级价值观的产物，它的基本概念或范畴，如尊重、和平、友谊、团结、公平、人的全面发展都是西方工业文明的产物。这些观念代表了社会发展和文明进步的趋势，具有进步意义。它是一个超越体育范畴，影响波及国际政治、经济和文化的相对独立的社会现象。

随着西方物质文明的高速发展，人们越来越对现代社会中精神颓废的生活感到失望和厌倦。而东方体育中强调“养生修性”、练养结合、动静平衡的体育思想对西方人来说具有极大的吸引力，他们试图从东方的处世之道和养生方法中寻求出路。人类对仅追求胜负与狂热刺激的西方体育竞技日感不满，人们需要更多层面的身心体验和更深邃的高情感活动。东方体育具有注重肉体和精神统一的文化价值特征，在消除高科技带给人类的不良影响方面，具有划时代的功能效应，成为满足人类精神需求，促进人类身心健康的高情感体育活动。东方的传统生命观、健康观和与此相适应的保健体育，蕴涵着人体生命科学的丰富内容，对指导人类的保健活动具有十分重要的意义。在奥林匹克运动文化风靡世界的今天，东方体育文化以其特有的魅力悄然升起。东西方体育文化的冲撞与融合，必然导致新一轮人体生命科学的革命，其最终结果必将以人的身心和谐发展为归宿。东方体育文化在儒家思想的熏陶下，逐渐形成了融养生健体、道德教育、娱乐竞技于一体的独特风格，在西方奥林匹克运动的巨大影响下，东方体育文化不再是封闭环境里的自足体，而是在同西方体育文化相互融合、相互竞争的汇流中迅速发展。

西方社会的经济、文化和与之相适应的资本主义历史条件和竞争、冒险的哲学思想，使西方体育文化形成了重视练形、健美，讲究外在统一和竞争激进的风格。西方体育文化发展的直接结果是产生了奥林匹克运动。同时，东方体育文化中有价值的成分也被越来越多的西方人接受。

1. 西方体育文化模式的形成

西方现代体育的发展大致经历了三个阶段：第一阶段（古希腊时期）。古希腊十分重视对青年的身体训练，公元前 300 多年前教育家柏拉图在他的身心调和论的教育设计中，规划了各种年龄体育活动的内容和要求。第二阶段（文艺复兴时期）。英国教育家洛克首先提出了“三育学说”，即把教育分为体育、德育和智育三部分，并强调“健全之精神，富于健全之身体”。第三阶段（19

世纪产生革命后）。当时德国体操盛行，与此同时，美国球类运动、法国体育也都迅速发展起来。其主要内容有田径、体操、举重以及各种球类运动等。这些运动特别强调肌肉锻炼和体格健壮。研究表明，西方体育文化的特征与相适应的资本主义历史条件以及竞争、冒险的哲学思想有关，从而形成了重视“练形”、健美，讲究外在统一和竞争激进的风格。

19世纪末，西方体育文化发展的直接结果产生了奥林匹克运动。奥林匹克运动经历了一个世纪的发展，终于成为一个超越体育范畴，影响和波及国际政治、经济和文化的相对独立的社会现象。同时，西方社会伴随着物质文明的高速发展，人们越来越对现代社会中缺乏运动以及精神颓废的生活感到失望和厌倦，因而对竭力想摆脱这种状况的西方人来说，东方体育中的许多体育思想和运动方式对他们来说越来越具有吸引力。世界体育的发展史表明，世界体育首先产生于东方而不是西方。在古代，东方就开始向文明社会过渡，产生于这个历史时期的东方体育，不仅对后来的西方体育，而且对整个世界体育都产生了积极的影响。而在东方体育已作为一个整体存在于人类社会并得到了充分发展的时候，即公元前11—公元前9世纪，欧洲文明的发源地——地处南欧的古希腊、罗马都还处在稚气的神话时代，其体育自然也才刚刚起步，经过公元前8—公元前5世纪的创造和发展，西方才形成了不同于东方体育并具有鲜明西方色彩的体育类型。至此，西方体育才初步形成。世界体育也因此进入了一个由东西方两种不同类型体育交相辉映，平行而不同步发展的新阶段。公元2—10世纪，东方的亚洲和北非的多数国家相继进入封建社会，东方体育在良好的社会条件下继续保持其兴盛发达的状况，并越来越趋向于成熟。此时的西方体育，无论在内容和形式上都较之同一时期的东方体育要落后和贫乏。但是，从公元15世纪至17世纪，欧洲向资本主义社会发展，从而使西方体育开始进入一个伟大的转折时期，西方体育逐渐摆脱落后状态，并从战争和宗教活动中分离出来，成为一个独立完整的社会现象。

2. 东方体育文化模式的形成

以中国、日本、印度、朝鲜等亚洲国家为代表的东方体育，由于大部分时间处于一种闭关自守的封建社会条件下，他们在古代所形成的兴旺发达的状况在近代未得到进一步充分的发展，从而东方体育进入了一个停滞和衰落的时期。20世纪50年代以来，东方社会条件发生了根本性的改变，缩小了在经济、文化和科技发展上与西方的差距，中国、朝鲜、越南等亚洲社会主义国家的崛起和“亚洲四小龙”在经济、文化和科技上的高速发展，使以亚洲诸国为代表的东方体育在与以奥林匹克运动为核心的西方体育的相互交汇、融合中得到迅速发展。就中国而言，经过世代的传承、嬗变和发展，其逐渐形成了自己独特的风格和特质；形成了以养身健体、道德培养为主要目的，并高度吻合了中国传统文化的基本精神和由这种文化所锻造的民族性格的体育形态；形成了一个结构稳定，区别于世界上其他任何国家体育形态的独立体育文化体系。鸦片战争后，西方体育相继传入中国，从而使东西方体育文化相互交汇和融合，并逐步形成了一种东西方体育文化相互迁移、相互竞争、共同提高的新格局。

以儒家为核心的东方文化和以新教伦理为核心的西方文化是两股不同的文化源流，显然，东西方体育文化必须带有各自核心文化的色彩和特征。同时随着近代自然科学的发展，人们对体育的价值观发生了改变，逐渐意识到近代体育对培养全面发展的新时代所需要的人格与体格的具体价值。东方体育文化强调“内意识”的养生健体能力，西方体育文化强调练“外形”而改善人体“内环境”的能力，我们应将这两种不同的能力培养和教育融为一体，不仅要培养学生的健身锻炼能力、竞技和竞争能力、自立和应变能力、娱乐消遣能力，还应从学生的精神面貌、意志和品格中去探索其内在含义都更为深刻的内容和实质。能力培养必将提高学生对体育的兴趣，体现“因材施教，全面育人”的内涵，从而为终生体育奠定基础，为培养和塑造决定着中华民族的前途和命运的青年一代打下全面而坚实的基础。

四、我国体育文化对外有效交流模式

体育文化对外交流的主要内容包括体育物质文化的交流和体育精神文化的交流。在体育文化交流的过程中，体育的物质文化和精神文化不断与外界进行着新陈代谢。目前我国体育文化对外交流的方式主要包括以下四个方面：

其一，各类国际比赛中体育文化的交流。国际竞赛平台增强了我国传统体育文化的竞争性和对抗性，也把我国传统体育文化推向世界，为世界人民所接受，把中国传统文化发扬光大，2008 年北京奥运会更是彰显了我国传统体育文化的特色，并与世界其他国家进行交流。其二，各类的国际学术交流活动也大人促进了中国体育文化与国外体育文化的交流。其三，各类民俗表演和活动也促进了我国与外界体育文化之间的交流。其四，各类政治和经济活动也间接地促进了体育文化的对外交流。体育文化对外交流有以下特点：首先是大众性。体育文化是一种需要人们广泛参与的休闲文化。其次是连续性。虽然中国民族传统体育文化对外交流还不到几百年的时间，但是由于其文化的相互矛盾存在，不断碰撞磨合，它们不仅各自获得新的文化血液，而且获得新的文化生存空间。最后是不平衡性。各体育文化之间的对立统一的调节作用要体现在交流的各方吸引对方精华，吸取对方的经验教训，互相补充。

（一）我国体育文化对外交流的现状

我国体育文化对外交流存在着一定的优势和相应的劣势。促进我国体育文化发展的因素主要有以下几点：

其一，国民对体育认识需求层次上的提高。随着国民生活水平的提高，人们对体育领域的需求不断增加，无论是对体育运动自身的需求还是体育相关产品。过去人们对体育的需求仅限于认识层面，随着体育文化的不断发展，现在国民对体育的需求也从单纯的身体方面的需要向更高层次的物质需要和精神需要方面转变。越来越多的人参与到国际体育社团和组织当中去，参加一些娱乐性的体育活动。

其二，国家颁布政策支持我国体育对外交流发展。自新中国成立以来，我国一直对体育对外交流相当重视，在政策上给予了极大的支持，周总理曾亲自批示要求国家体委要注意人选的政治条件。国家体育总局的领导都高度重视这项工作，指示承办部门在具体实施过程中要严格遵照周恩来总理的批示精神，派出业务水平高、政治素质好的教练，向世界展示社会主义新中国的崭新风貌。许多著名的运动员在过去的时候很少得到出国锻炼的机会，但是现在在国家政策的支持下，许多运动员可以比较自由地参与到国际体育联赛中。

其三，2008 年奥运会为我国体育文化对外交流传播提供了平台。北京奥运会是历史赋予我们的机遇。在奥运会之前的准备阶段，我们通过基础设施建设、奥运会的主题等很多方式与世界各国人民进行了充分的交流，在这个过程中，我们向世界传播和展现了中国体育文化的精髓。

其四，国外对我国发展的认可促进我国体育文化对外交流的发展。自改革开放以来，中国取得的社会主义建设成就举世瞩目，国际地位和国际影响力与日俱增。我国在经济、文化、政治以及教育方面的快速发展已经得到了其他国家的认可和信任。我国在加强体育文化交流这个过程中少走了很多弯路，从而使我国的体育对外交流顺利发展。

以上四点因素有力地促进了我国体育文化的对外交流与发展，我国体育文化在国际体育上也有一定的影响力。我国的体育文化传播是一项长期的任务，在对外交流中也遇到了很多问题，主要有以下阻碍因素。

其一，知名体育产品品牌较少。知名体育品牌在体育文化对外交流中发挥着不可估量的作用。世界上有很多著名的国际体育品牌在世界体育文化交流中发挥着重要的作用，知名体育品牌既能挖掘自身的潜力，又能够带动整个体育产业的发展。我国现在也在积极打造我们的优秀体育品牌，但是由于我们的基础比较弱，所以还处于学习阶段。我国最成功的体育品牌是李宁，但还是和同领域世界品牌有较大的差距。我国的体育品牌和世界品牌相比主要存在以下差距或不同：一是国际化战略不同；二是针对的消费群体不同；三是质量的差距；四是文化底蕴的差距。

其二，我国体育发展区域差异较大。由于我国的经济、政治、文化发展不平衡，因此我国体育文化发展出现了偏差。我国的体育事业总的来说是南方发展比北方快，沿海发展比内陆快，我国区域经济发展差异显著，各地区的经济发展差异还是比较大的，体育实力较强和体育发展速度较快的地区主要分布在东部、南部沿海地区，而中西部、西北、西南地区各省的体育实力相对较弱，发展速度相对较慢。东西部之间体育发展速度的差距仍在继续扩大。

其三，体育文化发展规划存在不合理性。我国体育用品从整体来看，自主开发、设计能力较低，产品科技含量不高，产品附加值低，大都以加工型企业为主，还没有形成自主开发的主导性体育产品。在整个体育产业结构中，主体产业所占比重较少，产业结构之间发展不协调。体育项目重复投资现象严重，缺乏整体规划布局。在这些项目的投资过程中，投资者缺乏必要的市场调研与市场预测，过高地估计了中国体育产业市场发展的需求，企业过分追求短期超额利润，导致部分企业服务质量差，社会效益不明显，经营业绩不佳。另外，体育产业法规不健全，调控机制还未形成。

（二）我国体育文化对外交流模式的发展策略

体育的各个组成部分之间，即学校体育、社会体育、大众体育以及体育文化之间的各个因素在社会中都在不断地进行对外交流，不仅包括体育系统内部的交流，也包括系统外部的交流，现阶段，我们需要把体育信息在这两个系统之间进行传播才可以实现体育对外交流。目前，我们需要寻找适合我国体育对外交流的模式，在适当的模式下，推动我国体育文化有效地传播。促进我国体育文化对外有效交流传播的模式主要有三种。

其一，以媒体为中介对外交流的模式。媒体作为重要的传输工具，极大地促进了社会个体社会化的进程，并在质和量的维度上提升了其社会化的水平。无论是体育传播还是交流，都存在主体、客体和内容这些元素。主体主要指媒体组织，客体是媒介的受众，即媒介的使用者。传播的内容是体育文化。媒体有较强的辐射作用，在传播体育文化时可以辐射到国民的各个方面。媒体可谓发挥了核心的作用。从上面分析可以看出，建立以媒体为中心的现代体育对外交流模式对实现体育对外交流的有序发展有着重要的价值。

其二，建立体育文化对外交流的多元化模式。体育文化多元化发展和传播主要是指从不同的角度来认识我国体育文化，把体育文化不同维度的意义进行对外交流和传播。当前，在西方体育文化的强大攻势下，非西方传统体育文化受到严重威胁，人们对本民族体育文化的认同和保护意识逐渐得到强化。人们希望加强各民族体育文化的交流，构建一个多元而和谐的世界体育文化体系，对于民族文化的保护和多元文化的追求，绝不能仅仅停留于口号和理想的层次，而要付诸行动，在切实可行的范围内争取更大的具体的利益。目前，当今西方体育提倡的“互相了解、友谊团结、公平竞争”体现了一种博大的人文关怀，这无不渗透着中华文化的人文内涵。体育作为一种特殊的文化现象，随着各种形式的交流，变得日益多元化。可见，构建我国体育文化对外交流的多元化模式，是我国体育文化对外交流的必由之路。

其三，建立我国体育文化对外交流的国际化模式。要想使我国体育文化对外交流有效快速，必须减少国际体育间的差异，通过一定的途径寻求大家认可的内容。我国体育的发展应该超越国界，与别国体育间相互联系、相互渗透、相互沟通和相互协调，逐步把我国的体育惯例逐步统一成国际体育惯例。我国应该建立一个国际体育交流的组织机构和一整套体育对外交流制度，各种单项国际体育组织可定期举办世界锦标赛、世界杯赛。这些运动会都是在国际规则和规程的统一标准下进行的，促进了体育交流在全球的开展，促进了各国人民之间的体育交流，有利于体育交流的发展和进步。另外，职业体育运动在全球扩展是我国体育对外交流的机遇。我国职业运动员在与国外其他职业运动员进行竞赛的时候，不但可以进行对外体育技术交流，而且还可以进行体育文化的交流与沟通。可见建立我国体育文化对外交流的国际化模式对我国体育文化对外传播有重大的意义。

我国体育文化对外交流借助于北京奥运会的东风在世界体育领域发挥着越来越重要的作用，我国正从一个传统的世界体育大国真正地向一个世界体育强国递进。我国体育文化正在通过自身的方式，与世界性的社会大众体育交流融合，并在世界范围内占有越来越重要的地位。促进我国体育对外交流的快速发展，能为我国的体育事业和由它衍生来的很多事业带来更多的帮助和更好的保障，提供的体育对外交流的发展策略具有科学的和实用的价值，这些方案的顺利实施推动了我国体育对外交流的发展。

五、实例分析：北京奥运会对中西方体育文化的融合模式分析

中西方体育文化各有自己的独立特性，中国传统体育文化是以个体农业经济为基础，以宗法家庭为背景，以儒家思想为核心的体育文化，而西方体育文化是以竞赛为特征的一种体育文化。东西方文化有着诸多差异，作为文化大系统中的一个分支，中西方体育文化自然也就存在着许多不同。然而在近代两者却奇迹般地结合在了一起，并且在碰撞之中逐渐融合，最终西方体育占据了主体地位，成为近代中国体育的主流。北京奥运会的举办为加深中西方体育文化的交流与融合提供了历史机遇，同时也成为中西方体育文化融合的桥梁。

（一）中西方体育文化对比

中国传统体育文化是指由中国几千年文明史演化而成的，以个体农业经济为基础，以宗法家庭为背景，以儒家思想为核心的体育文化。西方体育文化是指源于古希腊、罗马的西欧文化，它是经过文艺复兴和产业革命，在工业生产、市场经济的条件下，以竞技运动项目竞赛为特征的一种体育文化。中西方由于地域环境、思想意识、文化背景等诸多因素的差异，直接导致了体育思想和体育价值观的差异。从两种文化的比较中我们可以看出它们各自的特征。中国哲学观讲“天人合一”，认为宇宙、自然界、人都是由“气”构成的一体，而西方哲学讲天人相对、天人有别。在人生观方面，中国人乐长生，重节制，讲中庸之道（温、良、俭、让）；西方人求价值、谋进取、趋极端（敢、强、险、异）。在认知形式上，中国人重直观感受，求整体把握；西方人重知行分析、细剖层究。在思维方式上，中国人重直觉顿悟；西方人重抽象思辨。由于以上原因，西方产生了以激进性、个体性、开放性、流变性为特征的“竞技体育文化”。中国因封闭的农业基础、自给自足、缺少文化竞争等产生了崇尚经验、注重伦理、看重礼仪教化、以稳健为特征的农耕文化，也孕育出了“养生体育文化”。

（二）借北京奥运会促进中西方体育文化的交流

从整体发展来看，人类社会的体育交往包括接触、传播、冲突、选择、调适、融合和发展等过程。从系统论的角度看，一个社会的信息输入和输出频率越高，这个社会的体育交往就越频繁，反之则是越少。

要使奥运会在中国扎根，需要大量引进先进的西方体育文化，同时输出以中国为代表的东方体育文化，包括哲学思想、人文理念、养生之道和健身方法，使奥林匹克文化注入世界体育文化的精髓，使中国体育文化有长足发展。

（三）北京奥运会下中西方体育文化融合模式

1. 物质层面的融合

北京奥运会推动了中西方体育文化在物质层面上的交融，促进了运动项目的健全、运动形式的多样化、场地设施的改善、体育器材的现代化和运动技术的创新性。北京奥运会的举办为促进中西方体育项目的融合提供了机遇，其主要的表现形式是以奥林匹克为代表的西方竞技运动项目的融合，如我国实施竞赛制度的运动项目的增加、与西方休闲运动项目的融合（如台球、保龄球、健身操等），以及中国的传统体育项目（如武术、太极拳、气功等）为西方人所接受。在奥运会的推动下，我国按照奥林匹克组织体系健全了国内体育组织，逐渐完善了运动体制。北京奥运会推动了我国各项公共体育文化设施的建设、修复和完善，提高了人民群众对体育文化资源的共享数量和质量。2008 年北京奥运会共有 37 个比赛场馆，其中在北京修建的场馆有 32 个（11 个新建，其他改扩建等），总投资 127 亿元（约合 16 亿美元），其中国家体育场为 31.3 亿元，国家游泳中心为 10.34 亿元，国家体育馆为 8.67 亿元。据知，其自行车比赛馆为中央政府财政投资（中央财政拨专款）3.6 亿元。有 5 个场馆建在北京的大学校园内，赛后将留作该大学的永久体育馆。如北京大学乒乓球馆建筑面积约为 26 000 平方米，投资额约为 2.6 亿元，奥运比赛结束后，将改建为北京大学体育馆。

另外，北京奥组委确定了 40 余项场馆通信设施建设项目，包括国家体育场、国家体育馆、奥体中心体育场、奥体中心体育馆、工人体育场、工人体育馆、北京大学体育馆、北航体育馆、首都体育馆、国际广播中心（IBC）、主媒体中心（MPC）、奥运村、媒体村、IOC 总部饭店、奥组委总部大楼、BOB 总部大楼等竞赛场馆和非竞赛场馆。场馆分散，规模空前，通信网络的复杂程度超过了历届奥运会，对北京网通来说，奥运场馆的通信保障工作是一次巨大的挑战。奥运的体育设施和国家森林公园的建设为市民提供了更加丰富、更加优质的文化休闲资源。为迎接奥运会，各大古典园林均进行了有组织、有计划的全面系统的整修，规模之大、覆盖之广是前所罕见的。随着《中华人民共和国国民经济和社会发展第十一个五年规划纲要》“推动实施农民体育健身工程”

的提出，人文奥运进社区，促进了社区体育文化设施的建设。

2. 制度层面的融合

新中国成立以来，我国的体育体制于20世纪50年代借鉴了苏联的体育模式，它是按照计划经济体制要求而形成的高度集中的体育领导体制。改革开放后，随着社会经济的发展，这种体制阻碍了中国体育的发展，而西方的体育制度从某种程度上能够弥补这些不足，消除这些弊端。因此，北京奥运会给这种融合带来了契机，中国体育文化开始了与西方体育制度文化的融合，这种融合需要经历一定的过程。首先是部分的、浅层次的融合。原有的举国体制和运行机制并不从根本上转变，融合西方体育文化是为了完善“举国体制”，即试图不触动原有的体制和运行机制，对其不足之处进行补充、完善。其次是全方位的融合。其历史变革性不亚于新中国成立之初与苏联、东欧派西方体育文化的融合。一方面，改变原有的体育体制和运行机制，逐步实现两个根本转变；另一方面，实行体育职业化的管理模式。最后，在体育职业化取得实效的同时，体育的产业化也初步形成规模。

3. 精神层面的融合

在中西方体育物质文化和制度文化的融合不断走向全面的过程中，随着思想的解放和观念的不断更新，中西方体育思想文化也开始了全面的交融，它以我国改革开放为背景，也是我国体育思想发展最快的阶段。从20世纪80年代开始，西方的体育思想和实践经验不断被介绍到我国，成为我国体育思想发展的重要资源。首先是终身体育思想的形成，其次是多维体育思想的形成，最后是体育产业观念的形成。在不同外来体育思想引入之后，我国的体育思想内容日益丰富，具有时代特色的面貌。素质教育的实施、“健康第一”的教育思想、“以人为本”的人文主义都是中西方体育思想融合的结果。

体育的本质功能只是教育、健身和娱乐，这是所有体育形态所共有的，是体育本身所固有的，也是其他任何一种社会现象无法替代的。至于其他社会功能，如政治功能、经济功能、文化功能、科技功能等只是借体育活动来达到某种目的，是体育的非本质功能，不是体育本身所固有的。北京奥运会是全方位发挥体育功能的大好机会，是体育大显身手的舞台，对我们全面理解和实践体育的多功能、增加感性知识有十分重要的作用，也是提高体育在人们心目中地位的一次最充分的展示。在“更快、更高、更强”的奥林匹克精神下，“友谊第一、比赛第二”“内外合一”的中国传统体育思想逐步显示出它追求卓越、超越自我的一面。北京举办奥运会是在我国发扬奥林匹克精神的最好时机。奥林匹克精神的内涵十分丰富，它包含整个奥林匹克运动的各种活动的全过程，集中体现为友谊、团结、和平、进步、公平、参与、民主与科学，等等。这些对于我国的精神文明建设和国民整体素质的提高，以及我国运动员的奥林匹克意识的增强起到了不可估量的作用。

第四章 高校体育文化

第一节 校园体育文化的理论概括

一、校园体育文化的概念与功能

（一）校园体育文化的概念

校园体育文化是校园文化和体育文化两者相互影响、融合、渗透、促进而发展起来的，是在一定的社会政治、经济、文化、教育、体育等条件的依托下，由学校广大师生在实践过程中共同创造的体育精神和财富的总和。校园体育文化有着深刻的内涵和丰富的外延。首先，它与校园德育文化、智育文化、美育文化等一起构成了校园文化群；其次，它又与竞技体育、群众体育等共同组成了广大的体育文化群。从广义上讲，校园体育文化是学校广大师生员工在学校现存的环境中，在学校体育教育、学习和活动等过程中创造出来的物质与精神的所有内容。从狭义上说，校园体育文化是指在学校教学环境下，以学生为主体，以教师为主导，在各种体育活动的相互作用中创造出来的学校文化形态之一，包括体育精神、体育的价值观念、体育道德和体育能力，是学校这一特殊社区的体育群体意识。学校体育文化是一个内涵广泛、系统开放的文化形式。这个系统大致可以分为三个层面：第一层是精神层面，居于主导地位，其中体育健康价值观是学校体育文化的本质和核心，决定了它的目标；第二层是制度、方法层面，这个层面既是学校体育的组织形式，也是学校体育意识的体现，包括体育教学、课余体育活动、体育科学研究、体育竞赛、体育协会、体育交流等全方位制度、方法的确立；第三层是物质层面，是学校体育文化的基础，也是客观物质保障，包括校园的体育建筑、环境、场地、器材、用品和师资队伍等。

以上三个层面在学校体育文化建设过程中，应当在“以人为本”的基础上获得协调发展。

（二）校园体育文化的功能

1. 教育熏陶，促进身心全面发展

文化环境是一个使人不断地接受新文化滋养、熏陶的园地。校园体育文化是存在于学校这一特定环境中的体育文化形态。学校的体育教师是拥有专门体育知识的人才，人类创造的体育文化以系统的知识形态经教师的传授，给学生们以滋养，使他们掌握体育知识，认识体育的价值，逐渐地成熟起来。同时，文化是一种超个体的社会存在，它不依人的产生而产生。从个人的角度看，文化首先是作为一种生活环境而先于个人存在的，人受其影响得到发展，通过从文化环境中吸取营养，潜移默化，接受熏陶，不断地追求培养人的可能和界限，促使人从“自然”到“文化”，从“现实”到“理想”的转变。

2. 强身愉情，增进人们身心健康

“健康应是在精神上、身体上以及社会上保持健全的状态”，这一定义提出了现代健康的新概念，阐明了人的健康应包括身体和精神两个方面。身体健康包括良好的发育、正常的生理机能及承担负荷的适宜反应。校园体育文化中的行为文化就是以身体运动为基本的表现形式，由它所构成的体育锻炼过程，给予人体各器官系统以一定的强度和量的刺激，使机体在形态结构、生理机能等方面发生一系列适应性反应，从而对机体产生积极的影响并能有效地促进人们的身体健康。校园体育文化中的意识、行为、物质三个文化部分均能有助于人们的心理调节，满足师生员工对精神文化生活的需要。通过各种体育手段和方法，可以锻炼意志品质，催人奋发进取，培养集体观念，加强组织纪律，协调人际关系，消除精神烦恼，给人带来欢愉，使人身心得到和谐、健康的发展。

二、校园体育文化的意义

校园文化是学校组织在教育管理过程中营造的具有各自特色的文化意识，包括学校的发展目标、价值观念、风格特点、传统习惯和规章制度等在内的有机整体。在校园文化建设中，从多元化入手，立足于现实建设，着眼于长远发展，开展校园体育活动，使校园文化建设活动寓乐、美、学、文于一切健康有益的社会活动之中。用现代体育思想促进校园文化建设，以健全的组织文化构建凝聚群体意志和力量的团队精神，这对组织成员的创造力、凝聚力，组织效率的提高及组织目标的实现有着广泛深刻的影响和积极的作用。

（一）校园文化的特点

1. 校园文化的整体性特点

就体育文化而言，它不是对单一的文化活动的概括和描述，而是以深邃的大学传统为底蕴，以先进的大学精神为理想，通过校风、学风等校园精神层面而弥漫在每一个学生心中的群体文化。在高校任何一种校园文化传播中，从精神理念的设计到具体部门的实施，都需要教学、科研、管理、后勤等各部门的密切配合、群体协调。

2. 校园文化的实践性特点

校园文化既是一种文化理想，又是一个实践过程。不管是从学校层面、管理层面、教师教育层面还是学生层面，都存在继承、发扬、修正、完善的过程，也称为一个系统工程。体育文化的凝练和形成同样需要有针对性的工作部署与实践活动来实践、传播、运用与推广。

3. 校园文化的主体性特点

校园文化的主体是指与客体对象相对应的校园文化建设的承担者、执行者和受益者，包括学生、教师、管理人员等全部的校园人。课堂教学、课外活动、学术论坛、社团组织的各类活动、媒介宣传引导、各类的竞赛活动等，都需要学校教师及学生的主观能动意识得以充分发挥，共同建设美好精神家园。

（二）校园体育文化在校园文化建设中的作用

体育运动既是体育文化发展的载体，也是一种社会文化需要。作为文化现象，体育有很强的教育功能，在校园文化建设中具有不可替代的特殊作用。

1. 高校体育具有教育效能，在校园文化建设中育德于乐

具思想性、学习性的体育活动是校园文化中一种无形的精神力量，能在体育活动和体育锻炼的过程中培养人、教育人、改造人，从而潜移默化地熏陶、感染每一个校园人；也加速校园人在政治素质、价值取向、知识技能、人格心理等方面的社会化进程，使学生在不同程度上产生完善自我、发展自我的心理需要，有效抑制与大学生要求不相符的思想和行为。高校体育文化以其广泛的群众基础、突出的德育功能，提高了校园人热爱美、鉴赏美和表达美的能力，使高校形成具有鲜明特点的校园文化。

2. 高校体育具有凝聚效能，在校园文化建设中寓教于乐

青年学生是祖国的栋梁，必须引导青年学生努力拼搏、刻苦成才，发挥凝聚力和战斗堡垒作用。体育活动中的竞技运动正好突显了为集体拼搏的竞争精神，是沟通感情的“桥梁”，是增进友谊的“纽带”，是凝聚人心、增进团结的“法宝”。实践证明，高校体育作为校园文化的一部分，激发人们产生认同感、使命感、自豪感和归宿感，合成巨大的内聚力，将个体目标整合为学校的总体目标。

3. 高校体育具有激励效能，在校园文化建设中寓志于乐

开展积极向上的体育活动能够强有力地调动校园人的积极性、主动性和创造性，从而产生一种巨大的鼓舞人心的精神力量，形成学校活力。校园文化工作离开了体育工作就缺乏应有的生机和活力。我们在抓好教学与科研的同时，要注重与有效的体育活动相配合，鼓舞斗志，培养集体荣誉感。

4. 高校体育具有传播导向效能，在校园文化建设中获智于乐

学生在运动场中最容易传递真情实感，最容易赢得同场竞技者的喜爱和尊重，也最容易得到战友般的信任，并在“是对手更是朋友”的轻松氛围建立新友谊。在运动中，校园人学到如何尊重自己和他人，如何实现合作，如何把握适度忍让和情感表达，“学会做人、学会学习、学会做事”，具有传播导向效能。高校体育活动能陶冶、感染、规范学生，为个体行为提供价值参考，使个体自觉地把组织目标视为自己的行为目标。

（三）发展校园体育文化应采取的措施

1. 要树立科学的校园体育文化观

校园体育文化观是个人或社会对体育存在的意义和价值的认识或看法，可以说，校园体育文化观念的方向决定了校园体育文化的发展方向。校园体育文化的参与者应具备如下的校园体育文化观：校园体育文化是学校文化的重要组成部分，体育锻炼是科学、文明、健康的生活方式，应成为学校师生生活中不可缺少的内容。师生生活中不能缺少体育，娱乐中离不开体育，健美中更需要体育，体育是竞争、完善个性、体现人的价值的重要途径，也是强身健体、缓解学习疲劳和工作压力的重要手段。

2. 要转变教育思想和观念

教育思想和教育观念的转变是校园体育文化建设的关键。教育目标、培养模式、体育课程设置、教学内容等各方面在深层次上无不受到教育思想、教育

观念的支配和指导。要用新的思维、新的标准、新的目标去组建新的大学体育教育体系，塑造新的大学体育教育模式。在体育教学过程中，应强调技能与文化的自然渗透与融合。一方面，在教学中要增强对学生体育意识和健康意识的教育，培养学生自觉参与体育锻炼的兴趣和习惯；另一方面，要把当前体育教育与终身体育教育有机地联系起来，使学生树立终身体育的意识。

3. 加强校园体育文化制度建设

校园体育文化制度是学校根据自身的特点，制定的包括学校颁布实施的涉及体育教学管理、运动竞赛管理、体育社团管理等各方面的规章制度。在加强校园体育文化制度建设时，要积极吸收学生的建议，使校园体育文化制度能够符合本校学生的实际状况，更大程度上激起学生共同建设校园体育文化的兴趣。

4. 加强课余体育俱乐部和运动队建设

成功的俱乐部及有特色的运动队对校园体育文化建设具有举足轻重的作用，常常会对师生员工产生巨大的凝聚力。

5. 实施“主体性教育”，改变以往由学校主导并控制的校园体育文化

在校园体育文化的建设中，要充分提高学生的自主性、主动性和创造性，使校园体育文化成为学生自己的体育文化。

三、我国校园体育文化存在的主要问题与对策研究

在素质教育发展的新阶段，我国高校均进行了独具特色的大学体育课堂教学活动，在课堂上，教师与学生之间通力合作，基本上已摆脱了传统教学模式的束缚与影响，在提高和锻炼大学生身体素质的同时，着力摆脱陈旧的教学模式对大学生身体素质的束缚，提升高校学生的体育文化素养，在体育教学中培养学生正确的情感、态度和价值观，促进身心全面、协调、健康发展。

（一）我国高校体育专业发展中存在的问题

在改革开放以前，我国的基础体育教育没有受到足够的重视，造成了各类高校的体育教育非常简单，体育教师资源短缺，常存在不上体育课的情况。缺少规范的体育教材、教学大纲，上课时主要是自由活动，形式单一，教师没有发挥很大的作用。随着教育改革的发展，增设了体育专业班，学习体育专业的学生迅速增加，但是这给学校在课程安排、师资力量的配备等方面带来了一些问题。

1. 扩大招生和生源质量存在着矛盾

目前，高校每年的招生量大大增加，但是多数报考体育专业的学生在文化成绩方面比较弱，体育类的文化课的录取分数线较低，多数考生能如愿被录取。在这种情况下，一些根本不具备学习体育专业基本条件的考生为了升学也报考了这个专业，这就在很大程度上降低了高校体育专业的生源质量，导致教学质量也难以提高。因此，相关高校要认真对待体育教育，不能为了经济利益盲目扩招，更不能为了经济利益以牺牲学校生源质量和教育质量为代价。

2. 迅速扩招引起了就业困难的问题

在我国，长期以来，高校体育专业一直实行着“统包统分”的就业制度。在这种制度下，我国高等院校的体育专业毕业生一直保持着较高的就业率。随着社会主义市场经济体制的不断推进，高等学校的招生数量急剧增长，院校的规模也在不断扩大，要求人才市场要加大对人力资源的调节，也就是说高校培养人才的进度要和人才市场吸纳人才的进度保持一致。后来，教育部取消了关于高校毕业生的就业分配制度，所有的毕业生面向市场，由毕业生和企业进行双向选择。但是这一制度的颁布，使高校体育专业的毕业生感受到了巨大的就业压力，就业形势也不容乐观。有调查表明，各个城镇的大多数中小学体育教师已处于饱和，有的学校甚至超出了编制数量，真正缺少体育教师的地方是一些偏远、贫穷的乡村学校，毕业生大多数不远去往这些地方，择业热情也较低。

3. 课程层次类型不合理

目前，我国高校体育专业的课程层次类型多种多样，不同的学校有不同的分类方式，例如，多数高校将课程分为必修和选修两大层次，选修又根据细化的专业进行分类；还有一些学校将课程分为四个层次，分别是：基础课程、专业基础课程、专业课和选修课。尽管课程层次类型体现了不同高校的教学特色，但是也在一定程度上限制了学生向多方面发展，反映了一些课程分类后的无序性，甚至会与教育部规定的课程方案有较大差异。因此，有必要对体育专业的课程类型进行严格规范的系统划分。

（二）高校体育教学中体育文化的传承

1. 转变教学观念，全面提高大学生的体育文化素养

体育文化素养就是指人们平时所习得的体育知识、技能，借此而形成的正确的体育认识、价值观，以及正确的待人处事态度和方式等的复合性整体。学生体育文化素养由体育知识、体育意识、体育技能、体育个性、体育道德、体

育行为等六个方面的要素组成。体育知识是基础，体育意识是动力，体育技能是重点，体育个性是关键，体育品德是灵魂，体育行为是目标，高校体育要从“育体”向“育人”方向转变，从单纯追求学生的外在的技术水平和身体素质转变到追求学生的身体全面协调发展上，即打破以往的以运动技术传授为主线的教学体系，建立起以合理的运动实践为手段，传授体育文化，培养学生终身从事体育健身的意识、能力及坚持体育锻炼的意志品质的统一协调发展的教学新体系，为学生终身从事体育健身锻炼打下良好的基础。

2. 提高学生的体育素养

从素质教育的角度来讲，体育素养就是人们在先天自然因素（生理方面）基础上，通过环境与体育教育影响所产生的后天社会因素（精神方面）及其体育能力等品质相结合而形成的人的一种体育素质。它包括体育知识、体育意识、体育技能、体育个性、体育品德和体育行为六个方面。传承文化的活动是人的创造性活动，人的素质的高低直接决定着文化发展的速度和水平。当代大学生作为传承体育文化的主力军，不仅要保存、传递人类历史的一切优秀体育文化，而且还要在继承、吸取的同时，通过选择、整合，实现综合创新，创造出与时俱进的先进文化。因此，要使学生能够真正承担起传承体育文化的历史责任，必须全面提高他们的体育素养，这是体育文化得以传承的保障。

3. 加强校园体育文化环境建设

在学生体育意识、体育价值观的形成过程中，文化环境的影响具有极为重要的作用。学校可在运动场地、区域竖上与该运动项目相关的宣传牌，包括该运动项目的中英文名、项目的简介、技术要领、锻炼作用以及注意点等。体育馆门厅两侧可布置上制作精美的健身、宣传长廊，包括锻炼对身心的影响、合理营养、准备活动的要求和功能、各年龄段身体形态的正常值等内容，墙上还可布置上名人谈健身和体育的格言等。

4. 在体育教育模式中传承体育文化

（1）改革课外体育活动。首先，必须明确课外体育活动是体育课的延续和有效补充。课外体育活动必须有明确目的地给以辅导。不能仅局限于发放器材或监督活动时间，既要让学生对课堂上的理论技术得到充分实践，又要使学生获得必要的运动快感，还要与学生良好的运动习惯养成联系起来。其次，课外体育活动的形式可以多种多样。它可以是俱乐部的形式，也可以是学生的体育组织，如各类体育协会和社团组织等。还可以是体育知识专题讲座等，因为体育本身就是异彩纷呈的，所以活动形式也应当是缤纷多姿的。

（2）改革课堂体育教学。要提高学生的体育文化水平，必须突破传统的体育教学模式的束缚，营造轻松、活泼、欢乐的学习氛围，让学生在快乐的学习与锻炼中体验体育的乐趣，学会用运动锻炼身体，增强体质。在教学组织上，以“活泼、自由、愉快”为主调。主张严密的课堂纪律与生动活泼的教学氛围相结合，强调信息的多向交流与教学环境的优化。要克服教学组织形式竞技化的倾向。教师向学生传递的应当是体育文化，而非单纯的竞技运动训练，应向学生重点传授体育锻炼的方法和如何培养良好的运动习惯等，为学生的终身体育打好基础。因此，现代体育教学方法应当是：完整系统的理论文化、知识传授与愉悦深刻的运动体验相结合；课堂教学与课外活动相结合，显性课程与隐性教育相结合，多管齐下散发渗透深刻影响，使学生的身心内外均能得到变化与提高。

5. 举办体育文化艺术节，加强体育文化之间的相互交流

在举办体育节时，其主要内容就以体育和健康为主，并将全校的师生看作参与主体，在融入一些竞技体育还有健身体育以及娱乐体育的同时，加入一些文化元素。应该说通过这种方式不仅能够进一步地增加学生进行体育锻炼的时间，而且还丰富了其相应的内容及其实现形式，进而让学生都能更多、更好地融入体育活动中来，真正意义上实现集健身性以及娱乐性和教学性等为一体的活动。并能在调动学生自身积极性的同时，培养学生的自身兴趣以及自我个性。另外，通过这种方法也能有效地增强学生的体育意识，为学生提供了一个能够随时展现自己技艺以及才华的舞台。近些年以来，我国部分高等院校开展和组织了一些体育文化节，不仅加强了学生同教师之间的体育交流，同时也有效地传播了体育价值观念，从而有效地激发了学生自身的体育兴趣。还有各大高校通过合理利用现阶段的体育资源，组织以及承办了各种相关的体育赛事，进而使得校园里的学生焕发了属于自己的那份青春，激涌出了那些令我们振奋的希望，并在丰富大学校园文化生活的同时，也进一步地促进和推动了体育文化的建设。

6. 成立相应的体育俱乐部，并加大宣传力度

应该说，成立体育俱乐部，能够增强和提高学生自身的组织能力以及领导能力和社交能力。此外还能在培养学生自身体育精神的同时，增强体育教学自身的延伸性以及连续性。在成立体育俱乐部的过程中，还需要相关校领导加强重视，并倡导和调动学生们积极有效地参与进来。进而在体育俱乐部开展过程中，能够在丰富体育文化自身内涵的同时，也能有效地拓宽学生自身的认知视

野以及实践范围，从而促进校园文化部的整体发展。当然在开展体育教学的过程中，还需要我们不断地加强对体育文化的宣传力度，以调动学生参加体育活动的主动性以及积极性。例如，使用一些报刊或者橱窗来多做一些宣传海报；定期或者是不定期地进行宣传，从而在校园中努力地形成一种轻松、和谐的文化氛围；利用当前的一些互联网络来制作一些课件，并放到校园内部的局域网中，以方便学生浏览。这样就能在调动学生自身积极性的同时，有效地增强他们内心的体育意识。

7. 对教学管理理念进行不断优化和改进，并不断地创新教材体系

在当前的一些高校体育教学过程中，为了保证校园体育文化能够顺利地开展，我们需要采取科学、合理的措施和手段来制定高校自身的体育制度，并通过使用规范化以及法制化的制度，来规范校园内部所开展的体育活动。另外，我们需要对管理理念以及管理手段进行不断的创新和改进，并结合学校当前的实际情况，因地制宜地采取相应的政策和办法，做好体育教学工作，从而将体育文化自身的生命力和时代特色都呈现出来。此外，在高校开展体育教学的过程中，所设置的课程内容应该具有持续性以及大众化的特点，以确保学生能够在体育教学中积极主动地参与到整个教学中来。应该说，在我国当前的体育教学过程中，比较流行的体育项目主要有游泳、网球、羽毛球和体育舞蹈等。另外，在当前开展体育教学的过程中，我们还应改变传统的教学模式以及课程设置。换言之就是改变以往在教学过程中，只是在大一以及大二阶段开设体育课的情况。争取将体育课堂贯穿到大学四年当中来，并在教学过程中依据学生自身的兴趣，来适当地增添一些课程。

随着新课改的推行、文化观念的转变，传统意义上的思想理念与文化形态均遭到持续性的影响与冲击。同时，大学生人文主义思潮也逐步被淡化，在大学体育课堂中，培育青年学生的人文理念与精神成为教学的一大任务。

四、奥林匹克精神文化对我国校园体育文化发展的影响

（一）奥林匹克运动精神

在浩瀚的历史长河中，人类的体育活动丰富多彩。然而，从古至今在持续的时间、规模、影响以及所追求的崇高思想方面，几乎没有一种活动可以同奥林匹克运动相媲美。现代奥林匹克运动创始于1894年，它不是一般的体育竞赛，而是一个以体育为载体的社会文化运动，一种有自己的哲学、理念、追求目标

的社会文化运动。奥林匹克运动把自己的理念称为奥林匹克主义，并指出，这是一种“人生哲学”，旨在通过体育运动，增强人的体魄、意志和精神，使人获得全面、和谐发展，进而建立一个尊重人的和谐的社会。现代奥林匹克运动是人类社会进入工业文明以后的一项伟大的社会实践，对人类文明的进步与发展产生了深远的影响。

在2000年9月11日生效的《奥林匹克宪章》指出，奥林匹克精神是“以友谊、团结和公平竞争的精神相互理解”。它引导人们摆脱文化偏见，以博大的胸怀认识和理解自己民族以外的事物，学会尊重其他民族，学习他们的优秀文化；在公平竞争中加强团结、增进友谊。奥林匹克精神体现的是社会和平、人的文明生活方式，它将体育运动作为实现人和谐发展的途径；是主导体育运动与教育、人性、社会文化发展相结合的崇高精神；是奥林匹克运动所具有的最珍贵的精神核心。奥林匹克精神不仅是古代奥林匹克运动产生和延绵不断的原动力，也是现代奥林匹克运动得以复兴的历史缘由。奥林匹克精神是人类一种向善、向美、向真的精神追求，体现了人类自强不息、永远向上的精神旨归。《奥林匹克宪章》明确指出了：奥林匹克精神就是在公平竞争的体育竞赛中促进不同种族、不同国家、不同信仰的人之间相互了解和团结，它的本质内容包括：参与、竞争、公正、友谊与奋斗，这些精神内涵的实质在奥林匹克发展的著名格言“更快、更高、更强”中得到了充分的体现。

（二）奥林匹克运动对中国现代体育的影响

奥林匹克运动需要中国传统民族体育。奥运会是世界上最具影响力和号召力的世界盛会，奥林匹克运动是跨国、跨文化、多元化的一个庞大的体育系统，它在倡导公平竞争的同时需要吸取不同的民族体育来充实和壮大自身。由于奥林匹克运动过于注重个体力量与“自我价值的彰显”，导致了兴奋剂、球场暴力等一系列弊端，中国传统民族体育的注重整体、自然、和谐的主张正好为奥林匹克运动注入了一股清流，使奥林匹克运动系统更为完善。

契机——世界体育一体化、世界和平的需要。经济全球化加速了其他元素的全球化进程，其中自然也包括了世界体育一体化。中国传统民族体育拥有悠久的历史与深厚的文化内涵，有着巨大的潜能和良好的发展前景，而奥林匹克运动是世界体育一体化的最典型代表，二者的融合与和谐发展能大大加快世界体育一体化的进程。奥林匹克运动还致力于世界的和平事业，在维护世界和平方面有着不可替代的作用。中华民族自古以来就是一个热爱和平的民族，新中国也在当今世界的维护和平事业中担任着重要的角色。中国传统民族体育与奥林匹克运动的和谐发展符合中国的和谐社会建设的要求，对世界的和平也有积极的意义。“只有民族的才是世界的。”现今世界上任何一项流行的体育项目，最初都是源于各国的民族体育，它们同样是在一定的地域受一定的文化而逐渐形成的，后来随着经济发展、文化渗透而逐渐成为在世界上被广泛开展的世界性的运动，如日本的柔道、英国的击剑运动。发展中国民族传统体育不仅仅可以弘扬博大精深、源远流长的中国文化，更能挖掘和继承中华民族的优秀遗产。发展我国的民族传统体育，也可以使中华民族的传统体育全面走向世界，与世界的体育运动相交融，从而更好地促进国际体育文化的发展。中国民族传统体育要想走向世界并让世界接受，首先要让更多的人了解民族传统体育背后所蕴含的文化内涵。中国体育文化体现出的则是天人合一、崇尚和谐、恪守中道这些人文思想。人们从事体育的目的是健身、养生、益智，排斥激烈的对抗竞争。这些在太极拳、射箭、舞剑、棋类等中国民族传统体育项目中已有所体现。比如中国民族传统体育项目武术，它的民族性特征非常突出，讲究的是形神合一。外国人如果对中国文化及其精神不了解，就难以把握武术的奥妙和精髓，学习中国的武术就只不过是机械模仿。另外，由于我国国土幅员辽阔，而民族传统体育又是依存于某一地区特定的历史和文化背景存在的，因此我国的民族传统体育也具有一定的地域性与民族性。

（三）中国当代体育与奥林匹克运动

新中国的成立为奥林匹克运动在中国的进一步发展提供了前所未有的机遇，在党和政府的高度重视下，奥林匹克组织得到了更新，群众体育和竞技体育得到了全面发展，奥林匹克宣传、教育与研究逐渐普及。这一阶段，是利用奥林匹克运动的项目、运动会形式、体育场馆和技术设施为中国人民服务，对奥林匹克运动的表层结构进行平等的改造和为我所用的阶段。而与奥林匹克运动的深层结构，如价值观、思想体系的融合尚未开始，与其中层结构，即组织体系方面则存在着严重的对立。1979 年中国恢复了与国际奥委会的正式关系，中国体育开始了全面走向世界的新历程。这一时期的中国当代体育以空前的规模，全方位地同奥林匹克运动进行了接触、交流和融合，并取得了举世瞩目的巨大成就，从而使双方的关系进入了新的发展阶段。奥运会是世界体育运动的盛会，一直吸引着世界的注意。2008 年北京奥运会向全世界展示了北京和中国文明、友好而鲜活的真实面貌。北京奥组委承诺保证为世界大家庭成员提供最好的体育场馆、最优美的环境、最方便的服务；保证办成“绿色奥运、人文奥运、科技奥运”而终获巨大成功，令世界刮目相看。成功举办 2008 年奥运会，促进了我国群众体育与竞技体育的全面发展，促使了中国成为真正的体育强国；促进了我国与世界体育的合作和交流，不断提高了全体市民的整体素质，为世界体育事业的发展做出了贡献。成功举办2008年北京奥运会，奥运精神、奥运意识将成为中国人社会生活的主旋律。在奥运精神的鼓舞和五环旗的指引下，全体中华儿女的爱国主义精神和民族自豪感进一步增强，“更高、更快、更强”的口号将激励着中华民族自强不息、勇于进取，将极大地激发全国各族人民的爱国热情，促进我国改革开放和社会主义现代化建设事业快速发展。2008年的北京奥运会赋予奥林匹克运动更多的中国民族传统体育文化的内涵，向全世界介绍中国的体育文化思想，向西方国家展现我国民族体育的魅力与神韵，将中国民族文化的博大精深展现在全世界人的面前。

（四）高校开展奥林匹克文化教育的意义

1. 促进大学生爱国主义精神的形成

奥林匹克运动有意识地采用一些突出国家外部标志的仪式，如奏国歌、升国旗等，这有助于增强民族认同感，引发人们的爱国主义意识，从而增强民族的凝聚力。奥林匹克运动以其独特的形式显示出一个国家和民族在世界上的地位和威望，大学生观看奥运会比赛与电视转播，其不仅能够学习奥运健儿们高超、娴熟的技术，学习他们顽强拼搏的精神，而且能增强大学生的爱国主义情感。

2. 促进大学生人文素质的提高

受2008年北京奥林匹克运动会的影响，大学生比以往更加关注奥林匹克运动方面的知识。在“更快、更高、更强”格言的鼓励下和运动员的参与下，奥运会发生的许多感人肺腑的故事、趣闻使高校学生的心灵品质得以升华。奥林匹克运动关注人的存在与发展、自由与解放，认为竞技体育不是打造健壮的，而是培养身心和谐、完整健康的现代人格。可以说，只有人的个性真正得以丰富与发展，才能为真正意义上的生活方式的确立提供参照。在物质生活日益充裕的当下，权力和金钱的价值观严重地影响着大学生的生活方式，人文奥运可以说为大学生提供了反思的契机，也促进了新的生活方式的养成。

3. 促进大学生树立正确的价值观

公平与公正是奥林匹克运动向往光明、主张正义的体现，实质是人类对体育道德的追求，是对公平、正义等社会理想的向往。奥林匹克运动所崇尚的诚信公平的精神与我们当今社会的公平、社会法制的精神具有内在的一致性，奥林匹克运动所追求的“团结、友谊、和平、进步”的精神，“人的和谐发展”

和“维护人的尊严”的精神也正是当今社会所提倡的，也是当今大学生所追求的。

4. 增强大学生的身心健康

奥林匹克运动中不断超越的体育精神，除了给大学生们带来情感上的体验外，对于培养青少年的情感、理想都有较好的促进作用，奥林匹克运动给大学生带来了新的心理感受，即丰富情感世界，扩展心灵空间，强化生命体验。大学生们进行体育运动时，大多数都力求超越自身的生理极限，从而达到产生良好的情感体验的目的，促进大学生身心健康，增强大学生参与体育锻炼的欲望，使之养成终身体育的健康观。

5. 培养大学生团结合作的交际习惯

现今“90后”的大学生大部分都是独生子女，意志薄弱，追求时尚，性格独特，承受能力差并且缺乏进取精神。人际交往能力极度欠缺，已经成为他们的通病。通过奥林匹克精神的教育，学生了解奥运之星的故事，他们在学习和生活中学会与人合作，与人友善交往。随着年龄的增长，大学生们与父母相处的时间越来越少，而与同学朋友相处的时间越来越多，良好的人际交往影响着大学生未来的发展，而奥林匹克精神中强调团结友谊的原则可以促进青少年良好人际关系的形成。奥林匹克运动会之所以能够得到全世界人民的关注，就是因为它选择了“体育”这个通用语言来推广，将“友谊、和平、进步”的思想通过其组织形式、参与方式在全世界范围内进行传播，用以实现其教育的根本目的。现代奥林匹克运动会每四年举行一届，届时，世界各国人民会为了这个世界人民共同的节日欢聚一堂，为表现对其的重视，倡导者和组织者会充分发挥人类的智慧和创造力，对奥林匹克运动会的组织形式和表现形式进行设计，凝聚世界人民的目光。奥林匹克的吉祥标志、圣火传递、点燃仪式、比赛场馆、赛会礼仪等均展现了人们对竞技运动的尊重和热情。世界各国以能够举办一次奥林匹克运动会为骄傲，可见人们对奥林匹克的重视。高校开展奥林匹克文化教育，能够使大学生继承奥林匹克的思想，了解奥林匹克运动中蕴含的精神，为奥林匹克的传播和可持续发展铺平道路。

（五）高校体育中开展奥林匹克文化教育的途径

1. 开设奥林匹克文化课，以学生为主体，以教师为主导

高校体育课作为公共必修课，必然能带动奥林匹克教育的发展，体育公共课成为奥林匹克教育最有效、最基本的途径。在新课程改革的理念下，以学生

为主体，教师注重教学运动技术的传授，同时高校教师应加强对奥林匹克文化知识的学习，这样才能在体育教学中运用自如，使学生了解奥林匹克博大精神的丰富内容，更好地感受奥林匹克的独特魅力，从而更好地体会奥林匹克的文化价值和教育意义。

2. 开展奥林匹克教育活动，丰富学生业余文化生活

在高校奥林匹克教育活动中，必须加强体育教师对相关知识的了解及对奥林匹克相关专题的研究，这样学生才能在教师的主导下，开展课余奥林匹克教育活动，例如，高校通过“模拟奥运会”“奥林匹克知识竞答”“奥林匹克文化交流沙龙”等多种形式的奥林匹克教育活动，弘扬奥林匹克精神，传播奥林匹克文化，吸引大学生认真学习奥林匹克知识，激发大学生业余时间参与到体育运动中去，促进奥林匹克精神在大学校园中传播。

3. 营造奥林匹克气氛，推动校园文化建设

大学阶段的教育是大学生踏入社会前最重要的阶段，所以这个阶段在学生们心中是一个具有代表意义的阶段，高校校园文化的开展，必然会影响大学生身心的发展，因此在校园中实施奥林匹克运动教育活动，对学生会有持久性的影响。如在校园中进行奥林匹克文化的开展，定期开设奥林匹克学生夏令营，从而让学生能够接受奥林匹克的知识，通过在校园中营造奥林匹克气氛，推动高校校园文化建设。

现代奥运会创始人顾拜旦说过：奥林匹克运动的精髓是教育，教育是奥林匹克运动的出发点和归宿。北京奥运会全方位体现和展现了综合国力，促进了国际文化大交流，因此，2008 年北京奥运会对于全体中国人特别是对于大学生们来说，是接受奥林匹克教育的好机会，奥林匹克文化会不同程度地渗透到学校这个文化教育领域，进而会对学校体育教育产生潜在的影响。奥林匹克教育在高校教育中是一个重点教学内容，奥林匹克教育重视大学生主体的发展、终生体育意识的培养，使大学生身体、心理和精神得到更大程度的提高。奥林匹克运动正以其特有的丰厚的文化底蕴推动着中国学校体育的发展，同时，也必将为 21 世纪世界文化的交流与传播做出新的贡献。

五、他山之石：美国大学体育现状及其对我国的启示

大学体育的健康发展，不仅可以为国家培养优秀的运动员，还可以促进全民健身以及对相关体育的研究。多年来，美国大学体育一直注重发展竞技体育，这使得美国的竞技体育一直处于世界领先地位，虽然我国在诸多方面难以与美

国相比，但是在如今全球化的今天，我们可以充分借鉴美国大学体育教学的先进经验，取长补短，加快我国大学体育的发展。

（一）美国大学体育的现状

目前，我国对美国大学体育的研究缺乏完整性、系统性，没有对美国大学体育进行充分的研究。通过研究，我们发现美国的大学体育由娱乐体育和校际体育竞赛组成，其中娱乐体育由体育教学、校内体育竞赛、个人与集体的自由锻炼组成。另外，美国部分大学开设了必修体育课程，而另一部分未开设体育课程，却开设了娱乐体育课程。其体育课程教学以健身类内容为主，而我国的大学体育课程以竞技运动为主。

1. 大学体育课程的计划性强

美国大学的体育课程十分广泛，例如，排球、篮球、足球、橄榄球、棒球等。美国大学体育的另一个特点是计划性十分强。大学生协会为美国大学体育课程教学提供了严谨而详细的计划，并且印刷了相关的手册。

2. 健全的组织领导机构

美国的校级体育竞赛已经开展了 100 多年，成为大学体育教育的重要组成部分。目前，美国大学体育竞赛是在体育协会的领导下进行的。美国大学开展体育竞赛除了让大学生接受高等教育，还为了提高大学生的顽强拼搏的精神，从而使其身心得到全面发展。为了促进大学体育竞赛的有效开展，美国大学专门聘请专职人员指导和监督大学体育竞赛的开展，根据相关协会规定对大学体育教学进行监控和督导。另外，美国大学的体育竞赛由学校组织，并由学校举办，并且明确指明比赛场地，十分注重细节问题。这不仅可以激发大学体育教学的积极性，还可以促进大学生对体育的热爱。

3. 体育教学内容和课程设置完善

美国大学一般实行两年必修体育课、两年选修课，但大部分美国高校只采用一年体育必修课，而部分学校没有体育课，只有体育俱乐部，由学生自发去锻炼。各大学拥有自己的体育教学目标和计划，体育课程种类繁多，学生可以根据自己的喜好进行选修，但部分大学对公开课进行了相关规定，主要指游泳课和健康课。另外，美国大学体育教学十分重视对运动技能的教授，开展各种类型的体育理论课。在教学内容上，让学生进行自主选择，反复筛选决定。教学内容十分丰富，包含几十个运动项目，主要分为竞技类和健身类，两者旗鼓相当，平分秋色。

（二）美国大学体育现状对我国的启示

1. 将我国大学体育的组织管理权授权给体育部

美国大学的体育教学的管理权基本由体育部掌握，大学体育部对大学各项体育活动进行独立和统一的管理，进而保证了体育活动举办的流畅性。而我国的大学体育除了体育部的管理外，还有校体委、校团委进行管理和组织，这种大学体育的管理模式，不利于大学体育教学的开展，对大学体育教学造成了一定阻碍。为此，我国大学体育的组织管理权应该授权给体育部，让体育部进行单独管理。

2. 在课程设置上缩小体育教学的范围

在美国，体育教学活动范围不大，部分高校体育课甚至没有必修选修之分，没有对体育课程进行强制要求，将教学任务融汇到了体育活动中，为学生提供自由选课的机会。我国体育教学将体育课程教学进行了普及化，要求所有高校必须将所有体育活动融入体育课程教学中，加之我国高校招生扩张，学生数量激增，体育教学的范围过大，导致学生没有进行体育锻炼的积极性。为此，在大学体育课程设置上可以缩小体育教学的范围，不必开设体育必修课，允许学生自由选择，同时，让高校根据自己的实际情况，争取学生的意见，进行体育课程的安排，从而灵活地开展多种多样的体育教学活动。

3. 建立健全大学体育管理和组织制度

美国大学拥有各类俱乐部、健身中心等平台，建立了庞大的体育活动组织和管理机制，有效地开展了体育活动。而我国大学体育教学由于长期以体育课程教学为主，造成了课外体育活动没有有效开展，在课外体育教学过程中没有形成有效的组织和管理。为此，我国要在未来的大学体育教学过程中建立健全大学体育管理和组织制度，以此来解决我国高校体育存在的问题，并且尝试建立俱乐部、健全健身中心等体育教学新方式。

如今的美国体育教学超出了大学体育的概念范畴，呈现了多元化和开放性的态势，美国大学体育打破了各类体育种类的界限，促进了大学体育的多形式发展。因此，我国体育教学可以充分借鉴美国大学体育教学的经验和方法，促进我国体育教学的发展。

第二节 高校校园体育文化的理论概括

高校校园体育文化是高校校园文化的重要组成部分，是高校师生接触最为广泛的一种文化。大学生根据个人的爱好，开展以竞技体育、传统保健体育、现代健身体育和娱乐体育为内容的体育文化活动，不仅丰富了课余文化生活，而且营造了高校特有的校园体育文化氛围。加强高校校园体育文化建设，营造浓厚的校园体育文化氛围，全面提高高校的育人质量，有着深远的意义和积极的借鉴作用。

一、高校校园文化的定义

高等院校是我国文化积淀、发展和传承的主要社会载体，是知识形成、传播的主要社会场所，高等院校的改革与发展对我国经济、政治、文化的进步与发展有着深远的影响。高校校园体育文化以其特有的文化氛围于有形与无形中影响着广大师生：从发展的角度看，良好的校园体育文化氛围能健身、健心，培养人的社会适应能力；从教育学的角度看，良好的校园体育文化氛围能提高大学生的思想道德品质，培养良好的体育观念，提高审美情趣，完善心理特质；从教养角度看，良好的校园体育文化氛围能教给大学生体育知识技能，培养他们的体育参与态度、动机、兴趣和良好的身体锻炼习惯；从社会学的角度看，良好的校园体育文化氛围能提高大学生的社会意识，促进他们的社会化，增强他们的交际能力和社会活动能力。

高校校园体育文化是在高校校园特定环境下产生的一种文化形态，是社会体育文化的一个分支。1974 年，由国际体育名词术语委员会主席尼古·阿莱克赛博士牵头，编写出版了用六种文字写成的《体育运动词汇》一书，此书对“体育文化”做了如下定义：“体育文化是广义文化的一个组成部分，它综合各种利用身体锻炼来提高人的生物学和精神潜力的运筹、规律、制度和物质设施。”

高校校园体育文化是校园文化与体育文化有机结合的产物，是高校师生在校园这一特定的环境中，为实现高校培养和造就合格人才的目标而实施、传播的与身心健康直接相关的以身体活动为主要载体的精神文化现象。高校校园体育文化作为高校校园文化的重要组成部分，对高校校园文化具有反作用；高校校园体育文化具有较高的品位和层次，是高校特有的富有校园文化气息和健康生活气息的大众文化，它是以师生的体育价值观为核心，以实施健康第一的高校体育目标为主要目的，以大学生群体为主体的体育行为方式、思维形式和活动方式，主要有校园体育课程、体育课外活动、体育艺术活动、校园体育竞赛活动、体育欣赏活动等具体表现方式和活动形式。一般来说，高校校园体育文化的内涵由三个部分组成，即高校体育精神文化层、高校体育制度文化层、高校体育物质文化层。精神文化层面处于主导地位，反映了高校体育文化的行为准则、价值观念和意识等主要内容，体育健康价值观是其核心，持续渗透时间长，对学生影响久远，是一所高校向心力与凝聚力的象征；制度文化层面是联系两者的纽带，为物质层面更好地利用开发、精神层面的更好挖掘提供了制度保障；物质文化层面是基础，是客观物质保障，它体现出高校体育文化的底蕴，对大学生身心健康发展起到了“润物细无声”的滋润作用。高校校园体育文化的三个层面相互联系，相互促进，共同发展，缺一不可。

二、高校体育文化的现状及践行体育文化的意义

随着人类的进步和发展，培养具有竞争、开拓意识和全面发展的复合型人才已成为高等学校教育发展的方向。体育作为高等教育的重要组成部分，更是素质教育的重要内容和手段，推进素质教育，发展学生的综合素质必须优先提升体育文化素养。

（一）现代大学生体育文化素养的现状分析

1. 体育知识贫乏，体育技能缺乏，体育行为被动

衡量大学生的体育文化素养，其外露的显性指标体现在三个方面：体育知识、体育技能和体育行为。但在非体育专业的大学生中进行的访谈调查发现，当代大学生体育文化素养与其所处的文化阶层是极不相符的，集中表现为体育知识贫乏、体育技能缺乏和体育行为被动。在一些常识性的体育知识问答中，常常令人啼笑皆非。对一些常见的伤害事故，比如“脚踝扭伤了，怎么办”？大多数学生由于缺乏基本的急救知识而只能选择直接上医院治疗。

2. 体育意识不强，体育个性不强，体育意志薄弱

随着《全民健身计划纲要》的实施、国家对社会体育和学校体育的高度重视，人们的锻炼意识已经得到了增强，校园体育文化活动也开展得风风火火，但总的来说，大学生的体育参与意识依然不高，终身体育意识尚未形成，体育个性不强，体育意志薄弱。造成这种状况有以下三种原因：

（1）传统的应试教育体制制约了学生体育意识的形成，学校长期追求升学率的直接结果导致了对学生体育意识的培养盲区。

（2）受大环境社会趋势的影响，用人单位对人才素质的要求迫使学生不得不专注于学习而无暇顾及其他。

（3）体育设施、场地的条件限制以及教师的导向意识不够也是制约学生体育意识和体育个性的一个重要因素。

（二）培养大学生体育文化素养的途径

1. 借助课堂教学平台，刺激隐性因素发挥作用

大学生没有良好的体育个性，在一定程度上阻碍了大学生对体育知识和技能的追求。因而刺激隐性因素发挥作用，培养大学生的体育兴趣是关键。俗话说，“兴趣是最好的老师”。大学生一旦有了体育锻炼的兴趣，体育意识就会养成，同样也不用担心学生体育个性的形成和体育道德品质的问题。因而教师在课堂教学中，应该打破长期以来存在的以传授运动技术为单一模式的教学体系，建立以适当的运动技能传授为手段、以激发学生体育锻炼兴趣为动力、以培养大学生终身体育锻炼意识为最终目的的教学新体系。

目前很多高校的体育课依然坚持大一为身体素质教育课和大二为自主选项课的课程安排，但这种单一固定的教学内容安排让很多原本有着浓厚运动兴趣的大一学生苦恼不已。好不容易进入大二自主选项阶段，部分学生的体育热情在漫长而枯燥的跑跳训练中已慢慢消退，长期下去，这非常不利于学生终身体育意识的养成。在具体的实践教学中，我们也慢慢总结出一个规律：大学生的身体素质并不是仅靠公共体育课上的身体素质训练而得以提高和发展的，这种专门传授运动技能以提高身体素质的效果往往是非常不明显的，而恰恰是学生在平时的体育锻炼过程中不知不觉增强了自身的体质。总而言之，刺激体育文化素养的隐形因素发挥作用是关键，教师应该责无旁贷承担着为学生的健康服务的神圣职责，充分利用好课堂教学这个平台，努力培养学生的体育兴趣，提高学生的体育文化素养。

2. 营造良好的校园体育文化氛围，使学生潜移默化地接受体育知识与技能

大学生接受体育知识和技能，一方面来源于体育教师的课堂教学，另一方面来源于自身对体育知识和技能的关注。因而学校应该开展丰富多彩的课外体育活动，营造良好的校园体育文化氛围，让学生在潜移默化中接受基本的体育知识和技能。比如通过设立课外体育俱乐部、体育运动协会，开展体育专题知识讲座等各种活动，让全体学生有机会选择自己喜欢的项目，体验运动带来的

快乐，在良好的体育文化的氛围中不知不觉地受到感染，一方面学到了体育知识，另一方面培养了体育兴趣。体育文化素养是人的基本素质的重要组成部分，在当前大力提倡素质教育的社会转型时期，培养大学生的体育文化素养不仅仅是高校体育教学的目标之一，同时也是高校体育改革所面临的社会责任。学生体育兴趣的激发和培养在一定程度上满足了终身体育的行为需求，在此基础上，教师一定要转变教学观念，多渠道地丰富学生的体育文化知识，同时借助社会体育的力量，让学生意识到提高体育文化素养不仅是个人素质的重要方面，更是大学生步入社会必备的精神品质之一。只有如此，大学生体育文化素养的提高才有希望。

（三）高校践行体育文化的意义

高校校园体育文化是与高校师生密切相关的一种文化，是校园文化中一种特殊的文化现象，是高校校园文化的重要组成部分。意义主要体现在以下三个方面：

1. 丰富校园教师的体育文化生活

高校教师在教学中占有非常重要的地位，在教学中起着主导作用，教师的身心健康对于整个高校实际教学有着非常重要的影响。体育对促进身心健康有着极其重要而特殊的作用，本研究通过针对高校教师的调查，总结出高校教师体育文化的现状，找出存在的问题，并有针对性地给予高校教师合理的建议，这对于促进高校教师身心健康的发展具有重要的意义。

2. 高校体育文化对大学生心理健康的积极影响

高校体育文化对大学生心理健康的积极影响主要有两条途径：第一，通过身心健康的交互作用实现。身体锻炼是体育文化的重要内容，心理学家凯恩在1983年对1750名心理医生的调查显示，有80%的人认为身体锻炼是治疗抑郁症的有效手段，60%的人认为应将身体锻炼作为一个治疗手段来消除焦虑症。第二，高校体育文化通过精神层面上的熏陶和潜移默化实现对大学生心理的积极影响。通过在体育锻炼和竞赛中领悟体育精神，从而增强自我心理调节能力，培养良好的心理品质，克服人格缺陷，不断完善自我。

（1）高校体育文化有助于缓解大学生的人际关系敏感。高校体育教学、课余体育活动、体育竞赛、体育协会组织、对外体育交流是高校体育文化的重要组织形式。大学生在参与这些体育活动的过程中既要充分发挥自身特点，又要融入集体中相互协作，共同完成既定的目标和任务。在这一过程中，他们不得不学习如何处理与他人的关系，使各项活动顺利开展。在比赛当中，他们必须不断地交流沟通，局势有利或者同伴表现出色时，他们会用各种方式表示鼓励和认可；在出现失误、局势不利的关键时刻却能克制自己的不良情绪，做到相互理解和相互支持。这样，在参与运动过程中，大学生逐步形成了自信、自强、宽容、大度、尊重他人、不畏困难、敢于拼搏、遵守规则等心理品质和行为习惯。马塞（Massie）等人在1971年的调查中就已经发现：长期从事体育运动，特别是集体对抗性项目运动，能够使性格内向者趋于外向化，同时，运动过程中能够有效提升运动者对外交流和沟通的能力，从而发展他们处理复杂人际关系的能力。

（2）高校体育文化有助于大学生准确评价自我，增强自我接纳和自我认同感。心理健康的大学生能对自己的能力、性格做出客观评价，了解自身长处和短处，明确自身存在的价值，能扬长避短，持续健康地发展自己的内在潜力，能促进学生个体在主观上对自己的身体、思想和情感整体做出正确的评价。体育锻炼对于改善人的身体表象和身体自尊至关重要。身体表象障碍在大学生中普遍存在。特别是女生，倾向于高估她们的身高和低估她们的体重，而且，身体肥胖的个体更可能有身体表象和身体自尊方面的障碍。身体自尊主要包括一个人对自己运动能力的评价、对自己身体外貌（吸引力）的评价以及对自己身体抵抗力和健康状况的评价。身体表象和身体自尊与整体自我概念有关，无论男生还是女生，对身体表象不满意会使个体自尊变低（自尊指自我概念的积极程度），并产生不安全感和抑郁症状。有研究表明，肌肉力量与身体自尊、情绪稳定性、外向性格和自信心呈正相关，并且加强力量训练会使个体的自我概念显著增强。心理学的研究显示，人格的形成及其发展与人的活动密不可分。在体育锻炼的过程中，大学生是活动的主体，有利于思维活动和机体活动的紧密结合，从而促进人格的完善和发展。同时，既可以施展自己的才华，又能实现自我的心理满足，进而改变人的整个心理状态。

（3）高校体育文化有助于大学生良好意志品质和个性心理的形成。意志品质是指一个人的自觉性、果断性、坚韧性和自制力以及勇敢顽强和独立主动的精神，是一个人行为特点的稳定因素的总和。体育锻炼不但要克服气候条件的变化、动作的难度或外部障碍等困难，还要克服如胆怯、疲劳及运动损伤等主观因素造成的困难，同时，还要遵守竞赛规则，制约和调控自己的个人行为，以有利于在竞赛中充分发挥自己的潜能。另外，通过体育文化活动表达团结、友谊、和平、进步等人类先进的思想和愿望，在合理规范的竞争中锻炼自己的品行，并在成功与失败、荣誉与耻辱、竞争与退让、个人与集体之间做出选择，在选择中表达出自己的人生观、世界观和价值观。总之，体育文化崇尚“更高、更快、更强”的奥林匹克精神，以“公开、公平、公正”为基本原则，通过高校体育文化培养和塑造大学生良好的个性心理具有显著的效果。

（4）高校体育文化有助于缓解大学生抑郁、焦虑、敌对、胆怯、强迫等心理症状。情绪状态的调控能力是衡量高校体育文化对心理健康影响的最主要指标，心理健康的大学生能够适度地表达和控制自己的情绪。高校体育文化对大学生心理的积极影响主要是以体育锻炼为表现形式和手段的，体育锻炼可以有效转移个体不愉快的意识、情绪和行为，使其从烦恼和痛苦中解脱出来。体育锻炼之所以能够调节情绪，是因为参与者能体验到运动带来的愉快感。心理学家认为，适度负荷的体育锻炼能够促进人体释放一种多肽物质——内啡肽，它能提升大脑皮层的兴奋和抑制的协调作用，使神经系统的兴奋抑制的交替转换过程得到加强，从而产生良好的情绪状态。因此参加体育锻炼，尤其是参加那些自己喜爱和擅长的体育锻炼，可以使人从中得到乐趣，振奋精神。国内的研究资料表明，以有氧代谢为标准的中距离和长距离慢速跑、变速跑能够松弛紧张的情绪；集体项目，如球类活动，可以通过培养良好的协作精神和团队意识来抑制焦虑；健美操、有氧韵律操等对缓解焦虑有明显的作用。另外，麦克曼（Mclman）等人的研究表明，经常参加身体锻炼者的状态焦虑、抑郁、紧张和心理紊乱等消极的心理变量水平明显低于不参加身体锻炼者，而愉快等积极的心理变量水平则明显要高一些。

3. 促进高校校园文化的建设及发展

高校校园文化是以学生和教师为主体，以各种文化体育活动为主要内容，以校园为主要空间，以校园精神为主要特征的一种群体文化，它主要包括：以青年学生为代表的文化观念以及由此所规范的学生特有的思维特征、行为特征和方式；师生课余生活中一切以群体形式出现的文化体育活动，如诗社、棋牌俱乐部、文学社、武术、球类等社团活动，其中最能体现校园文化本质内容的是校园风气或校园精神。校园文化建设是学校育人工作的重要一环，它能促进整个学校的教育思想、教育管理、教育方法的变革，对于引导学生坚定正确的政治方向，提高思想道德素质，开发智力，增进身心健康，丰富文化生活，帮助他们树立和形成良好的审美观以及和谐的人际关系，促使学生产生积极的情感和创造意识，促进学生全面成才具有重大的意义。

目前国外高校体育文化建设普遍搞得较好，这与其发展时间较长有较大关系。日本在战后经过三次课程改革，特别是进入 20 世纪 90 年代，“快乐体育”

“生涯体育”备受推崇，再加上高校体育俱乐部的蓬勃发展，其高校体育文化建设取得了长足发展。有以下几个原则：遵守体育比赛规则、竭尽全力进行训练、团队合作与配合、尊敬他人（礼仪等）。日本大学有六种体育表彰制度：国际体育运动奖（代表日本参加国际比赛的个人或团体）、体育运动优秀奖（参加全日本比赛并且取得优秀成绩的个人或团体）、体育运动奖励奖（至少是华北或华南地区以上级别的比赛中取得优秀成绩的个人或团体）、体育运动贡献奖（对地区、学校体育俱乐部做出特别贡献的个人或团体）、体育特长生免考入学制度（其中笔试免考，直接进入技能和面试）、体育奖学金制度（对取得一定成绩的学生给予相应的奖金，额度各大学自定）。

在德国，体育活动可是愉快、乐趣的同义词，公众参与体育活动非常普遍，每三个人中就有一个体育俱乐部成员，在这样浓厚的体育氛围的影响下，德国高校的体育文化建设搞得相当出色，几乎每个大学生都加入了体育俱乐部。高校体育与俱乐部关系密切成了德国高校体育的一大特色。德国大学生生活中不能缺少体育，娱乐中离不开体育，健美中需要体育，消费中也少不了体育，体育是竞争、完善个性、体现人的价值的重要途径，是增加健康、预防疾病、消除紧张和建立友情的重要手段。高校大可借鉴先进经验，取其精华去其糟粕，促进高校校园文化的建设及发展。

三、践行案例：“阳光体育”背景下的高校校园体育文化

阳光体育指的是让学生在体育运动中体验到参与、理解、掌握以及创新运动的乐趣，从而激发学生参加运动的自觉性和主动性。在尊重学生在体育运动中的主体地位的同时，重视激发学生对体育运动的兴趣，并认为体育教学过程本身就是快乐、有吸引力的。

（一）阳光体育运动开展的背景

长期以来，学校的教育受到学科中心论的影响，学校的教育基本上围绕着以学科为中心、以课本为中心、以教师为中心的旧思想，严重地束缚了学生的思想，阻碍了学生创造力的发挥，严重影响了学生的身心健康，违背了体育课程标准“健康第一”的教育理念。

（二）阳光体育运动的内涵

1. 阳光体育的实质是素质教育

阳光体育的实施必定促进素质教育的顺利开展，而素质教育的实施为阳光

体育的开展提供了很大的平台，两者在一定程度上是相互促进的。素质教育在一定程度上要求学生摆脱课堂题海的束缚，使学生的身心得以充分的放松，要用多种形式的教学方式代替以往的题海战术，这其中就要求学生摆脱课本，多参加体育锻炼，要求学生每天都必须有一小时以上的活动时间。当然素质教育不仅仅是使学生参加体育锻炼，它是全面发展教育，就是要促进人的智力和体力充分自由地、主动活泼地发展，就是要促进人的各方面才能和兴趣、特长和谐统一地发展。同时包括人的道德水平、审美情操的发展。素质教育同样把教育工作的重点放在促进人的全面发展和综合素质的提高上，素质教育是对全面发展教育的完善。

这其中阳光体育进学校，成为素质教育的突破口，阳光体育的实施，关注的是学生身心健康的全面发展，其开展形式是多样化的，让学生在运动中享受阳光、体验参与，这不仅仅局限于平时的课堂教学，而是不限形式的多种体育运动，其更加注重学生参与的广泛性、时效性，而且它的开展和实施不受场地的制约，使学生的“要你参与”变成“我要参与”，形成一种人人参与的良好氛围，在锻炼中增加了凝聚力，同学之间的团结协作精神大大增加，学生的身心得到充分的放松，从而学习效率大大提高。由此可见阳光体育的实施，成为学校素质教育的一大突破口。两者的实施在一定程度上是相互促进的。

2. 阳光体育以学校体育为主阵地

阳光体育的实施形式是多样化的，而现在的学校体育还是仅局限于《体育与健康课程标准》中的教学内容，而且传统学校体育的教学容易形成“放羊式教学”的恶性循环，阳光体育从某种程度上来讲也是“放羊式教学”的缩影，但是它提倡的是人人都参与、都运动的“放羊式教学”，所以阳光体育的实施使学校体育改革有了更明确的目标。我们所谓的好的体育教学不再是大家都参与同一种活动，而是不受场地、空间限制的人都参与自己所喜欢的多种形式的体育活动，而且还有了充足的时间保证，让学生真正“玩个够”。阳光体育所关注的是学生的参与性，学生的参与性广泛了，很多平时不愿意活动、专业素质好的学生就会脱颖而出，这也会给学校体育的专业队选拔人才带来很多的机会。学生在参与的过程中，锻炼了自己的思想品质，养成了吃苦耐劳的精神，培养了团结协作的精神，这正是学校体育所提倡的。阳光体育注重的是学生参与的广泛性，这不仅仅是学生的参与，也会带动老师的参与，师生在互动的活动中加强了交流，增进了感情，从而为创建良好的师生关系搭建了很好的平台。

3. 阳光体育为终身体育奠定基础

终身体育是90年代以来在体育的改革和发展中提出的一个新概念。终身体育，是指一个人终身进行身体锻炼和接受体育教育。终身体育的含义包括两个方面的内容：一是指人从生命开始至生命结束中学习与参加身体锻炼，使终身有明确的目的性，使体育成为一生中始终不可缺少的重要内容；二是在终身体育思想的指导下，以体育的体系化、整体化为目标，为人在不同时期、不同生活领域中提供参加体育活动机会的实践过程。简言之，终身体育就是终身锻炼。阳光体育所提倡的是全员参与、有足够的时间作保证的体育活动，因此它的出现在很大程度上使学生们参加运动和掌握运动技能有了足够的时间保障。学生们在参与的过程中得到了快乐、释放了身心、锻炼了身体、养成了习惯。任何一种行为都需要兴趣的指引，在运动中得到快乐，在快乐中锻炼身体，在参与中学会了运动技能。锻炼习惯的养成为终身体育的发展奠定了良好的基础。

4. 阳光体育强健现代学生的体质

阳光体育的指导思想就是全员参与、师生互动。运动过程中不仅增进了友谊，学生还会在潜移默化的运动参与过程中增强自己的体质。随着现代生活水平的提高，餐饮的多样化和学生饮食的单一化形成了明显的对比，生活质量提高，运动时间减少，网络游戏成了运动的替代品，学生的运动时间大大减少，肥胖学生成了校园的一道“亮丽的景观”，因此学生的体质也会在慢慢地减退。阳光体育的实施，使学生有了足够的时间参与运动，而且随着时间的推移，学生们也会在运动中找到参与的快乐，习惯成自然，随着运动时间的增加，学生们的体质就会在运动中慢慢地得到改善。

（三）阳光体育运动有效开展的条件

1. 阳光体育课是阳光体育开展的基石

在阳光体育开展得轰轰烈烈的时候，体育课是一切学习与活动的原动力，也是基本的理论基础。只有在体育课上，将基本运动技能、基本技术讲到了，让学生有了乐趣的体验，激发了学生进一步对健康的根本追求，让学生从心里喜欢上运动，热爱健康，热爱生命，才能使学生更积极主动地投入其他活动之中。教师的教不能代替学生的学，学生是学习的主人，激发他们学习的求知欲望，教给学生学习的方法，开发学生的智力，促使学生能积极主动地开展学习，使课堂教学真正成为师生共同参与、共同研讨的教学过程，从而促使学生整体素质的提高，这是我们每个教学工作者共同追求的目标。只有抓好最基本的体育课，让学生真正热爱体育，真正参与到体育活动中来，才能使学生体会到体育活动的真正乐趣，让学生感受到健康的重要性。

2. 兴趣是阳光体育全面开展的导火线

浓厚的学习兴趣能调动学生的学习积极性，促使其大脑处于高度兴奋的状态，形成获取知识、探究未知的最佳心态，进一步激发学生的积极性，兴趣是促使学生主动参与运动的前提。兴趣的激发和培养可以使学生积极主动地参与到体育运动中来，这种快乐的情绪可以进行延续甚至是感染，使学生不管是在体育课堂上还是在课间或课外活动中都能充分地发挥个人的主观能动性，积极地开展阳光体育活动。

3. 阳光教师是阳光体育运动的传播者

阳光的教育成就学生的全面发展。阳光教师是使阳光体育运动广泛开展的传播者。阳光教师能用自己积极、乐观的生活态度去感染学生，用爱心为学生构建阳光的班级氛围，让孩子们能健康快乐地成长。阳光教师会教育学生用美好的心灵看待世界，用顽强的意志面对挫折，用积极的态度面对生活，鼓励学生积极参与学校的各类体育活动，即使在忙碌的时候仍要坚持体育运动，保持身体健康，这些活动为学生成为社会所需要的综合性的人才打下了基础。

4. 学校、家庭、社会的有效结合使阳光体育运动得到深化

对于一个学生的成长而言，简单的个体主动参与和学校的教育，只是其中的一部分，家庭、社会的支持也起到了重要的作用。只有把它们三者有效地结合起来，才能使阳光体育运动更好地开展。要想使体育运动得到开展，就必须得到家长的支持。由于受我国长时间的旧教育体制以及升学压力的影响，家长只知道让孩子学习好语数外，忽视了学生的健康以及全面发展。教师就有义务对家长进行教育指导，使其转变观念，关注学生的全面发展，积极配合学校开展阳光体育活动。学生得到了家校的共同支持，就有更多的自由支配时间来进行体育运动。社会的支持很重要。媒体的正面宣传和导向可以使学生、家长、社会对开展阳光体育运动有一个正确认识，也在提高学生锻炼兴趣的因素中起到催化剂的作用。例如：我国 2008 年承办奥运会，使全民对体育有了更多的了解，在这样的氛围中，学生对体育锻炼的兴趣自然就得到了提高。

（四）如何开展好学校的“阳光体育”

1. 对阳光体育运动的认识

把开展阳光体育活动作为教学常规，学校要组织各部门认真学习《教育

部关于学习贯彻中共中央国务院关于加强青少年体育增强青少年体质的意见》《教育部国家体育总局共青团中央关于开展全国亿万学生阳光体育运动的通知》文件，进一步提高认识，转变观念，从根本上认识到提高学生健康水平的重要性，特别要注重对学生的健康教育，使学生在思想上正确认识到健康的重要性，培养他们自觉参加体育锻炼的意识。

2. 对阳光体育运动的大力宣传和推广

体育本身是一种文化，更是一种精神。因此要加大学校体育工作的宣传力度，营造有利于学校实施素质教育，开展阳光体育活动的氛围。要制订详细的宣传计划，学校要充分利用校园广播室、宣传栏、报栏、电子阅览室等各种宣传途径，开设专栏，大力宣传阳光体育运动，广泛传播健康的思想理念，使“每天锻炼1小时，健康工作50年，幸福生活一辈子”的健康理念深入人心，唤起全校师生对健康的关注、对“阳光体育运动”的关注，引导广大学生自觉走向操场，走到阳光下，走到大自然中，感受“阳光体育运动的魅力”，要特别注意宣传参加“阳光体育运动”的先进个人和先进集体，以他们为榜样，带动更多的学生和班级参与到阳光体育活动中。

3. 阳光体育运动以体育课教学为基本平台，以课外活动为保证

学校在继续执行国家关于每周2～4节体育课的规定的基础上，做好体育课的教学常规工作，开展好体育教学活动，更新教学理念，实施新课改方案。同时，还要进行丰富多彩的课外活动，譬如，25～30分钟的大课间活动、运动会、校园健身操、跳长绳、篮球联赛、乒乓球赛、拔河比赛等。利用这些大型的课外活动，培养学生的运动健身理念，激发他们的户外活动和体育锻炼的兴趣，体育教研组、各班级制定出计划，争取做到“人人有项目，班班有安排，月月有比赛”，从而使更多的学生加入阳光体育运动中来。

4. 合理安排好课外活动时间

①每天组织住校生早锻炼，以班级为单位跑操，建议走读生每天走或跑步上下学。

②每天上午组织一次课间操，要求跑步进退场。

③每个年级每周2～4节体育课，各年级每周2节课外活动。活动课时间要科学安排，与当天体育课错开。

5. 开展阳光体育运动的标准

这次会议明确表明，开展阳光体育运动要以全面实施《学生体质健康标准》

为基础，建立和完善《学生体质健康标准》测试结果记录体系，测试成绩要记入小学生成长记录或学生素质报告书中，初中以上学生要记入学生档案，并作为毕业、升学的重要依据。这样的体育、这样的阳光，不管在表面上，还是在实质上，都是会让学生、家长、老师更加放心、更加肯定吧。

6. 阳光体育运动必须做好安全教育工作

体育活动的目的就是促进健康、增强体质，如果在活动中发生了伤害事故，就违背了体育锻炼的宗旨，因此在组织学生活动的过程中应十分注意安全。

①要经常检查场地、器材，发现不安全因素要及时采取措施。检查场地和跑道是否平整无坚硬杂物，单、双杠，组合器械是否牢固等。

②要教育学生遵守运动安全的要求，加强自我安全保护，锻炼时要穿运动鞋，禁止将别针、小刀等尖锐锋利物品放在衣服口袋里，以免发生伤害事故。

③要做好准备活动和整理运动。准备活动可以提高人大脑皮层神经细胞的兴奋性，协调各器官系统的工作，为参加剧烈运动做好准备；活动结束时，应组织学生做好整理、放松运动，这可使人恢复平静，消除疲劳，使紧张的人体机能放松。

总之，开展这项活动，是一个系统工程，要求学生、家长、教师、社会的协调配合，学校统一安排，力争为学生的健康成长和社会主义现代化建设创造一个平台。

第三节　高校体育文化的结构与内容

近年来高校校园文化研究与建设热潮日益高涨，这源于高校进入自主发展、自我发展的新阶段后，在市场经济、全球化、信息化、环境化与可持续发展的背景下，从文化发展方面对学校进行自主特色定位。但是，由于文化概念的广泛性，大家对校园体育文化存在众多不同的理解，特别是不加区分地罗列校园体育文化的层次和校园体育文化现象，这既无助于认识深化，也给校园体育文化建设的具体实践带来操作上的困难。因为现实的校园体育文化是开放的、立体的、丰富多彩的，我们必须按照校园体育文化结构要素间的内在逻辑关系，从不同的视角加以考察，并立体地把握校园体育文化，才能认识校园体育文化层次结构的基本原则。

一、校园体育文化主体形态的层次结构

人是校园体育文化的主体，同时也是其主要载体，是活力最强的校园体育文化的构成要素。校园体育文化的构建应首先着眼于人，它的核心问题是人力资源的开发、管理和利用，它既包括校园成员的体育文化水平、体育道德、体育观念、体育态度、语言艺术、体育教师的业务能力、科学化训练水平、学生的运动水平、运动成绩、健身水平、服饰内容和体育运动中的人际关系等素质的教育与培训、体育作风的培养、主体体育精神的树立与发挥，也包括学校体育精神的宣传、灌输和渗透，更包括了充分发挥以名师名生为代表的群体在校园体育文化建设中的主体作用、榜样作用和示范作用，充分给予他们在教学、科研、训练、健身过程中展示个人魅力的机会和时空。校园体育文化的形成、发展和特色的定型根本上是主体的结果，是高校全体师生员工共同的主观追求、设计与创新。但是由于学校内不同群体的身份、角色不同，因此从主体方面来考察，校园体育文化客观上存在干部体育文化、教师体育文化、学生体育文化三个层次。学生体育文化是校园体育文化的最表面、最活跃的层次，教师体育文化处在稳定的中间层，是校园体育文化的主导方面，干部体育文化以学校决策管理层为代表，是校园体育文化整体自觉发展、主动创新的重要动力。

（一）干部体育文化

干部体育文化的主体主要是学校的决策层、高校二级管理单位的领导集体以及系部的领导集体。他们的办学理念和教育思想，以及能否目光敏锐地站在时代潮流的前沿，通常是学校发展的决定因素，对校园体育文化的形成与传播产生了巨大的影响。正如有学者指出，一个好领导等于一所好学校。学校领导集体对校园体育文化有预见的倡导和长期培育是形成特色鲜明的校园体育文化的重要源泉，他们对各种社会文化思潮的态度，会极大地左右学校跨文化交流的方式与内容，影响校园体育文化在继承民族传统体育、吸收世界体育文明及创新方面的进程。学校领导集体尤其担负着学校政治文化、道德文化与健康文化建设的重要责任，在代表先进体育文化的发展方向、管理宽度上应做出更多的努力。

（二）教师体育文化

教师体育文化的主体是高校的教师、科研人员、职工以及离退休人员。他们是一所高校社会地位和声誉的决定因素，也是教学、科研、训练、健身和社会服务的主角，更是体育文化的主导力量。一方面，教师的体育思想道德、体

育文化修养、学术抱负及生活态度，一言一行无不对大学生产生着深远的影响；另一方面，教师在教学、科研、训练、健身和社会服务中的活动，也影响着学校领导层的决策，校园体育文化活动应充分发挥教师的文化主体作用。目前教师在校园体育文化建设中的主导作用还没有被普遍自觉地重视，退休教职工和其他职工的体育文化潜力更未得到重视，而他们又是积极进行健身活动的主力军。

（三）学生体育文化

学生体育文化的主体是学校各办学层次的所有学生。学生在学校的主要任务是在教师、科研人员、管理人员和退休人员的指导和影响下，通过学习获取知识、运动技能与健身方法，提高身心素养。在教师的指导和影响下形成、发展和传播，是学生体育文化的一个重要特点。学生体育文化是最丰富多彩和形式多样的，它表现在教学、科研、社团、文艺、俱乐部、课外活动、娱乐活动、野外活动、健身活动、社会实践活动、体育文化节、体育周、体育比赛、运动队训练、讲座、竞赛、讨论、宣传、演讲、网络、多媒体等学校的一切方面。正因为学生体育文化的表现人多面广，因此很多人就把校园体育文化局限在学生体育文化层次上。由于大学生思想观念中固有的东西少，较少条条框框的束缚，容易接受新东西、新思维、新事物、新观念，同时他们也往往是各种文化传播的重点对象，所以学生体育文化经常是高校跨文化交流的最前沿和最活跃的部分，并成为校园体育文化中文化冲突乃至社会政治冲突的焦点。

二、校园体育文化质态层次结构

（一）校园体育精神文化

从生命哲学的视野看，只有精神活动才是人的生命活动的最高形式，因而也只有精神文化才真正表现出文化的生命特征。学校文化本质上是学生进行生命交流的过程，而不是孤立存在的运动过程。校园体育精神文化是在校园中由师生长期创造的一种特定的精神财富和文化氛围。它主要以体育思想观念体系和价值体系表现出来。精神文化包括身体观、健康观、运动观、体育观、审美观、道德观、人际关系、体育意识、体育思想观念、价值取向、实践能力等，从深层影响着全体师生员工的思想、理想、信仰、意志、态度、情感及行为，具有深刻的哲理内涵和浓浓的人情味，要创设那种潜伏、弥漫、浸染于整个校园并体现学校深层目的的精神氛围，来养成全体师生员工具有持久效应的思维、态度、情感及行为方式。校园体育精神文化是赋予学校以生命、活力并反映学校体育历史传统、办学特色、体育精神风貌的一种学校体育精神形态，每一所学校都有自己的校园体育文化，但并不一定每一所学校都形成或凝聚起自己独具特色的学校体育精神。学校体育精神是校园体育文化的核心和灵魂，这强大的影响力、感染力渗透在学校体育的方方面面，就成为凝聚全体师生员工的精神动力。体育传统的形成与保持源于校方及体育教师的重视提倡和悉心指导，其思想根源在于教育者“健全人格”的教育思想和忧国忧民的爱国之心。

（二）校园体育艺术文化

1. 体育艺术文化的内涵

体育艺术文化既不同于体育物质文化，也不同于体育精神文化，它处于二者中间。在历史文化发展的长河中，体育与艺术在各自的发展中相互间不断地靠近、接近与汇合，出现了一个体育与艺术相互渗透的广阔领域。苏联学者莫·卡冈说：“在最远古代时代体育运动对艺术文化的影响仅限于舞蹈的范围内，再晚些时候体育运动——艺术的混合性成了杂技艺术的基础。现在体育运动和艺术文化的影响愈益广泛和多样。这也是可以理解的——因为在我们今天，体育运动取得了这样的群众性，这样牢牢地进入了每个人的日常生活——作为早操、生产操、中学和高等学校里的体育课，群众体育团体的工作形式，最后还以在露天或卫视转播节目中观看的表演形式进入每个人的日常生活。当然体育技术同物质生产技术一起要求当代艺术掌握它的资源，以使艺术语言尽可能与当代人的世界观相符。由此产生了这种新的——而且在短时间内成为如此普及的——艺术品种，如艺术体操、花样滑冰、冰上芭蕾、花样游泳、群众体育检阅节。”因此有学者曾预言，未来体育的发展将走向艺术体育。苏珊·朗格曾指出：当今艺术的边界已变得越来越模糊，连体育也有重返艺术的迹象。已退休的前国际奥委会主席萨马兰奇曾经说过：“我们把体育与艺术看作一回事，艺术和体育就是我们奥林匹克的定义。”今天人们观赏不同形式的体育比赛，运动者的优美动作既可作为“流动的艺术品”供人视觉观赏，在他们的动作中表现出来的拼搏进取、公平竞争、即兴创新动作等又作为“物质中的思维”和爱国主义与个性的张扬联系起来。他们这种具有双重意义的表演难以用其他符号表达，故它应该隶属于体育艺术文化体系。

2. 体育艺术文化的主要内容

校园体育艺术文化主要包括以下内容：①体育绘画；②体育雕塑；③体育建筑艺术；④体育表演艺术；⑤体育欣赏。

体育表演艺术——体育表演有两种含义：一是在校园体育活动中通过体育动作表现自己的美，提高对美的表现把握能力，它是美育的重要内容。二是观看别人表演，提高自己欣赏美的水平。体育欣赏——观赏体育比赛是陶冶学生情操，培养学生对体育活动的热情的重要内容。这些比赛所表现出来的高超运动技巧和拼搏精神特别适合发泄观众的感情，这是任何表演都难以达到的。学生在从事体育活动时，有时会产生一种“尽善尽美”的追求，这和艺术的追求是很相似的，从体育中产生的“身心一致”“天人合一”“返璞归真”“融于自然”等体验具有精神体验和身体体验难以侵害的特点。

现代生活中体育与艺术或艺术与体育的广泛融合现象，是体育游离实用中心向着艺术逐渐推移，艺术游离审美中心向着生活实践领域（包括体育运动）逐渐推移，双向互动，动态生成的结果，是文化发展史内部方向相对、作用不同的两种历史性律动形式相辅相成的结果。

（三）校园体育制度文化

校园体育制度文化主要指以文字形态表达学校体育的规章制度及固定的体制所体现的文化，如学校制定的体育章程、条例、规定、办法、公约、实施细则等制度以及办学目标、校训、教风、学风等，它们保证学校秩序的正常运行，规范着学校成员的行为、态度和作风，倡导与校园体育精神文化的价值观、健康观、审美观一致的学校体育风气，是体育精神文化在学校各个方面管理上的体现。先进的校园体育文化精神如果不能通过一定的制度及相应的机制表达出来，就难以转化成客观的体育文化存在，形成不了新的体育文化风尚，就起不到推动校园体育文化进步的作用。当新的校园体育精神文化转化到了制度上时，既标志着先进的校园体育精神文化的有效传播，又标志着校园体育文化创新的落实。一所高校包括体育制度创新在内的体育教育创新，本质上是体育文化创新。当前，经济发展和社会进步已极大地改变了当代高校师生的价值观念、健康观念，相对来说高校现行的部分体育规章制度还落后于时代前进的脚步，成为阻碍高校体育发展、影响人才培养质量的最大因素。在当前的高校体育改革中，制度创新是推动高校体育发展、建设高校校园体育文化的途径。同时，体育制度创新是体育创新的重要内容，正如江泽民同志在北师大百年校庆的讲话中指出的：“进行教育创新，关键是通过深化改革不断健全和完善与社会主义建设要求相适应的教育体制。”没有不断的体育制度创新就不会有体育体制改革的真正深化。

（四）校园体育物质文化

校园体育物质文化以实物形态表现出来，主要指学校的体育建筑、生活设施、校园教学环境、自然生态环境等。人生活在一定的自然环境中，总是力图对自己周围的环境客体做全面认识和综合解释，这就是环境知觉。在环境知觉的指导下，人在空间中进行各种各样的身体活动，空间慢慢地与各种各样的身体活动发生联系，产生了意义。人出于对自然、社会和人自身的理解，对分化的空间做出自觉的安排和使用，这就是空间设计。空间设计的直接结果就是形成各种各样的体育物质文化。它们既是校园体育文化活动的物质保障，又在一定程度上制约校园体育文化的规模甚至质量。体育物质文化处于精神文化、制度文化的外层，一方面是因为在校园的整体布局、校园建筑结构风格、校园自然生态环境等物质建设上，积淀着师生的审美价值；另一方面是是否自觉接受先进体育精神文化的指导，校园体育物质形态上所承载的体育文化含义是有很大不同的。在校园的体育物质设施建设上，通常凝聚了一定时代学校全体师生的体育文化思考，是最直观区别高校有无体育文化内涵的特征之一。优秀的校园体育物质文化是丰富和升华校园体育文化生活，表现一所学校的独特气质和风格以及良好的社会形象不可缺少的内容，反之，不重视校园体育物质文化，不仅影响体育教学、科研、训练、健身活动的开展，而且不利于人素质的全面发展和终身体育的养成。因此著名学府都非常重视学校体育建筑风格、整体布局和校园生态环境的建设。

校园体育物质文化是一种特殊的物质文化形态，其独特之处就在于校园是专门的育人场所，育人的意向性要求是其本身包容丰富的教育意义与教育价值。校园体育物质文化积淀着历史、传统、体育文化和社会价值，蕴含着巨大的潜在体育教育意义。学生不仅通过体育物质文化掌握一定群体的环境知觉，而且同时从体育物质文化中领会特定体育文化的空间设计，态度、情感、健康观和价值观受到潜移默化的影响。

（五）校园体育行为文化

校园体育行为文化包括校园内人们的日常言行和开展的教学性、学术性健身活动，娱乐性活动，体育消费，体育时间和空间利用等。校园体育行为文化主要通过师生的身体活动形态表现出来，是学校日常生活中人们最经常表达情感、态度，最直接感受的活的体育文化形态，它与上述4个层次的校园体育文化有很大不同。相对于体育行为文化来说，上述4个层次的校园体育文化便有了资源性或环境性的作用，从内部支撑着校园体育行为文化，并形成高校跨文化交流的活跃“界面”。由于校园体育行为文化处于校园体育文化的外层，因此它比内层文化更具开放性、更加多元化与生活化。校园体育行为文化一方面要受支撑它的内层文化的影响和支配，另一方面又接受体育艺术文化和社会大众文化的影响，对内层文化有反作用，它总是在承受现在的内层文化的基础上又对内层体育文化有所改变。校园体育文化正是内外层文化这种承受与改变的交互活动过程的产物，不断在各层次间内在的矛盾运动中获得发展动力。

三、校园体育文化中职能形态的层次结构

在校园体育文化中文化信息的传递通常由于学校不同部门的分工而有了职能的特征，从而使文化渗透影响的方式出现差异。按照职能特征，校园体育文化可分为体育决策管理文化和体育教学、学术、训练、健身文化及体育生活娱乐文化三个层次。

（一）体育决策管理文化

体育决策管理文化是指学校体育决策与管理的理念，以及相应的制度、方式、结构、原则与行为等。不同理念、结构、制度、方式、原则与行为下形成的决策与管理，反映出来的体育价值观念与体育文化意义是完全不同的，对校园体育文化的形成、发展的结果也是完全不一样的。透过学校的决策与管理，人们可以清晰感受到一所学校体育文化的品位。因此从职能上来说，决策管理文化不仅是一个独立的校园体育文化层次，而且居于校园体育文化的中心枢纽地位。

（二）体育教学、学术、训练、健身文化

体育教学、学术、训练、健身文化是在教学、科研、训练与健身行为、结果和制度上积淀起来的文化。体育教学、学术、训练与健身是校园体育文化的主要内容，也是高校体育文化区别于其他文化的重要特征。体育教学、学术、训练与健身是校园体育文化的关键层次和建设主题，良好的体育教学、学术、训练与健身文化对于高校提高办学层次、办学水平与保证办学质量都是必要的条件之一。当体育教师视自己的学术生命为第一要务时，学术抱负就转化为强大的体育精神动力，求真敬业的良好教风、训练作风与健康第一的形成自然水到渠成；当创新教育蔚然成风时，杰出人才的出现就只是一个时间问题。良好

的学术文化同样是大学生学习创新，提高素质，建设良好学风、考风与健身风的强大精神动力。不同高校或同一学校的不同学院、课程，教学学术、训练与健身都有自己显著的特色，科技文化与人文文化各有侧重。但是体育教学、学术、训练与健身文化是共同具有的，体育文化与科技文化、人文文化构成校园文化整体。

（三）体育生活娱乐文化

体育日常生活娱乐文化是工作学习之外，在全体师生员工的生活方式与闲暇娱乐活动中表现出来的体育文化现象。按赫勒的理解，所谓日常生活，是“指同时使社会再生产成为可能的个体再生产要素的集合”，日常生活从生命价值的确证和维护、以主体间的交往行动摒弃对人的工具性规定、参与并担保文化的延续、使个体不断融入这个世界并获得对世界的认同感等方面展示了其积极的意义。体育文化以其强大的渗透力作用于人的生活价值观。体育是生活的符号，身体运动积淀着文化。1978 年联合国教科文组织颁布的《体育运动国际宪章》中指出，体育是提高生活质量的手段。它处在学校主流文化的外层，与体育决策管理文化，体育教学、学术、训练与健身文化既有相关性，相互间的作用又是十分紧密的。这是学校中最广泛存在的一种体育文化形式，表现在各种有组织或自发的活动之中，有很大的随意性、松散性。校园体育生活娱乐文化、大众文化与艺术文化的相关内容有重合与交叉之处，但又有着自身的特点。

高校作为最高层次的教育单位，高级知识分子相对集中、传播媒介比较完备、文化层次普遍较高已成为它的三大特征。由于处于社会文化潮流的前沿，学校成员对各种社会现象、体育现象、思潮、社会风云比较敏感，表现出明显的关照。对科学技术和社会进步，一般具有趋善求美的理性的自觉性。同时，高校担负着人才培养与知识、技能、制度创新的社会职能，体育教学、科研、训练与健身是主要的工作方式，学校体育都要围绕教学、科研、训练与健身来运作，这种独特的工作方式会给师生员工的体育思想和行为方式留下深刻的烙印，从而使高校的校园体育文化显示自身的特殊性，即学术性。以学术性为特色的校园体育文化必定尊重自然科学、社会科学、人文科学、体育科学、生命科学与生态科学，崇尚科学精神与人文精神的结合，因此，科学性是校园体育文化不能脱离的本质特征。并且学术性活动要求尊重民主，强调“百花齐放，百家争鸣”，鼓励兼容并蓄，主张开放多元的学术环境，因此民主性是校园体育文化不能缺少的又一个本质特征。

四、高校体育文化的特征与构成要素

高校校园体育文化是以一定的社会政治、经济、教育、文化、体育等条件为基础，以高校师生员工为主体，由高校的体育环境和学生的需求相融合形成的。高校校园体育文化是具有高校校园特色和健康生活气氛的一种大众文化，具有较高的层次和品位，它集健身、消遣、娱乐、传播文化等功能于一身，是大学生文化生活中的一项重要内容，具有如下七个主要特征。

（一）健身性

高校体育是通过人体运动的方式进行的，因此，健身性是高校校园体育文化的最本质特点之一。在高校体育活动中，无论是体育课还是课外活动，无论是传播运动技术还是讲授健身知识，都是为了增强体质，增进心理健康，因此，高校校园体育文化有很强的健身性。通过体育文化活动，可以使参与者获得身体机理的健康，更重要的是让参与者获得自主性、独立性、勇于挑战的精神和勇敢顽强的意志品质，以及公正的态度、集体协作的精神、开朗活泼的性格，进而使个体健康而全面发展，并具有更加积极的个人性格与心理素质，成为一个真正的全方位的自我和谐的人。

（二）竞争性

竞争性是体育的灵魂，没有竞争就没有超越，就没有创新和发展。体育的竞争是指在运动场上，两个以上的个人或集体在统一规则下，争夺统一目标的活动，先得者为胜，不得者为败。它不仅比身体、比技术、比经验，而且比思想、比意志、比作风和拼搏精神，是一种全面的抗衡和竞争，对参加者的各个方面都是一种严峻的考验。从某种意义上说，竞技体育是人类竞争的典范。适者生存是在自然界和人类社会已被广泛证明的真理，要适应未来社会的需要，就必须学会竞争，并在竞争中取胜。高校体育文化活动让师生在竞赛中较量体力、智力、心理，在公正、准确、平等的基础上展开拼搏，体味到竞争的剧烈性和残酷性，增强竞争意识，在激烈的竞争中学会运用技术和技巧，充分发挥自己的聪明才智，战胜对手，战胜自我和超越自我。

（三）互动性

校园体育文化是典型的开放系统，它与外界的信息交流十分频繁，不仅具有青年文化的特点，同时又时刻反映着社会文化的变迁，并不断地吸收和表现社会时尚的体育文化特征，反映社会体育知识、体育科技、体育经济等方面的最新变化。高校校园体育文化环境是由学校与学校、系与系、学校与社会等一个个体育文化圈组成的，没有这些体育文化圈，就没有高校校园体育文化。作为高等院校的教师和学生，尽管他们有一定的独立性，但是人与人之间需要沟通和交流，院系与专业之间也需要互相协调和合作。

（四）教育性

现代教育强调终身教育，终身体育作为一种新思想，是受终身教育思想的影响，随着社会经济的发展、体育功能的完善和人们生活观念、行为的变化而产生的。当代社会人们对体育的需求日益高涨；科学锻炼、终身受益已形成一股社会体育的新潮流。因此，高校校园体育文化应以终身体育为主线，以大学生终身受益为出发点，立足现在，着眼未来，将大学生的个体行为纳入终身体育行为，拓宽高校体育培养目标的内涵，在培养学生个体行为的基础上发展体育特长，使学生掌握体育锻炼的知识技能，培养和提高学生的体育能力，养成经常参加体育锻炼的习惯。还有就是通过各类校园体育文化活动的示范和教育，参与者能学会各种卫生保健知识，培养和提高其在运动时的自我保护的保健能力。

（五）娱乐性

现代奥林匹克运动会创始人顾拜旦在他的《体育颂》中这样写道："体育，你就是乐趣，想起你，内心充满欢喜，血液循环加剧，思路更加开阔，条理更加清晰，你使忧伤的人散心解闷，你可使快乐的人生活更加甜蜜。"这段名言道出了体育娱乐性的真谛。现代体育由于其技术的高难性、造型的艺术性、配合默契性和技术动作的直观性，很容易被广大人民群众接受，成为现代人闲暇生活的重要组成部分，起到丰富社会文化生活、满足人们精神生活需求的作用。同时，现代体育运动使健、力、美高度统一起来，和谐的旋律、明快的节奏、默契的配合，表现出抒情诗般的艺术造型，使人们在欣赏体育比赛时获得美的享受。

第五章　我国大学体育文化演变分析

第一节　研究分析框架

体育作为一种社会现象，它的发展必然受到社会整体发展的影响，同时作为社会的“缩影”，它又浓缩和反映了社会的变迁、社会关系、社会心理和社会行为的种种现状，能动地为社会的变革起到促进作用。当今，无论竞技体育还是社会体育的规模都在不断地扩大，涉及的领域与人员在不断增多，体育与社会的关系不断密切，体育已被认为是一种社会现象，而体育社会学是把体育运动作为一种微观的社会制度，分析它的内部结构和运行规律，使体育运动得到一个来自社会的参数，以促进体育事业的健康协调发展；把体育运动作为整个社会的组成部分，研究它在社会发展中的地位和价值，最终确定体育在社会大体系中的功能和作用，以及自身发展的格局和态势。

一、研究时段划分与研究方法

（一）体育与社会关系及体育管理体制的研究

体育社会学作为社会学的一个分支学科，可以向人们提供关于社会特别是体育社会的基础知识，使人们了解体育存在和发展的社会意义；可以向人们提供与体育的性质、经营管理有关的基础知识；可以说明体育与政治、经济的相互作用；可以研究如何通过体育去促进人民生活质量的提高；可以揭露体育中的社会问题，提出解决方法；可以预测体育的发展趋势，为政府制定政策、法规，实施体育规划提供建议；可以探讨体育与奥林匹克、意识形态、科学技术、政治、经济、文化、传播媒介、宗教、社会问题等的关系；可以通过体育与社会的研究，寻求体育发展的社会基础，同时又直接或间接地促进社会的发展。

我国从20世纪50年代建立起来的体育体制是适应计划经济和高度集权的政治体制。随着我国经济的发展和逐步走向市场经济，随着我国文化教育事业的发展，随着我国与国际体育交流规模的扩大，旧的体制已不适应体育事业的发展，暴露出越来越多的问题，体育改革已成为影响体育今后发展的一个重大课题。卢元镇、李卫东对中国20年来的体育改革进行了全面的社会学阐释，指出体育事业必须走社会化的道路，这是我国体育改革的一条根本出路，中国体育社会化的重要载体是体育社团，体育社团是适应市场经济的一种组织形态，未来的世纪中，体育社团将会充分发挥它的社会作用。在区域体育发展的格局上，要从各地区经济、文化、社会的实际出发，梯度推进，鼓励经济发达的地区率先进行体育现代化探索，同时要抓住西部大开发的有利时机，积极扶持中西部地区。经济水平的提高为体育运动的发展提供了坚实的物质基础，同时体育又为当地的经济发展起到了很好的促进作用。

（二）体育大众传播媒介与竞技体育的研究

当代体育的发展是离不开大众传播媒体的支持的。大众传播媒介缩短了体育活动与社会成员之间的距离，加快了体育传播的速度，加大了体育运动的社会覆盖面，同时为社会提供了体育娱乐，改变了人们的生活方式。体育运动通过大众传播媒介吸引社会注意力，促进社会精神文明建设，大众传播媒介中的体育节目可以刺激体育消费，促进体育产业的发展。竞技体育更以大众传播媒介为生存的一个支撑点，因此我国体育社会学把体育与大众传媒的关系作为一个研究内容。竞技体育是体育运动的重要组成部分，也是体育文化发展的最高层次。竞技体育与社会保持着最密切的联系。许多社会现象都可以在竞技体育中产生，因此，体育社会学家常称竞技体育是社会的一个缩影。同时竞技体育对社会产生着深刻的反作用，成为社会不可缺少的一部分。现代竞技体育反映了市场竞技社会的人际关系，竞技体育的法制化、组织化是对社会生活的一种模拟。因此，体育社会学必须将竞技体育作为一个重要研究对象。

（三）体育产业及体育社会问题的研究

体育产业是新兴的并具有极大发展前途的，主要满足人们的精神文化、健身等需求的产业。在体育产业的开发上，要以体育为本，全面发展，努力发挥体育协会、体育博览会、体育基金会的作用，搞好体育市场，为扩大内需、拉动经济增长和对外开放注入新的动力。体育产业随着经济的发展而不断提高，是市场经济中不可缺少的基本组成部分。

从近年来国外体育社会学研究的成果来看，研究的主要热点包括体育与政治、经济、新闻媒体、生态环境的关系，体育全球化问题、体育组织的研究以及体育社会学发展趋势的研究。体育作为一种社会现象，它的发展必然要受到社会整体发展的影响。因此，整个社会和体育之间的相互作用是体育社会学中最时兴的研究中心。体育和政治之间的关系始终是国际体育界关心的一个问题，有的人主张体育与政治无关，提出“当你把一只脚跨进奥林匹克大门的时候，就把政治留在了门外”，而不少国外体育社会学研究者认为，体育与政治的关系是十分密切的，体育经常也为一个国家的政治服务，体现国家的意志，得到政府和国家领导人的关系和支持。体育与经济发展的关系是相辅相成的。体育的发展需要有经济作为基础，体育总是在经济的发展中而繁荣起来的。同时，体育的发展为社会创造了无限的商机，对世界经济的发展起到了推动作用。在现代社会中体育与经济的关系日益紧密，二者之间相互依存、相互促进。体育社会问题的存在是一种必然的社会现象，因为，体育运动是社会的一种缩影，大社会中的各种社会问题以不同的方式折射到体育这个小社会中来。体育社会问题除了具有社会问题的普遍性、变异性、复杂性、周期性和潜伏性外，还具有很高的公开性、多层面性和文化的局限性。我国的体育社会问题主要是体育队伍的文化素质、青少年的健康状况、体育场地等方面的问题。

目前，对体育组织的研究属于体育系统内部结构的研究，是国外体育社会学研究的一个重要领域。体育运动的开展离不开各种各样的体育组织，如体育队、运动队、体育俱乐部、体育协会、体育教育团体、体育联合会等。随着体育全球化的发展，以及大众体育的兴起，世界各国的体育组织结构发生了根本的变化，体育商业化和全球化使得对体育组织特性的研究变得越来越重要。在现代社会，在信息化时代，当今的报纸、杂志、广播、电视及互联网等媒介十分发达。大众传播媒介缩短了体育活动与社会成员之间的距离，加快了体育运动的传播速度，加大了体育运动的社会覆盖面，为社会提供了体育娱乐，改变了人们的生活方式。体育新闻的激烈性、广泛的群众性、强烈的国际性和紧迫的时间性使体育新闻具有重要的社会价值。体育与新闻媒体的关系越来越密切，这也引起了全球体育社会学者的兴趣，二者的频繁联系必然产生许多社会问题，从而引起体育社会学者的关注。全球体育运动的发展，促使各国建设大量的体育场馆设施。体育场馆设施的大量建成，对体育运动的发展无疑是十分有利的。然而，体育场馆设施的大量建成，也引起了一些人对生态环境的担忧。对体育与生态环境的评论也成为全球的一股浪潮。一些欧洲的研究者建议，体育场馆的建立要注重融合当地的文化特点，形成与当地文化和谐的人文景观，避免建造同一模式的、单调的体育场馆，破坏了文化生态的平衡。奥委会主席提出奥运场馆瘦身计划，其目的就是避免大量体育场馆的建立造成各国的经济负担，同时也为了保护各国的生态环境。

各国的社会制度、社会形态各不相同，体育的发展水平和管理体制也有差别，这使得体育社会学问题有共同的、相似的一面，也有不尽相同的地方。例如，球迷骚乱主要是发生在西欧国家的一种顽症。人们在创造竞技体育的同时，一种寄生于竞技体育，又腐朽着竞技体育的负面文化“兴奋剂”滋生着。滥用兴奋剂是对运动员誓言的背叛、对奥林匹克宪章的违逆，而且是对体育精神的公然践踏，以及对竞技体育的粗暴蹂躏。大批以商业谋利为目的的职业运动员、职业体育俱乐部的出现和发展，动摇着、改变着奥林匹克的业余原则。各种运动会上出现的大量的商业活动，给当今的各种运动会增加了许多商业气息。伴随着体育的商业化趋势，出现的就是运动员的高价转让、运动员出场费、体育赌博、运动员之间的明争暗斗等一系列问题。这些问题所造成的社会后果是体育社会工作者十分忧虑的问题。

在经济全球化的过程中，世界各国的体育文化交流也更加频繁。于是体育社会学的研究者们提出了体育全球化这一概念，并对这一问题进行了开创性的研究。近年来，一部分体育社会学家开始对体育全球化的必然性，体育全球化的概念，体育全球化的阶段划分，体育全球化的模式、形式与内容等问题进行研究，大多数研究是从增强世界性的交流的角度来探讨体育全球化的。当今社会随时都在发生变化，而且在不同时期有不同的变化内容和变化特征。因此，研究者将时刻把目光投向社会变化的前沿，及时捕捉社会变化的信息，探讨社会变化与体育运动发展的关系。

今天，世界的政治多极化、经济和文化的全球化，甚至互联网的普及、基因技术和纳米技术的应用，都会带来意想不到的问题。随着体育全球化的发展，合作研究是当今体育社会研究的一种趋势，只有加强合作，甚至多学科的研究者之间的合作，才能达到研究的目的。在世界经济日益全球化的今天，各国之间的体育文化交流越来越频繁，体育文化交流过程中产生的种种问题需要跨国合作研究。

因此，世界上越来越多的体育社会学研究者对跨国合作感兴趣。这种合作研究的方式是今后发展的一个趋势。

二、中外体育社会学学科进展分析比较

通过对不同国家、不同社会制度及体制的研究和比较，可以揭示各国体育

社会学研究的各种特征，对不同的文化、经济、国情、社会形态和不同的体育制度的比较，可以找出适合我国体育社会学发展的方向。通过对体育社会学的比较研究，可以开阔眼界、增长见识，了解国外体育社会学的发展状况，从中汲取国外体育社会学研究的成功经验和失败的教训，清醒地认识到我国体育社会学的现状，从实际出发发展我国的体育事业。

其一，我国体育社会学的学科还存在着研究队伍匮乏、有标志性的研究成果少、应用性较差的现象。体育管理体制将逐步形成社会化的社会体育组织网络，学习和借鉴国外发达国家的管理经验发展体育社会团体，是中国体育管理体制改革和发展的必然趋势。其二，对体育社会问题的研究，我国与西方国家不尽相同，中国的体育社会问题是体育队伍文化素质偏低，青少年体质健康状况较差，体育场馆利用率低，运动员后备力量缺乏等，而球迷骚乱问题是西方国家的顽症，是西方体育社会学关注的问题。其三，在现阶段我国体育社会学要根据本国的国情，建设具有中国特色的体育社会学理论体系，逐步完善和建立的体育社会学的理论体系要符合我国的国情，适合市场经济体制，符合国际体育社会学发展的潮流。其四，随着社会的发展、生产方式和生活方式的巨大变化，以及经济水平的提高和闲暇时间的增多，体育成为现代人调节生活节奏、改善健康状况、提高生活质量不可缺少的手段。我国推行全民健身计划，普遍增强国民体质。发达国家更注重这方面的研究，把从社会学的角度探讨如何组织开展闲暇时间的体育活动作为体育社会学的一个热点问题。其五，随着世界经济和科技的迅速发展，国外的一些体育社会学学者已经对体育全球化的概念、过程、阶段划分、模式、内容等进行研究，试图发现体育运动全球化对人们的思维定式和传统文化的影响，显示出全球化体育运动的价值、情感和理念。同时，世界上越来越多的体育社会学研究者对跨国研究感兴趣，合作研究方式是今后发展的一个趋势。

从以上的分析比较可以看出，我国与国外发达国家的体育社会学研究相比，由于社会制度、文化背景、宗教信仰等方面的不同，对体育社会学的研究也存在着一定的差异。在资本主义国家，人们相信，参加运动能够推动竞争性格的发展；在社会主义国家，人们相信，参加运动能够产生群体合作和追求特殊目标的责任感。即使政治或经济制度不同，但大多数国家的人们都有一种倾向，相信体育运动对人们的生活方式有良好的作用。我们研究体育社会学，是因为体育社会学会帮助我们更好地了解人类行为和人类行为在其中发挥的社会作用。体育是社会中的体育，运用社会学的理论和方法去探索体育领域中的问题，必将促进体育社会的学科建设、应用研究的进一步繁荣与发展。

第二节 各时期体育文化要素特征分析

一、体育价值取向特征分析

体育文化在1984年洛杉矶奥运会之后得到了飞速的发展，特别是奥运会的产业化的运营，使体育产业已突破传统意义上的体育内涵，形成一项生命力极强的新兴产业，被誉为新时代的“朝阳产业”，它正在成为全球经济新的增长点。体育产业在不断发展的同时，不同时期的历史解读和价值也有很大的差别，从新中国成立初期毛主席提出的“发展体育运动，增强人民体质”，到现在的竞技体育强国之梦，再到“后奥运时代”群众体育的蓬勃开展，人们对体育价值的理解和需求已经不局限于“强身健体”，在参加体育运动的同时，人们的价值观念、运动需求以及对体育的价值取向也逐渐趋于统一。

（一）价值取向与体育产业

虽然有很多人研究体育产业，但无论是学术界还是经营管理界，都未能给出明确的、统一的概念界定。韩月一认为，“体育产业是指从事不同运动项目的训练和比赛活动，以及专门为这些活动服务的企业的集合，不包括体育行业中的公益事业部分”。卢元镇认为，“体育产业指的是为社会提供体育产品的同一类经济部门的总和，这里指的体育产品包括体育用品与体育服务两个部分”。持类似观点的还有李建设，他认为“体育产业可以界定为利用体育自身功能及辐射作用创造价值的产业，是为社会提供体育产品（包括体育物质产品和体育服务产品）的同一类经济活动的集合和经济部门的总和”。丛湖平则认为，“以生产和提供体育服务和劳务产品的企业集合来界定体育产业，符合产业经济学和逻辑学原理”。体育产品是否包含体育实物产品、体育产业组织是否包括体育事业部门等非营利性组织，成为体育产业概念界定中的争议焦点。

对价值概念的定义，有几种不同的解读。有一部分人认为价值是客体对主体生存与发展的意义、作用和影响。但是用意义、作用和影响来定义体育的价值，不仅要考虑客观衡量标准，还要制定科学的认识尺度，不能损害长远利益以获得眼前利益，不能把社会的衡量标准替换成个人的评价尺度。另一部分人认为价值是客体满足主体的需要。人类除了在物质上的富足要求以外，重要的还在于精神上的追求。从时间角度来看，价值取向是随着社会的发展而不断地变化着的，它与以往和现存的价值观存在着紧密的联系，因而在和谐社会背景下，价值取向的构建一方面需要从传统中寻求资源和灵感，另一方面还需要借鉴西方价值取向的合理因素，不断改变传统的观念。体育价值取向是在特定的社会历史时期，社会个体对体育的需求和期望的总和，它代表了体育发展的总体方向。体育价值取向确立以后，其就具有了相对的独立性，对体育发展具有重要的指向作用。现代的体育价值取向逐渐摆脱了政治为主导的影响，从体育价值的“工具论”取向中脱离出来，回归到体育运动的内在要求，注重人自身发展的需要。因而，在和谐社会背景下，体育价值取向必然坚持“以人为本”的核心理念。

（二）价值取向为体育文化的发展奠定了理论基础

我国的体育价值理念植根于我国传统文化土壤中，传统体育价值取向以养生为核心，具有两个显著的特征：一是“天人合一”，这是我国传统文化的精髓所在。儒家的孔子强调“过犹不及”，朱熹主张“量度以取中，然后用之”。而道家思想家则主张“清静无为”，即追求回归自然。在儒道两大传统思想的影响下，我国传统体育强调运动的节制性，即“不当使极，觉劳即至”，它强调体育运动应该“纯任自然，毫不用力”，“头脑空白，意守丹田，听其自然”。二是神形兼备，养神为先。魏晋时期的医学家嵇康说过“形恃神以立，神须形以存”。这种以精神为主导的思想体现出我国传统文化的价值取向——特别注重修炼内在生命力，这是我国古代道家哲学的一个基本特征。受传统哲学、生活习性和文化的影响，我国传统体育价值取向的发展演变主要有以下几点：

1. 注重体育的人格化价值取向

传统体育强调“身体”与“精神”的统一，看重通过有形的身体活动以达到精神的升华，实现理想人格的塑造。传统文化注重人的内在气质、精神修养。

2. 注重体育的养生化价值取向

中国传统体育文化认为人与自然是一种和谐的关系，人是自然的一部分，通过与自然

的交换，从而排除浊气，汲取自然中的真气，五脏通达，六腑协通。古人认为决定人的健康和寿命的根本原因在内不在外，这决定了传统体育以“养生”为主，尤其重养。所养之物，并不是人体，而是人之“气”“志”“心”“性”。

（三）体育文化的发展历程及各时期的价值取向

我国体育产业的发展大致经历了三个阶段：

1. 第一个阶段（1978—1992 年）

1979 年 2 月，国家体委（现为“国家体育总局”）在北京召开全国体育工

作会议，提出体育战线的工作重点就是高速发展我国体育产业。这一时期是发展体育产业的初步探索时期，人们对体育产业的认识还处于比较初级的阶段，因此对体育产业价值的理解也很朦胧。体育的政治色彩比较浓重，尤其是中国的乒乓球外交政策，打开了中国体育的大门，同时也打开了新中国经济发展的大门。

2. 第二个阶段（1992—2000 年）

1992 年 11 月，全国体委主任座谈会在广东中山召开。会议认为，改革开放以来，我国体育取得了巨大的成功，在计划经济体制下形成的高度集中的体育管理体制已不适应社会主义市场经济的发展，社会主义市场经济为体育产业注入了新鲜的血液。这一时期人们对体育产业也有了一定的认识，各个项目的体育比赛也相继展开，人们已经开始从事一些简单的体育活动，购买一些体育产业的产品，如运动服、运动鞋，但这一时期人们对体育的价值取向的理解还没有形成系统，对体育产业的追求程度不是很高，只是停留在简单的比赛用品层面，没有达到休闲消费的水平。

3. 第三个阶段（2000 年至今）

全面建设小康社会与北京奥运会带动体育产业的巨大发展。体育产业通过市场的直接或间接的融资，进行资本化的运作，这样就促进了我国体育产业的大规模、普及性的发展，形成规模效益，体育产业可以通过市场调节进行发展，形成了以市场为导向的市场调节的运行机制。这一时期，体育产业已经得到人们的普遍认同，人们也不断参与到体育项目中来，人们的价值取向从其他产业逐渐转向体育产业中来，体育产业的新品牌也应运而生，这对体育产业的发展有很大的促进作用。当前中国正处于经济体制转轨，经济增长方式、类型转变的重要历史时期，产业结构的调整不但为体育产业的发展提供了良好的发展机遇，同时体育产业与经济增长点的问题也逐渐成为当前体育界和经济界关心的热门话题，越来越多的专家、学者从国际体育产业的发展形式，以及刺激消费、拉动内需的视角提出：“体育产业将成为我国国民经济发展新的增长点。”体育产业已成为第三产业中的“朝阳产业”，它在发展的过程中离不开日益增加的体育人口，而这些体育人口在不断经受就业压力、行业竞争的压力、社会发展的压力、经济危机的压力的同时，身体产生了对体育的强烈需求，内心深处在召唤体育来排解自身的压力，缓解人身体的疲劳、内心的疲惫，同时在享受体育的过程中，实现人对体育的需求。

（四）价值取向的转变是体育产业发展的原动力

1. 价值取向的回归

人和社会的本能需求是促进一切事物产生及发展的内在驱动力。任何一种社会现象、事物的存在和发展，它们最终所依据的都是人或社会的需求。从古代到现代，人们的休闲娱乐需求不断地提高，体育产业已成为研究者关注的一个热点，从形成之初就以娱乐形式出现的中国体育产业，其价值取向将出现前所未有的“回归机遇”——回归到休闲娱乐的本质需求上来。国际大众体育协会主席帕尔姆先生曾预言：“如果说 20 世纪是奥林匹克运动世纪的话，那么，21 世纪必将是大众体育的世纪。”因此，未来体育的休闲娱乐价值取向必将获得全面的发展和弘扬。2008 年北京奥运会之后，中国已经成为世界竞技体育强国，在此影响下，大众娱乐体育也在不断升温，体育产业也随之迅猛发展。

2. 价值取向的弘扬将促进体育产业的高速发展

“以人为本”的思想最早是在 1976 年提出的，联合国教科文组织在当年的大会中提出“社会发展是以人为核心的发展”。我国在 1994 年政府发布的《中国 21 世纪议程》中提到“以人为核心的社会发展”。因此，可以说社会的进步归根结底是作为历史主体的人的进步，社会的发展归根结底是人的发展。随着我国国民经济的不断发展以及人们生活水平的不断提高，人们对社会产品和服务的需求也逐渐呈现多样性，这就要求体育产业领域能够为他们提供多形式和多层次的体育产业的产品和服务。只有真正实现体育的产业化以后，才能真正地有效满足这些需求。

体育产业发展至今天，它的价值已经远远超出了体育本身的范畴，体育产业发展应以城市为核心，向地级市、县级市、农村逐渐扩散。通过扩散影响所产生的“扩散效应和示范效应”，提高人对体育的教育价值的认识，从而使人们对体育的价值理念的认识发生转变，在理解现在体育价值的基础上，不断弘扬体育的教育价值和应用价值，不断拓宽体育的内涵和外延，最大限度地发挥体育的价值。

二、体育文化道德特征分析

作为一种在现代文明背景下成长起来的文化形态，体育文化已成为我国文化事业的重要组成部分，它关系到人民大众健康水平的提高、思想道德的建设和生活质量的改善，是现代社会文明、健康、科学的重要标志之一。随着我国经济社会的快速发展、对外开放和对外交流的日益增加，现代生产方式和人文环境等客观条件对体育文化的内容和结构产生了巨大的影响，需要我们对体育文化做出科学、明晰的评析，给予其应有的价值定位，并自觉地加以引导和规范。

（一）体育道德建设的时代性和紧迫性

1. 体育道德的概念

体育道德是指在体育活动中形成的调整人与人、个人与群体之间关系的行为规范的总和。它通过概念、规范、准则等抽象的逻辑思维形式来调整人与个体和群体、人与自身之间的关系。体育道德建设是发展先进文化和进行社会主义思想道德建设的必然要求。体育是人类文明发展的产物，是社会文化的重要内容，在社会主义文化建设中有着不可替代的独特作用。体育健儿在体育运动训练竞赛中所展示出来的“不畏艰险、不断进取、团结拼搏、敬业奉献、勇攀高峰”的优秀品质，已成为全社会宝贵的精神财富，极大地激发了我国人民的爱国热情，促进了我国社会主义公民的道德建设，推动了社会主义文化的建设与发展。面对当今世界各种思想文化的相互激荡和社会主义市场经济的影响，体育领域遇到了许多新情况、新问题。体育文化事业面临着难得的发展机遇和严峻的挑战。抓住机遇，迎接挑战，完成时代赋予体育工作的使命，必须大力加强体育道德建设，这是一项关系体育文化兴衰成败的基础性工程。

2. 体育道德的范畴

事实表明，体育运动不仅仅是一种身体活动、健身活动或群体游戏，而且运动的过程中也没有道德说教，但运动本身却更多地被赋予了多方面的文化内涵。这一文化内涵同哲学、经济、军事、教育、艺术等诸多学科的内涵在基本精神上是一致的。就以奥林匹克运动所倡导的“更高、更快、更强”的精神而论，它可以指导锻炼者抵御生活中不健康文化的诱惑，用积极向上的态度来看待人生。因此，运动场就是道德场所。道德问题渗透于社会生活的各个方面，一切反映人类现实生活需要的活动方式都与道德存在着不可分割的内在联系，特别是那些竞技性的体育活动更是无法回避善与恶、公正与偏私、诚实与虚伪、崇高与卑鄙等道德问题。

3. 体育道德的功能

不得不承认，体育文化的主要功能是促进大众的体质健康，是调剂生活的一种手段；但满足大众休闲、娱乐的体育文化不应该远离道德，放弃“教化”。

事实上，任何一种艺术活动都具有一定的消闲和娱乐功能，人民大众在学习、工作之余需要放松、需要休闲。另外，人民大众的精神需求也是多层面的，欣赏水平也不一致。由于受经济和教育整体发展水平的影响，我国体育工作者的知识结构、社会体育指导机制、体育场馆配套建设，以及社会体育文化氛围仍无法满足大众快速增长的文化需求。在这种情况下，体育工作者应该积极工作，提高体育文化的影响力，拓展体育文化的发展渠道，在满足人们休闲、娱乐需求的同时，引导他们向善、向上，培育健全的人格。这是体育文化建设和发展的道德原则。

（二）道德内涵是体育文化无法回避的问题

体育文化的快速崛起是对过去社会体育的一种提升和发展，它推进了体育文化向大众化转型的进程，然而，在这种转型的过程中，体育文化固有的游戏性、娱乐性和竞技性可能会产生一些负面效应，导致体育运动的道德要求水准下降。在越来越多的场合，我们要千方百计让体育文化与其他文化形式并驾齐驱。我们在强化和突出体育文化的娱乐功能时，应有的道德性、审美价值、艺术深度、终极关怀等内涵被削弱。市场经济运作系统的基本形成带动了具有商品属性的“文化产业”的形成，面对社会大众健身、娱乐、休闲的需求，体育文化以其娱乐性、流行性、竞技性和参与性成为人民群众的一个中心和普遍接受的文化活动形式。年龄特征、健身、娱乐和日后参与社会竞争的需要，为社会体育文化的迅速兴起提供了肥沃的土壤，各种现代化传媒手段的发展对体育文化的传播起到了很好的作用。从文化形式上看，体育文化以其参与性、竞技性、集体性、青年化的特征成为社会各界人群业余文化生活和精神生活的必需品。尤其值得注意的是，作为体育文化的倡导者、组织者和推动者，体育工作者不可以忽略或轻视体育文化对健身者健康成长的影响。当然，也不能把体育文化演绎成道德教科书，其休闲性和娱乐性必须保持。调查显示，广大群众对体育文化有自己的认识，他们向往体育人文精神，渴望体育文化熏陶。“当你关注一个体育明星时，不要仅仅在意他的成功时刻，应该更多地去体会他奋斗不懈的精神。”提升大众审美情趣和道德理性是体育文化应有的价值取向。如果体育文化没有这一价值取向，就会对我们的和谐社会建设产生阻力。

（三）道德信念应该是体育文化实践者的精神追求

1. 体育文化实践者无法回避道德追求

从消极的意义上来讲，无论是自我还是他人，作为体育活动的参与者，远离道德追求就不可能有合理、公平、正义的体育活动，它最终会使自我或者他人成为受害者，因此体育活动无法成为“纯粹”意义上的娱乐游戏。要使体育活动的所有参与者都成为受益者，各种形式的体育活动都应具备“道德智慧”，即体育的内在品质应该包含道德判断，使锻炼者在休闲、娱乐中吸收其道德营养，树立健康的人生态度和人格理想。体育文化应该做到“寓教于乐”。一旦体育活动真正做到了有“教”且“乐”，那么体育文化自身就会成为最广泛、最具有接受性的教育方式。因此，体育文化要在和谐社会建设中肩负起相应的社会责任，承担起既启蒙大众心灵、培养大众道德良知，又增进身体健康的义务。体育活动的组织者要坚守体育的道德操守，坚持体育正义，在体育活动中强化道德理念建设，摒弃体育活动中不健康的东西，保持体育工作者的人格和品性，建构道德的体育文化。

2. 体育活动要满足大众的消费需求

一切为大众的健康服务是体育文化的核心任务，每一位有社会责任感的体育工作者都应该坚定地承担起这一责任，让一切有益的体育活动都体现出对锻炼者的道德关怀。

总之，体育工作者要时刻保持头脑清醒，在纷杂的市场文化环境中保持独立的文化人格，积极地开拓和弘扬社会体育文化。

三、体育管理体制特征分析

体育管理体制是一定历史时期的政治体制、经济体制与体育发展内在规律相互作用的产物。一个国家或地区的体育管理体制往往受该国或地区的政治、经济、文化以及国家制度、历史传统等多方面因素的影响。我国开始于 20 世纪 80 年代的体育管理体制改革，转眼已过四十年。举国体制的建立，市场化浪潮的冲击，后奥运时代“体育强国”目标的提出，每一个里程碑式的改变都清晰记载于历史的扉页上。

（一）我国体育管理体制的特征

体育管理体制是指国家在对体育管理的过程中所形成的相对稳定的组织结构形式、权力分配方式和在一定管理制度规范、约束下展开的运行机制的总称。这种管理体制是在强大的政府体育管理组织系统和我国计划经济影响下形成的“强政府、弱社会”的体育管理模式。这种管理体制在当时我国的社会、经济大环境下是可行的，而且是行之有效的管理模式。然而随着我国改革开放的深入和市场经济的逐步建立，举国体制的这一模式已越来越不适应市场经济发展的要求，政府管理型的体育管理体制的弊端在法治社会和市场经济的大环境下日渐显现。当然改革必然有个过程，不可能是一蹴而就的。我国的体育管理体制正在逐步由政府管理型向社会管理型转变，目前仍处于由政府管理体制向政府与社会结合型管理体制过渡的阶段。由于每一种体制总目标的规定性是反映不同社会集团或全民的利益，因而这实质上是这些社会集团在这个领域中的权力和利益分配的结果，也是其权力和利益的组织保障。因此在一定意义上体育管理体制决定了国家、社会和个人在体育领域中的地位。所以在这一时期，我国的体育管理体制不可能完全转变为社会型的体育管理模式，这一事实决定了政府型的管理模式和社会型的管理模式在一定时期内将长期存在。因此，改革不协调的体育管理体制，建立与经济社会发展相适应的政府管理型和社会管理型的体育管理体制，是目前我国体育管理体制改革的关键所在。

（二）影响我国体育管理体制改革的因素

由于体育管理体制是一定历史时期的政治体制、经济体制与体育发展内在规律相互作用的产物，因此它的改革、发展都将受到政治、经济这一社会大环境的制约及其自身条件的限制。

1. 影响我国体育管理体制改革的经济因素

任何一种制度都是建立在一定经济基础之上的，体育管理体制也不例外。我国改革开放 40 多年来，虽然经济实力有了大幅度的提高，体育管理体制也有了明显的改善，特别是 2008 年北京奥运会的成功举办，使体育产业得到了不同程度的发展。但是由于我国经济基础比较薄弱，在短期内还难以改变我国经济相对于西方发达国家仍然比较落后的现状，因此在这一经济背景下，我国的体育管理体制不可能完全转变为西方发达国家较为成熟的社会型管理模式。在这一经济背景下，我们不可能彻底改变举国体制存在的基础，只能在现有的基础上进行一定程度的改善和变革。

2. 影响我国体育管理体制改革的政治因素

社会主义制度是我国体育管理体制最基本的政治背景。目前，体育与政治的关系日益密切，出现了体育运动进一步为政治目的服务和向政治靠拢的现象。当然我们不赞成体育成为政治的依附品。在我国构建社会主义和谐社会的背景下，更要协调好各个方面的关系，因此改革我国现有的不协调体育管理体制也提上议事日程。

3. 影响我国体育管理体制改革的自身因素

中国在第28届希腊奥运会上的辉煌和在第十届全运会上暴露出的一些问题，使得沉寂了一段时间的“举国体制”再一次成为体育界的焦点话题。这是学者们对举国体制下的体育管理体制的内在思考与反思，同时也是对其制度本身的思索。举国体制下的体育管理体制存在已久，产生这种体制的环境已经发生了巨大的变化，而我国的体育管理制度却依然是规定的模式，没有与时俱进，就没有发展，更谈不上进步。因此，改革也是制度本身的内在要求。

（三）我国体育管理体制改革的理论依据与趋势

1. 我国体育管理体制改革的理论依据

在党的十四大确定了我国建立社会主义市场经济体制的改革目标后，国家体委（现为国家体育总局）审时度势地明确了我国体育体制的改革方向：改变原来在计划经济体制下，单纯依赖国家和主要依靠行政手段发展体育的高度集中的体育体制，建立与社会主义市场经济体制相适应，符合现代体育运动规律，国家调控，依托社会，有自我发展活力的体育体制，形成国家办与社会办相结合、集中与分散相结合的格局，力争在20世纪末初步建立有中国特色的社会主义体育新体制。

2. 我国体育管理体制改革的趋势

政府与社会混合型管理模式是目前我国体育管理体制改革的基本取向。由于我国各地区的经济、文化发展不平衡，如果只靠市场经济作用，那么体育产业的发展将会出现不平衡现象，甚至在某些地区会倒退，因而政府与社会混合型管理模式的管理体制在相当长一段时期内将继续存在。在经济发达的地区，社会办体育将占主导地位；相对而言，较贫穷、落后的地区，国家行政机关将继续行使主要权力。随着人们体育观念的转变，越来越多的人希望更多地加入体育活动中去，这使得原来单纯依靠政府发展体育运动的体制已不能满足人们日益增长的体育需求，脱胎于计划经济的“举国体制”在统管全国体育时已开始力不从心。加之我国城市化进程明显加快，小区建设日益繁荣，人们开始把更多的要求与期望转向社会。

在建立新的体育管理体制的过程中，一个重要的方面就是要建立市场经济下的各项法律、法规、规章制度和调节与引导市场正常运行的经济政策。21世纪，体育的发展，其政策法规一定要与国际接轨。合理运用法律、经济、行政手段预防与惩处不良的行为。在这些方面不仅需要管理者提高自身的素质、管理水平和技术水平，更重要的是在市场化的体育管理活动中建立监督组织与监督机制，提高办事的透明度，发挥新闻媒体的作用，依法办事。

四、课外体育竞赛及活动特征分析

竞技体育是一种特殊的体育文化现象。以竞技体育文化为内核的奥林匹克运动超越了一般体育文化的范畴，成为社会发展的主流文化，更说明了竞技体育文化的特殊性。竞技体育文化的特征表现在活动主体、活动内容、活动方式形成过程中的多样性、互动性、规则性、渐进性、选择性和功利性等几个方面。

（一）竞技体育文化的多样性

1. 这是文化特质对作为亚文化体育的兼容

不同角色会形成不同的体育文化形态。在竞技体育中，运动员、教练员以及管理人员的活动目的是通过创造优异运动成绩获得社会认可，同时获得一定的物质与精神收益。而观众则以运动员、教练员等的活动为媒介，将这种特殊的活动方式作为自身宣泄情感、表达好恶的途径。对于体育比赛的组织者来说，体育活动成为社会发展中的一个工具。在体育商业化韵味日渐浓郁的今天，这种目的彰显无疑。

2. 不同的内容也具有特殊指向

运动员进行的活动是由国际奥委会及其相互组织所规定的活动内容，而普通民众则根据自身的实际进行不同的活动。在这一点上，后者活动内容的选择面要远远大于前者，但是同时也表现出一定的随意性，其中体育的所谓“竞争性”也就褪色不少。所以说，活动内容的多样性也对活动方式的选择产生作用。活动方式的多样性是由体育活动内容的多样性所决定的。因为活动目的与内容不同，活动主体就会以不同的方式参与其中。运动员是以一种专门的过程，即运动训练和竞赛来实现的，而普通民众则是以一种自发基础上的组织来实现的。

3. 是学校体育和大众体育中的主体

因为在目的上和运动员大相径庭，于是就有另外一种形态的文化内涵。他们将体育作为一种简单的工具或方式来对自己的身心产生影响，从而获得精神上的享受，同时也作为现代人所必备的标志，反映出他们的体育价值取向。体育文化的多样性反映了因为不同角色，以不同目的或价值取向以及参与方式而形成的文化形态。显然，活动内容的多样性是与体育文化的民族性分不开的。不同的民族、不同的地域环境产生了多种多样的活动形态，经过体育文化的开放性的作用为不同民族、不同地域的民众所接受，于是就有了不同的活动内容。活动主体会根据自身的实际来选择不同的内容，从而达到其目的。

（二）竞技体育文化的互动性

文化是一种集合。体育文化中，首先是人与自然发生关系，然后才是人与人之间产生关系。从这个意义上讲，体育文化是在人与自然、人与人关系过程中的行为意识、行为方式、行为准则的积淀。这种积淀只有在活动的主体，即人与人在特定条件下的互动中才可以实现。活动主体的互动主要表现为参与人员与参与人员之间的互动，如运动员与运动员之间的互动、运动员与观众之间的互动、观众与观众之间的互动。运动员协会、球迷协会就是这种互动的组织产物，球迷骚乱则是这种互动之中的角色冲突。金牌战略、举国体制、职业化等也是这种互动下的社会适应。不同的运动形态有其项群特征，也有其发生学的规律。乒乓球与网球的关系，篮球与橄榄球的关系，排球和篮球、手球的关系，橄榄球和足球的关系，如此等等不胜枚举。

（三）竞技体育文化的规则性

活动主体的规则性是自我约束机制的产物，是体育不同于其他活动方式的准绳，也是体育文化内部多种形态的基础，否则，体育就会是如战争一样的社会形态了。而当今几乎所有的运动形态都已经被活动主体进行了刻意的加工，也就是赋予它们特定的存在方式，以便于人们一边高唱着在“绿色奥运”中回归自然，来彰显“人文精神”，实则是通过“科技奥运”保证人自身在合理的自然条件下进行各种活动。这种加工很大程度上是活动主体的一种自我保护，而这种保护是以活动内容的某些属性的丧失为代价的，如项目自然属性的消退，人文社会属性的增强，也有对环境的破坏。活动内容的规则性区别了体育活动与其他种活动。主体的规则性表现了一方面自身制定规则，同时又接受规则的制约。不同的活动主体在参与到体育之前就必须接受一定的制约，否则就不能够把握这种特殊游戏的运动进程。这是物对人的制约，也是主体之间的相互制约。体育竞赛是把人们心底深处的战争因子通过游戏的形式表现出来，发泄出来，但是又必须受制于特定的规则限制之下而不至于产生战争后遗症，这不能不说是人的睿智。

（四）竞技体育文化的渐进性

不同历史时期、不同民族、不同地域的文化特征是不同的。作为体育文化，其内涵随着时代的变迁而发生变化，这是体育文化的渐进性。活动主体的渐进性表现在纵横两个方面。纵是活动主体实施体育后在身心发展方面的渐进，横是主体在实施体育后所形成的不同层次主体。不可否认两个方面在历史上，在今天都依然如故。从游戏到竞赛，从生活手段到运动手段，从一活动内容到另一活动内容都表现出体育文化的渐进性。战术的演进、技术的变革、方法的更替；学校学生体育教材的变化，一些简单的，不切合青少年学生实际的教材被删除代之以更新的教材；大众体育中因为人们物质生活水平的改善，活动内容也呈多样化，这些更新与多样化都是逐步实现的，不可能逾越从简单到复杂、从单一到多样这一模式。活动方式的渐进性是活动主体在长期体育实践中进行体育总结与归纳，其最终目的是更好地进行体育活动。运动器材的革新对主体活动方式产生了深刻的影响，合金材料使用使器材更加轻便也能够创造出更加优异的成绩；激光电子产品的问世使人们对运动成绩的评判更加客观准确；计算机技术的使用使主体对动作技术的合理性有了更加清醒的认识。大众体育、学校体育中个体活动向群体活动的转变也不断改变主体在其他领域的活动方式。

（五）竞技体育文化的选择性

活动主体的选择性实际上是人与体育活动双向选择的过程和结果。不同的社会角色从事体育活动有其选择，从另一个角度来说是活动内容对不同角色的选择。这种选择是由活动内容与活动主体的社会角色之间的相关性所决定的。一般的人是不可能参加高尔夫球、一级方程式赛车活动的。老年人不会像少年儿童那样进行较多的娱乐竞技活动，而是专注于适合个人特点的秧歌舞、太极拳等，反之亦然。就像活动主体的选择性一样，活动内容的选择性既取决于内容本身，也取决于主体角色。残疾人体育中的活动是特定条件下的特殊形态，这是由活动主体角色的特殊性造成的。运动员选择的活动内容在形式上虽然和其他人群相似，但是他们更加体现了一种专门性。尽管有些运动员也具有全面的能力，如飞人乔丹既是篮球高手，在棒垒球上也不逊色。活动主体、内容确定后，与之相适应的也就是活动方式的选择性。不过有意义的是，尽管可能会出现不同社会角色进行同一活动内容，但是活动方式在质量和数量上仍然是有明显差异的。对于球类运动，运动员的活动方式是全然不同于中学生的，纵然也有竞争性、竞技性的色彩，但是反映这些竞争、竞技性的方式与过程是不同的。

以奥运会为代表的西方体育文化是用“更高、更快、更强”为标准来检验不同国家、不同民族（种族）、不同地域人们的竞技体能的，而且仅仅局限在一定年龄范围的人群。而东方中国则是以气功、养生等形式来标的人的道德观和价值观的。

（六）竞技体育文化的功利性

不同的活动方式也有其不同的功利性表现。活动主体选择不同的方式一方面是根据自身需要，也反映出个人的价值观。攀岩是登山的一种简化，它可以让更多的人有机会去体验征服自然的感情；同样是获胜，南美足球是以艺术化的细腻，欧洲足球是大刀阔斧的直白。当然，活动方式的功利性与活动手段的科学化是紧密联系在一起的。功利性是不同社会角色探索自然界成果，同时也是进一步改造自然的驱动力。体育文化的功利性是促进体育活动主体向自然、自我挑战的源泉之一，是人类身心陶冶后的愉悦，征服自然后的快意。不同的社会角色也有不同的功利性。普通人群体育活动的功利性表现在与自身角色相适应的基础上。为革命工作五十年是他们的政治功利，也是他们生存的功利性。而运动员的功利首先是自身价值的社会认可，然后是生存手段，即谋生的工具。功利性是与活动主体的价值观紧密联系在一起的。运动员是将获得社会认可与自身生存紧密联系在一起的。或者名高于利，如中国女足；或者利高于名，如中国男足；或者名利双收，如 NBA 的大牌球员。

体育文化具有多种特征，有一般特征，也有本质特征。一般特征有民族性、普遍性、阶级性、继承性、经验性、世界性、地域性、社会性、群体性等。本质特征有主体与客体同一性、开放性、亲和性、身体表征性和传承性、社会操作的从属性等。从主体、内容、方式来考察竞技体育文化的特征更进一步贴近其本质，同时也不失体育文化的一般特征。多样性、互动性、渐进性、选择性和功利性作为竞技体育文化形态的特征，虽然不能够概全，却为解读体育文化的本质提供了一个新的视角。

五、他山之石：法国体育管理体制发展的启发

第二次世界大战之后，法国体育经历了快速崛起和各种文化相互交融的多样化发展进程。除了传统体育项目重新获得继承和发展之外，法国体育运动还受益于德国体操、瑞典体操和英国户外运动带来的新鲜血液，并与传统大众体育运动相结合，为健身、竞技、休闲娱乐和学校体育教育的发展奠定了基础。

（一）法国现代体育文化发展的社会基础

19 世纪法国现代体育运动的兴起正处于政治风云激荡、社会思潮迭起的社

会变革时期。整个社会因向现代化全面转型而显现出的时代特质和社会氛围，给法国体育文化的发展注入了新鲜血液，从而孕育、烘托、浸泡出一个法国体育文化长足发展的历史时代。从18世纪末期开始，一场融合身体力量与人体生理知识的体育文化运动在法国渐露头角，并革命性地引入了对人类自身身体发展的兴趣。一些对人体科学的探讨和实证研究都取得了新的突破，生理学、心理学、临床医学、整形外科、体育教育等学科知识为人们更好地控制身体、锻炼体魄、发展意志、陶冶情操提供了科学依据，而工业化城镇社会的发展又削弱了传统社区之间的联系。随着非营利性体育联盟于19世纪后半叶出现，英国的体育俱乐部、德国的体操和瑞典的体操在法国渐趋流行，从而逐渐形成了三种不同的体育文化形态：一是以传统大众为代表的古代经典体育项目，如击剑和马术，它象征着传统社会秩序的力量；二是以德国和瑞典体操为代表的体育教育和身体教育的项目，它象征着中央集权国家政治对体育的影响；三是以英国户外体育运动为代表的现代体育项目，它象征了统治阶级中部分自由派和现代派的文化倾向。

法国传统体育项目地位的削弱始于20世纪初，主要是受更为先进的德国体操、瑞典体操和英国户外体育运动的冲击而日显其落后和不适应时代发展的需要，相反，德国体操和瑞典体操在人体生理学、心理学、康复医学和体育教育的科学原理的支撑下，加上第一次世界大战和第二次世界大战德国文化对欧洲的影响，使得这种体育项目带着政治色彩和意图在法国传播和流行，其形成和发展呈现出一个复杂的进程，它是在近一个世纪中不同身体文化的形式和内容之间、观念和体系之间碰撞和交锋的结果以及由此而产生相关社会文化的缩影。根据美国历史学家韦伯的观点："19世纪中期到第二次世界大战期间法国社会的主要变化就是乡村社区从社会背景中逐渐削弱进而最终消失。"随着法国工业化和城镇化的发展，社会关系也在发生巨变。直接的人与人之间的关系逐渐成为人们交往的基石；而基于性别和年龄群体的传统联系和当地身份都已不再成为识别人们的标准了。而有着广泛社会基础和地域特色的传统大众体育运动项目都被逐渐融入诸如"守护神节"的文化活动中去了，从而加快了新型体育体系的构建和发展。各种身体活动与具体的社会价值观紧密地联系在一起。其中以组织化的方式出现的是"青年社团"，通过运动的规则化和仪式化对青年人进行社会一体化教育，传播和灌输新的体育价值观念和活动方式，并规定社区中的已婚男性或是具有平等地位的人都必须参加这种活动。

19世纪下半叶"体操社团"的逐渐发展则属于另一种类似的社会文化传播组织。1870年普鲁士战争的胜利逐渐引起了人们对体操的浓厚兴趣，不断有新的社团创立，德国的身体教育，尤其是通过体操的方法，被认为是军事成功的基础，所以这类非营利组织是在国家的支持、倡导和控制下建立的，而不是仅仅从社会内部自发组织或产生的。

当然，1873 年组成法国联盟的体操社团还是基于自愿会员制的社会准则，但这并不能忽视政治对其发展的推动作用。而与此相类似的英国体育俱乐部在当时却没有得到大力发展；19 世纪 80 年代初，第一批英国式的“体育俱乐部”在法国创立，由一群年轻人创办的这类俱乐部赢得了一些推崇英国教育体系的教师的支持，在这些年轻人的促进下，这些俱乐部和各所中学紧密联系。皮埃尔·顾拜旦将运动作为一个体育教育的主要课程设置引入中学失败后，这一首创精神仅被限制在一些非营利组织中开展，由于体育俱乐部是基于自愿原则基础上的社会团体，所以当时的学校和地方机构都不支持这一项目，其发展一开始也只能被限制在大城市中。直到 20 世纪初期，体育俱乐部开始由资产阶级上层人士组成，俱乐部的社会资源开始扩大，体育文化的上层建筑特色开始突现，上层和中层阶级进入了主流体育运动组织的各个领域。到 20 世纪 60 年代，普通民众和中上层阶层在参与体育运动的目的上仍然有显著区别。人们认为，身体的习性同样也是社会经历的产物；身体运作的方式在工人和资产阶级成员之间是显然不同的，对前者而言力量和身体技巧是谋生的条件，而对后者而言，身体运动则是彰显一定社会地位的符号和手段。那种不带直接生产目的的“自由”身体活动，逐渐从大众文化中消失，并被视作浪费时间和精力。

然而，当某种身体活动获得一定程度的合法化后，这种身体力量和能力展示的运动又会被大众接纳，如摔跤、拳击和举重。需要强调的是，法国大众体育的真正兴起还是政权归还平民这一思想深入人心后才逐渐开始的，其中最重要的概念就是提出了法国社会的公民概念，这一概念要求国家和政府真正能够让每一个公民的基本权利得以实现，包括参加体育运动的基本权利。体操社团和体育俱乐部在这一过程中得到了发展和壮大，1901 年关于“联盟的自由”的法案引入了支持公众主管的非营利联盟。由于体育运动在两次大战之间，尤其是第二次世界大战以后越来越获得人们的支持，国家开始全权负责其中的运作。其中最明显的就是法国在第二次世界大战后的最初几届奥运会上招募运动员时违背奥林匹克宪章的规则，像许多社会主义国家一样，采用行政力量来进行组织和发动，而不是由非营利组织，如国际奥委会来承办的。

像许多西欧国家一样，第二次世界大战之后，法国体育经历了快速崛起和各种文化相互交融的多样化发展进程。除了传统体育项目重新获得继承和发展之外，法国体育运动还受益于德国体操、瑞典体操和英国户外运动带来的新鲜血液，并与传统大众体育运动相结合，为健身、竞技、休闲娱乐和学校体育教育的发展奠定了基础。在过去的50多年里，不同类型的体育活动参与者的数量就已经增长了5倍，并分别达到了全国人口的50%，也就是说每两个法国人中就有一个是运动参与者。随着体育运动的普及和深入，加之经济的发展和观念的转变，体育不仅是中产阶级和上层社会青年人的专有领地，妇女参与体育运动也得到更多的尊重，与此同时下层社会参与者的数量也有了实质性的提高。一开始被视为上层建筑的体育运动的性质开始在微微发生变化。超越自我、提升自我、展示自我和放松自我正成为人们参与体育的主要动机，并逐渐演变成一种融入社会，放松、保持身心健康的生活方式。

（二）法国体育管理体制发展的基本现状

在法国，直接管理体育运动开展的组织主要有以下四种类型：

（1）由法国国家奥林匹克运动委员会以及区域级和部门级运动与奥林匹克委员会来进行管理的体育俱乐部。

（2）青年体育部。这是国家负责管理体育的行政代理机构。在法国，行政区域分为大区、省和市镇。省下设专区和县，但不是行政区域。县是司法和选举单位。法国本土共划为22个大区、96个省、4个海外省、4个海外领地、2个具有特殊地位的地方行政区。全国共有36 565个市镇，其中人口不足3500人的有3.4万个，人口超过3万人的有231个，人口超过10万人的市有37个。全国有9千名国家公职的体育管理从业人员负责各大区的体育事务，并同时依靠地方或区域机构培植相关管理人员15 000名。

（3）学校体育教育。在全法国共有35 000名教师负责1200万学童的体育教育。

（4）体育产业关联系统。它组成了所有和运动相关的商业活动。粗略估计大概有超过4万人受雇于这个亚群体。事实上这个亚群体还可以细分为：筹划常规运动（特定职业体育俱乐部）或更多特别赛事（环法自行车赛）的职业联盟；提供休闲活动和运动旅游业的机构（体操馆、私人网球或是高尔夫俱乐部等）；以及其他运动服务的提供者。

和其他西欧国家不同的是，法国中央政府、地方政府和公共部门对体育的资助是法国体育运动开展的重要基石。国家级雇员在数量上占主导地位这一信息告诉我们法国是以国家在处理国务中无所不在为特征的诸多西欧国家之一。许多俱乐部和联盟在发展体育运动中都或多或少地依赖于国家的资助，从我们的采访和文献资料收集中发现，这些联盟主要可以分为3类：一是完全依靠体育运动部门的联盟（其至少 2/3 的内部资源是由体育运动部门划拨的）。这些运动联盟主要包括五项运动：摔跤、冰球、举重、泛舟、剑术等。二是大部分依靠体育行政部门的联盟（其由体育部门划拨的资助占其内部资源的 1/3 到 2/3）。其中奥林匹克联盟项目有冰上运动、拳击、棒球、游泳、排球、自行车、体操、射箭、羽毛球、帆船运动、手球、乒乓球、射击、滑雪、柔道和篮球。三是主要独立的体育联盟（其由体育部门划拨的资助低于其内部资源 20%）。在这一分类中的奥林匹克联盟项目有马术、足球和网球。

我们可以看出，大部分奥运联盟的财政主要依靠体育运动行政部门。如果把国家资助的数目折合成联盟统一预算的百分比的话，那么奥林匹克联盟占 32%，单项非奥林匹克运动联盟占 16%，多项运动联盟占 20%。国家对于体育运动的帮助同样体现为使国家雇员被体育运动联盟接纳。由于大量的资助和间接的帮助（设备和人员的分配占了超过 60% 的预算），法国体育俱乐部对社区就普遍存在很强的依赖性。

（三）法国体育管理体制发展的主要特点

1. 国家行政协调负责全国体育运动的开展

青年体育部是法国唯一官方主管体育的行政部门，直属总理领导，部长由总理任命。“该部门正式成立于 20 世纪 80 年代初期，总部位于巴黎，下设体育司、青年司、总行政司和培训司。在全国的 22 个大区和 96 个省分别设有地方的青年体育部门。”全国各大区、省的政府青体部门分别接受国家青体部的“条条”管理，同时接受大区、省地方政府的指导。青体部的职能是负责全国体育的领导和管理工作，积极推动体育活动的全面开展。青体部代表政府，根据《体育法》和有关体育政策，与各社会体育组织进行广泛的体育合作，对全国的体育工作行使领导管理职能；各类体育协会有权负责组织开展各项体育竞赛与活动，接受政府的体育补贴和监督指导，培训高水平选手，代表国家参加国内外的体育竞赛。

2. 社会自我协调负责全国体育运动的具体落实

目前，法国的体育协会有 120 多个，这些协会大体上分三类：①奥运项目协会；②非奥会项目协会；③综合性协会。

许多协会创建的历史较长，在政府青体部设立之前便具有一定的规模，组织开展体育活动。协会的基层单位是俱乐部组织。各类协会在有关体育法规、体育政策范围内，开展各类体育活动，推荐和选拔该项目的优秀选手，负责训练，保障就业等。

3. 教育部主管体育教育

从20世纪80年代开始，国家做出了重大决定，原先由青年体育部负责的体育教育转为由教育部门直接负责和管理，尽管该决策的作用是削弱青年体育部的职能，但事实上，教育部并没有将体育教育作为重要内容来抓，其中更缺乏具体的发展目标、发展战略和实施步骤。而当地方公众管理机构（行政区域、部门、行政地域）的权利增强时，分权立法同样也削弱了教育部门的直接影响。

4. 商业部门的广泛介入

随着体育产品的日益丰富、体育市场的逐渐扩大，商业部门对体育运动开展的影响也越来越大，商家企业在职业和业余两个领域都进行了大量的投资，并形成了一个新的产业链，尽管这一新兴的体育市场尚缺乏非常系统和有组织的管理，但像高尔夫运动、网球运动和马术等已经逐渐成长为一些边缘的职业体育联盟，并伴随休闲理念的更新而呈现出蓬勃发展的势头。

（四）法国体育管理体制对我国的启发

法国体育管理体制的历史发展有其自身的特点，与其他资本主义国家相比，有其独特之处，它是法国经济变革、阶级力量变化、政治文化传统和社会心理积淀相结合的结果。世界各国的体育体制在具体形态上千差万别，法国是属于在欧洲国家中少数几个由国家行政部门主管体育的国家。为什么会在西方资本主义国家中出现以政府行政协调为主体的体育管理体制呢？它的形成背后究竟有哪些经济、社会和文化背景呢？我们认为法国的政治体制是其形成和发展的根本原因。

法国的政治体制兼具英美两种模式的特点，既非严格的总统制，又不是完全的议会内阁制，而是处于中间形态，即“半总统制”。“国家元首在法国政治生活和国家机关中居主导地位，是国家权力的中心，不仅享有传统的总统权力，还享有单独采取的非常权力，主要是解散议会；把法案直接交给公民投票表决；在紧急状态下行使非常权力。同时，宪法规定总统由庞大的选举团间接选举产生（1962年改为总统由公民普遍直接选举产生），总统不对议会负责，他有权选择总理、任命总理和政府其他成员。”从传统的经济与政治基因来看，“1789年大革命前身的法国是一个封建农业国，农民约占全国人口的3/4”，农耕文明传统深厚的国家的政治特点表现为轻民主价值的立法协商而重秩序价值的行政集权；法国议会制的发展之所以一波三折，无能低效，最终为具有集权特点的半总统制所取代，其深层原因，即在于深受小农生产方式制约的法国社会的组织和整合机制脆弱，议会不能有效融会和表达民意，因而难服众望，国家意志不得不更多依赖传统集权政治的整合机制才能够顺达。也正是因此，法国体育管理体制与国家政治体制一脉相承，在体育管理中以不偏不倚的仲裁人的角色发挥作用：既体现国民公意，又表达理性主义思想，批判封建的社会制度和政治制度，夹击中世纪的神学教条，清扫封建社会的传统与愚昧，同时体现政府行政集权、贯彻宪法的主体精神。

第六章　体育文化遗产的传承与保护

第一节　文化遗产与体育文化遗产释义

传统体育文化属于非物质文化遗产，是中华民族创造的灿烂文化的一部分，是人类共同的骄傲。非物质文化和其他事物一样，都有产生、发展、辉煌、凋零和继承保护。“非物质文化遗产是不可再生资源，随着全球化趋势和现代化进程的加快，我国的文化生态正在发生巨大变化，文化遗产及其生存环境受到严重威胁。”然而，在历史的发展过程中，人们会不自觉地丢掉属于我们精神领域内本性的东西，盲目地追求外在浮华的物质。

一、文化遗产中的中国传统体育文化概述

包括中国在内的世界各个民族非常重视自己民族传统文化的挖掘和梳理。联合国教科文组织给非物质文化遗产界定为：“非物质文化遗产是指被各群体、团体、个人视为其文化遗产的各种实践、表演、表现形式、知识和技能及其有关的工具、实物、工艺品和文化场所。”非物质文化遗产的概念是比较宽泛的，其内容、领域等在当前进行着多方面的研究，非物质体育文化是非物质文化的子文化，研究非物质体育文化对于当前我国的体育事业来说是很重要的工作之一，不论历史是如何发展的，但是本质的原则只有一个，那就是中国传统的文化不能舍弃和丢失，甚至是遗忘。“2006 年 5 月，国务院发布了第一批国家级非物质文化遗产名录，其中杂技和竞技类项目大约有 17 项，还有一些项目与我国传统体育文化有密切的关系，甚至从属于我国传统体育。比如秧歌、那达慕等。”我们的祖先为世界创造了灿烂文明，这些文明有的已泯灭在历史的星空中，有的我们还能深切地感受到。文化需要传承，需要继续，需要生生不息。

古人说“苟日新，日日新，又日新”，即希望文化传承能够不断自我更新、不断发展。非物质文化遗产同文化遗产一样，承载着人类社会文明，是世界文化多样性的体现。要让中华民族傲立于世界民族之林，就必须加强非物质文化遗产的保护与传承。

二、非物质体育文化遗产保护价值

（一）体育文化遗产保护的社会价值

每一个历史时期都有自己的使命，使命取决于当前历史的发展状况和状态。我们必须把握历史必然阶段的文化交流与融合，必须清醒认识到我国非物质体育文化保护的社会价值，这就注定是我们这一代体育人的历史使命。我国非物质体育文化遗产是世世代代生息的土地上文化血脉的传承，是文化传播的基因。文化的国际交往有助于文化的交融和发展，但是有一个不变的原则就是以传承主流文化为前提。在 2005 年联合国教科文组织公布的第 3 批“人类口头和非物质遗产代表作”中，我国内蒙古自治区和蒙古国政府联合申报的“蒙古族长调民歌”入选。因此，非物质体育文化遗产可以成为国家之间文化交流与合作的桥梁、民族之间联系沟通的纽带。

（二）体育文化遗产保护的文化价值

“我国的 55 个少数民族因为各自的生活环境、文化发展程度、经济发展水平、气候气象不同而孕育出了不同特色的少数民族文化，体现了这些少数民族风里来雨里去的生产和生活中形成的特别能吃苦耐劳的文化传统。”非物质体育文化遗产是中华民族非物质文化的子文化，文化遗产虽然是历史尘封的记忆，但与过去的历史事件、历史阶段和历史人物紧密相关，是历史发展的物证，是文化遗存的活化石，对研究历史有着重要的价值。因此，非物质文化的保守价值是多元的，不同的地域散发着不同地域的文化气息。

非物质文化遗产是人类自己创造的，它的继承和保护依然要靠人类自身来维系。加强区域性保护、建立法制体系、形成自觉保护意识可对文化做最好的延承。

第二节 中国体育文化遗产的现状及发展趋势

体育文化遗产是我国非物质文化遗产的重要组成部分，它的发展保护也受到各界专家学者的重视。当前，对体育文化遗产的保护工作主要由文化和旅游部、旅游局、民委等部门在实施，在保护过程中存在不少问题，主要包括相关管理部门对体育非物质文化遗产保护重视不够，对保护文化遗产的理念不清，缺少资金，缺少完善的保护措施等。

一、中国体育文化遗产保护的现状

（一）对保护工作的紧迫性认识不到位且意识淡薄

随着世界经济一体化和文化全球化的冲击及人们生活方式的改变，人们将更多的目光投射到奥运会、亚运会。民族传统体育的发展在世界体育文化日益多元化的趋势下面临新的机遇和挑战，许多人包括体育工作者本身都认识不到体育非物质文化遗产日益恶化、加速消亡的现实，更多地把主要精力放在了如何发展学校体育和竞技体育上，而很少有人关注民族传统体育，认识不到传统民间体育文化属于不可再生资源，缺乏民间体育文化保护的紧迫感、责任感和使命感。

（二）新的社会环境变迁对体育非物质文化遗产保护的影响

体育非物质文化遗产保护要求在对某一具体对象进行保护时，不能只顾及该事物本身，而必须连同与它的生命休戚与共的生态环境一起加以保护。体育非物质文化遗产大多产生于传统社会，流传于民间，尤其是较为封闭的少数民族地区。我国传统社会是以家族、村落、社区为基础环境的农业社会，随着现代经济文明的迅速发展，传统的农耕文化向现代农业、新型工业、旅游等现代文明方向发展，传统体育依赖的环境也在不断发展变化之中，社会经济的改善与变迁是不可逆转的。因此，部分传统体育非物质文化遗产在实际保护中受到重大影响，是体育非物质文化遗产保护中的重大难题。

（三）体育非物质文化遗产保护与商业利益的矛盾

任何事情都有其合理性，对于传统体育文化等非物质文化遗产的商业开发不能横加指责，尤其是传统体育文化大多产生于落后的民族地区与农村地区，对于群众来说，参与商业表演与经营是其改变贫困落后的重要途径，外界不能单纯以商业化的理由阻止群众为改善生计而做出的努力。在西部地区，还有相当大一部分离土不离乡的人，他们同样需要提高自己的生活水平，人们不能简单地为了让他们保护世界文化的多样性、保护某种文化遗产的表现形式而固守贫穷。在市场经济体制下，周边的社会生活大都被烙上了商品经济的烙印。在这种情形下，任何将保护传统文化与市场经济分离的想法在实践中都会变得异常艰难。当前，出现了把申报非物质文化遗产当作开发旅游或者兴办其他文化产业的手段的现象，而这些非物质文化遗产的本质是广大民众的生活方式，而一旦这种生活方式被当作谋取利润的商品时，它的性质就改变了。因此，在传统文化的保护中经常面临的一个问题就是，某一特定对象需要及时保护甚至抢救与当地群众对于经济利益的追求发生矛盾时，需要依据以人为本的原则，应该尊重民族群众与地方政府追求经济发展和改善民生的努力。另外，在传统体育文化的传承和保护中最终还得依赖群众这一主体，必须在商业开发与传统体育文化保护中寻求一个平衡点。

二、中国体育文化遗产的可持续性发展

（一）吸收先进文化

我国民族传统体育在几千年的发展历程中掺杂着封建保守落后甚至是愚昧的思想，必须对其进行正确的分析、合理的选择和消化吸收。我国传统体育是在腐朽的封建社会中走出来的，传统社会文化封闭的价值体系及其所构成的心理和价值观念，已经不适于现代文化的发展趋势。以个体经济为基础发展起来的安于现状、不求上进、狭隘自守的保守性与现代经济的发展速度、生活理念、价值观念以及科学的社会发展观是格格不入的，所以必须加以批判地继承，发扬优秀成分，摈弃不科学的成分，借鉴现代体育科学的基本原理方法，使传统与现代相结合，只有开放、积极地接纳外来先进的文化，才能促进民族传统体育的发展。

华夏民族传统体育文化实际上是融合了许多古代民族传统体育文化而形成和发展起来的。汉唐盛世文化繁荣，体育活动丰富多彩，蹴鞠、马球运动等形式无论在规则上，还是在内容上都较具先进性，这有多方面原因，而吸收西域文化是其中一个重要原因。西藏吐蕃王朝时期，松赞干布迎娶文成公主，文成公主从内地带去大量唐汉文化，包括体育文化，促进了藏族体育文化的发展。白族、纳西族较早接受汉民族传统体育文化的影响，其民族体育文化发展较快。侗族在唐宋以后接受汉文化影响，才产生侗戏、侗族曲艺和书面文学。屈原楚辞成就显赫，主要是由于屈原以楚文化，包括当地巫文化为基础，吸收中原文

化乃至四方文化而创造出来的，如果只吸收巫楚文化或中原文化，则不可能创作出如此璀璨夺目的作品。只有民族的，才是世界的，作为中华文化重要组成部分的中华民族传统体育，在经济全球化和体育全球化趋势的背景下，只有积极寻求可持续发展之路，使之既保持自身的民族特质，又汇入现代体育的共性，实现现代化发展，才能在新时代获得生存与发展。

（二）多渠道、多层次、多形式集资

民族传统体育中，许多器械落后、不安全，要改善这些基本条件，使其朝着规范化、科学化的方向发展，首先要解决资金问题。国外在开发和保护传统体育文化时，采取了各种各样的手段和措施：一方面，加大政府投入，设立专项基金；另一方面，实施差别税率，鼓励社会资金投入文化的开发和保护上来。

国外在传统体育文化开发与保护方面的一系列较为完善的政策、法律和规范，对于起步阶段的我国传统体育文化的发展具有积极的借鉴作用。我国少数民族聚集区大多经济发展滞后，导致传统体育的物质载体基础薄弱，因此要促进民族传统体育的发展，不能只靠国家投资，要采取多种投资形式，鼓励企业、个人和外商进行投资，开发民族传统体育，为民族传统体育的发展提供必要的设施、场馆，从而更好地贯彻全民健身计划。

（三）发展民族传统体育文化和旅游产业

多姿多彩的民族体育活动，色彩斑斓的民族体育服饰、体育用品及自然资源等形成了中华民族特有的民族传统体育文化旅游资源。来自世界各地的旅游者，带着不同的价值观，甚至是不同的文化观对民族传统体育文化旅游产品进行认同、接受和批评等，促使民族体育文化产品的设计用意、内涵加以改进，有利于民族传统体育朝着产业化、市场化的方向发展，增强民族体育文化的竞争性，促进其全面发展。

总之，人类社会在不断的发展中，曾经创造了辉煌的文明，同时也给我们留下了丰厚的文化遗产。在这些文化遗产中，有的我们只能通过古老的岩画、壁刻去体会；有的我们还能亲身体味她的伟大魅力；有的已经化为烟尘，永远不再为人知了……但是这些文化遗产都为我们人类的文明进步做出了或者还在做着贡献。珍惜、保护、传承文化遗产就是为了人类的明天有一个更好的发展。体育类文化遗产作为人类文化遗产中的重要组成部分，也同样具有不可替代的作用。保护和利用好非物质文化遗产，对于继承和发扬民族优秀文化传统、增进民族团结和维护国家统一、增强民族自信心和凝聚力、促进社会主义精神文明建设都具有重要而深远的意义。

第三节 中国体育文化遗产传承与保护的策略

民族传统体育是民族传统文化的典型代表，保护民族传统体育文化是社会和时代提出的要求。然而，随着工业化的发展以及追求利益的思想深入给体育文化带来了负面的影响，中国民族传统体育文化呈现出的逐渐消亡的局面给人们敲响了警钟，寻找其发展的有效途径已迫在眉睫。由于缺少组织和支持，研究水平参差不齐，保护与传承的方法、手段单一等，挖掘保护中投入大量的人力、物力、财力关注保护的形式和结果，很少甚至是没有考虑非物质文化遗产持续传承、存在的根本动力等至为关键的问题。因此，挖掘整理、继承弘扬我们国家优秀的民族传统体育文化是一项十分紧迫的工作，也是一项十分艰巨的任务。

一、民族传统体育文化的保护形式

人民政府为开展中国传统体育文化的保护提供了一些政策依据，如《中华人民共和国体育法》第十五条指出：国家鼓励、支持民族、民间传统体育项目的挖掘、整理和提高。但是对民族传统体育文化的保护还没有专门性的法律法规，面对当前民族传统体育文化所面临的困境，从国家政府到地方应建立起一条系统的保护政策与措施，实施“从整体到局部”的严密保护线。民族传统体育是中国人民劳动的产物，它来源于劳动实践、风俗习惯和日常生活等。在我国，许多民族关于历史文化的文字记载较晚，甚至有些民族根本没有形成自己系统的文字，那么用身体语言进行历史教育就成为民族文化传承的重要方式，而体育文化就是身体语言的重要形式。由此看来，保护好民族体育的继承人与代代传授的方法是保护民族传统体育文化的重要途径。

（一）开展全国性的民族传统体育盛会

在第九届全国少数民族传统体育运动会上，共有十六个竞技项目、三大类表演项目展开角逐。它不仅成为我国民族传统体育文化展演的舞台，更是我国各民族和谐团结、拼搏奋进的重要象征。自 1953 年第一届少数民族传统体育项目运动会成功举办以来，越来越多的少数民族群众参与其中，越来越多的少数民族民间体育项目被纳入比赛中。从第八届全国少数民族传统运动会开始，取消金牌榜，更没有人使用兴奋剂，前八名的选手可以在同一个领奖台上领奖，在这种和谐友谊的比赛理念的影响下，没有人使用兴奋剂，这种亲和力使各民族团结在一起，和谐友好相处。这样民族传统体育项目不仅被很好地保护，而且比赛的角逐使项目本身的趣味性增加，这对民族传统体育文化的发展和传承起到了推动作用。

（二）建立民族传统体育文化保护基地

国家为了保护原始的自然环境和濒临灭绝的动物建立起了自然保护区，民族传统体育文化的保护工作可以吸取其宝贵经验，建立一系列传统体育文化保护基地，选拔优秀的继承人，开办民传教育班，培育民族传统体育文化的传承后代，改变民族传统体育项目后继无人的尴尬局面，建立民族传统体育资源开发和整理部门，发扬优秀传统体育文化，将其推向全国乃至全世界。要使宝贵的文化得到发展，民族体育基地的建立是非常有必要的，而且刻不容缓。

二、民族体育文化的发展与传承

在文化迅速变迁的背景下，对民族传统体育的批判继承和对现代体育文化的选择性吸收，是中国民族传统体育文化形成本民族特色又被国际社会认同的必经之路。现在的社会，无论哪一种文化形态的发展和开发都是以经济的发展为前提的。在中国社会主义市场经济和社会各方对文化保护事业的大力支持下，现在的任务就是选择中国特色的社会主义道路，大力发展和保护珍贵的民族传统体育文化。

（一）发展电视媒体和网络信息等传播途径

电视与计算机的发展与普及给民族传统体育文化的发展提供了一条便捷而又广泛的道路。各具特色的传统体育通过一定的整理出现在荧屏上远比那些令人乏味的非黄金时段和重复播放的节目更吸引人们的眼球，通过这种方式让民族传统体育时时出现在人们的视野中，逐步走进人们的身边，加深人们对传统体育文化的了解与认识，同时能激起人民群众对传统体育文化的保护热情。将表演类的民族传统体育项目与激烈的赛事一起呈现给观众，无论是坐在观众席还是电视前的人们，都会感受到不一样的视觉冲击和激情体验。新兴媒体，如移动电视、数字广播、手机短信、网络、数字电视等作为技术支撑体系下形成的媒体形态，能将信息覆盖到全国的各个角落，快捷地传递信息，不同地区、不同民族的观众同步观看赛事转播，交流自己的想法与心得，这是一种全新的突破。

（二）加强项目创新

一种文化要想发展离不开创新，中国民族传统体育文化的发展也不例外。

在民族传统文化的传承过程中，创新是唯一一条途径，日本柔道、韩国跆拳道通过文化整合而走上奥运会的先例给我们启迪和经验。相比之下，中国传统体育项目的保护与发展则模仿较多，创新较少。第九届全国少数民族传统体育运动会取消了金银牌的争夺，改为等级评判一二三等奖，这种较具有竞争性和功利性特点的西方体育文化创新，顺应了重视养生、重视人与自然和谐相处、重视天人合一的中国传统体育文化的核心思想。自新中国成立以来，党和政府对中国的体育事业给予高度重视，“举国体制”的全西化学习在很大程度上促进了中国体育的发展与独立，但是这种“效仿”性的发展模式在很大程度上也给予中国民族传统体育项目的发展巨大的影响和冲击，中国创造的发展路线阻碍重重，以至于现在也很少能发现民族传统体育项目中有所创新的项目，现在世界体育舞台上也很难发现具有中国本土特色的民族传统体育项目。由此看来，创新才是中国民族传统体育文化发展的重中之重，但是创新需要资金和精力的投入，需要人才的培养和后备人力资源的储备。这就对政府和学校提出了新的要求。

（三）发挥学校和社会的教育功能

1. 民族传统体育文化的保护与传承必须重视和突出学校教育的作用

学校是社会有计划、有目的、有组织地培养人的专门场所，学校有专业的教师和丰富的体育设备，集前沿教学理论与教学内容为一体，学校是民族体育发展与传承的摇篮。经过专家的调查与研究发现，无论是中小学还是高校，民族传统体育都有作为教学内容的可行性，其发展空间较大。在学校中开展趣味性的传统体育项目，创编民族传统体育文化的教育读本，将民族传统体育文化渗透到教学活动中，逐步形成学校传统体育教育体系。中国民族传统体育的理论体系薄弱，可供参考的理论相对较少，研究理论与方法有待提升，学校有研究能力较强的专家学者，有基础理论丰富的学习团体，这是民族传统体育文化理论大幅度扩展的有利因素。学校教育为民族传统体育项目推向全国提供了强大的智力支持。

2. 加强对民族传统体育文化的宣传力度，充分发挥社会教育功能

社区是社会发挥教育功能的基本单位，社区人群相对集中，居民价值取向易于整合。充分利用社区宣传栏、体育广场等场所宣传民族传统体育文化的相关知识，让人们了解传统体育，参加民族传统体育项目。这是西方体育思想入侵的时代保护民族传统体育文化的主体地位行之有效的方法。民族传统体育与

全民健身相结合是实现民族传统体育发展的另一途径，《全民健身计划纲要》深入实施，在全国范围内形成了一种前所未有的健身热潮，将民族传统体育项目趣味性、表演性、健身性较强且易于开展的项目加以改造创新并与全民健身相结合，解决了全民健身场地缺乏、器材供应不足和无内容可练的困难。

（四）政府政策供给与资金投入

在民族传统体育文化保护与传承的过程中，政府应充分发挥主导地位：

1. 为民族传统体育文化保护工作提供各种政策

①对外，政府应加强民族传统体育文化与奥林匹克文化的交流，奥林匹克文化为我国民族传统体育文化的发展提供了展现平台，为它的发展带来了广阔空间。

②对内，政府应大力发展和拓展民族传统体育事业，保护民族传统体育文化存在的根基，开发民族传统体育资源，建立相应的管理部门，制定相应的政策条例，组织相应的研究团体，为民族传统体育文化的现代化转型提供智力支持。

③政府加强民族传统体育文化保护的立法工作。在人们的体育行为中只依靠道德的力量去规范，会导致一系列的问题出现，“球场暴力”“黑哨”这些问题的出现就是因为体育领域内法律制度不健全和人民法律意识淡薄。体育事业中侵权行为也是屡禁不止，如比赛转播权、赛事商标的知识产权破坏等。这些问题急待民族传统立法部门的解决。

2. 政府应给予民族传统体育文化保护工作充足的资金投入

我国民族传统体育文化起源较早，而且受民族生活方式的影响，民族传统体育项目种类繁杂，分布广泛而不均，这给民族传统体育文化的挖掘和保护带来了很大的不便，大量的人力、物力如果没有政府的援助是不可能在民族传统文化保护中大有作为的。

①大力发展与民族传统体育相关的体育产业，旅游业发展前景一片光明，例如，云南省旅游收入从2002年的200亿人民币增加到2004年的360亿人民币，如此大的盘升幅度说明民族传统体育文化蕴含了巨大的经济价值。彩票福利事业、体育商品产业、体育娱乐事业等的快速发展为民族传统体育文化的发展提供了良好的契机，将这些项目的收入投入项目的创新与发展工作中，会在减轻政府资金压力的同时，保证民族传统体育文化的继承和发展。

②加强民族传统体育文化与现有商业文化的有机结合。民族传统体育项目具有较强的娱乐性，在政府部门、商业区等地的娱乐区建立民族传统体育项目体验广场，在放松工作者的同时扩大了商品交易。在体育文化产业迅速发展的时代，政府应抓住时机，对民族传统体育文化的发展市场给予充分的鼓励与支持，使具有民族特色的传统体育文化更加强大，走上国际并影响国际。

中国民族传统体育文化在西方体育文化的冲击下，保护工作变得紧张与迫切。民族传统体育项目的保护与发展是一项复杂而艰巨的任务，不能因为保护而限制了发展，发展才是民族传统体育文化的出路，而又不能因为发展丢失了民族传统体育文化所具有的中国内涵。在此种情况下，我国有必要集中一切可以集中的力量投入民族传统体育文化的保护与传承工作中，无论是社会还是政府都有责任为此奉献自己的力量。当前我国民族传统体育文化的保护和传承工作还处于初级阶段，仍然受诸多不利因素的制约。要保持民族传统体育文化这种潜力资源的民族特性和时代性，应注意发挥学校的基础作用，协同政府、社会团体的呼应，为民族传统体育文化打造良好的发展与保护氛围。总之，民族传统体育文化的保护与传承工作是一项长期性的任务，培育民族精神，发扬传统文化中的优秀部分和精髓，珍视传统，才能形成我们的文化向往力。

第四节　高校体育文化与体育文化遗产的传承与保护

一、我国体育类非物质文化遗产保护的必要性

体育类非物质文化遗产作为人类文化遗产的重要组成部分，在人类文明的进化过程中起到了重要的推动作用。我们甚至可以从民族体育的发展轨迹看出人类文明不断进步、冲突、融合的痕迹。但是随着西方体育文化的不断强盛，世界上的民族体育活动都受到了或多或少的冲击。如何处理好西方体育和民族传统体育之间的关系以及民族传统体育的保护和发展问题，成为摆在我们面前的一个棘手的问题。

（一）保护和传承非物质文化遗产是人类文明进程的必然要求

无论优秀的传统文化还是先进的现代文明都是人类健康成长的精神食粮。我国是一个历史悠久的文明古国，不仅有大量的物质文化遗产，而且有丰富的非物质文化遗产。保护这些非物质文化遗产，既是一个民族对历史的延续、智慧的张扬、情感的联结，也是扩展时代思想、提升社会格调、培植公众修养的

有利途径。正如胡锦涛在联合国教科文组织第28届世界遗产委员会会议中指出的："加强世界遗产保护已成为国际社会刻不容缓的任务。这是历史赋予我们的崇高责任，也是实现人类文明延续和可持续发展的必要要求。"

（二）保护非物质文化遗产是保证世界文化多样性的重要保障

文化在不同的时代和不同的地方具有各种不同的表现形式。这种表现形式的多样性就表现为人类各族群和各社会特征的独特性和多样性。未来的世界和平只能建立在文明体系多元并立的基础上，因为只有在多元化的基础上实现的和谐，才是真正的和谐；只有在东西方各国和各大文明体系独立自主和平等对话的前提下实现的一致性，才是真正符合人道的一致性。

保护世界各民族的传统文化，是世界各国的共识，也是各民族的普遍要求。正如联合国教科文组织指出的："尊重文化多样性，宽容、对话及合作是国际和平与安全的最佳保障之一。"

（三）保护非物质文化遗产是实现社会可持续发展的重要举措

可持续发展是当代世界各国普遍关注的问题，也是科学发展观的重要组成部分。自20世纪80年代起，国际社会便提出了"可持续发展"的概念。20世纪90年代起，可持续发展问题成为联合国的重要议事日程，成为世界各国政要和学术界的共识。可持续发展就是要求我们珍视过去，立足现在，思考未来，我们不可只顾及眼前的得失、局部的利害，而全不顾全盘局势。文化遗产给社会可持续发展提供了发展的土壤和精神动力。

（四）保护非物质文化遗产是实现物质文明和精神文明协调发展的重要一环

物质文明和精神文明协调发展才能有效保障人们的身心健康，才能促进人的全面发展。非物质文化遗产有许多内容属于精神文化的范畴，具有了解历史、教育后人、鼓舞人心、陶冶情操、净化灵魂的功能。精神文明为物质文明的创造提供精神动力，而物质文明为精神文明提供物质保障。传统体育文化作为精神文明中的生力军，对塑造社会形象、提高民族素质起着重要作用。

（五）保护非物质文化遗产有利于实现中华民族文化的复兴

非物质文化遗产保护是经济发展到一定程度后，民族文化面对外来文化侵蚀的一次自省和对自身文化价值的再发现；是对文化传统的回归和守护；是民族通过文化保护而实现民族精神延续的一种方式。我国文化曾经在世界文明史上扮演着重要的角色，但随着近代国力的衰退，以及西方列强军事和文化的入侵，我国文化相对西方文化而言，处于弱势的地位。随着国家现代化的推进，民族的伟大复兴也悄然落在了我们这一代人肩上。保护民族文化遗产是实现民族伟大复兴的任务之一。

（六）保护非物质文化遗产有利于各民族间文化的交流和创新

联合国教科文组织在《世界文化多样性宣言》中指出："文化多样性是交流、革新和创作的源泉，对人类来讲就像生物多样性对维持生物平衡必不可少一样。从这个意义上讲，文化多样性是人类的共同遗产，应当从当代人和子孙后代的利益考虑予以承认和肯定。"非物质文化遗产对保护世界文化的多样性有重要的作用，同样对于保护国内各民族的特色文化也起到了重要的保障作用。我国是由56个民族组成的大家庭，每一个民族都有自己特有的历史和文化。特别是一些有民族特色的传统赛会和体育项目俨然就是民族名片，保护和传承这些文化遗产，对于提高民族的自豪感和增进民族间的交流和了解都有重要的意义。

（七）保护非物质文化遗产有助于维护民族团结和国家统一

非物质文化遗产具有极强的凝聚力和向心力，是维系民族团结、国家统一的基础。各民族无论大小，无论其社会处于何种发展阶段，都一律平等。各民族应该相互尊重彼此之间的文化，并相互理解和相互认同。体育作为一种无国界、跨民族的文化传播媒介，对于推进民族认同、民族和解、跨文化交流与互动起着不可替代的作用。

二、体育文化遗产的继承措施

非物质体育文化遗产犹如乱石中的金子，在疯长的荒草和堆砌的瓦砾中散发着历史的光芒，如果精心收拾，依然会整理出精神文化的瑰宝，如散于梳理，又会埋没于匆忙的岁月。所以，非物质文化遗产的保护已是迫在眉睫的事情，诚然，物质文化、制度文化和精神文化是文化的三大层次，而精神文化属于文化深层次，常被人们认为是文化的核心层次。核心精神的变化常常会引起多重的反应，会波及人们生活的很多领域。因此，如何继承和保护就显得格外重要。

（一）重点加强区域性保护

从非物质文化遗产的地域分布特征来看，不同的地区其文化遗产是不同的，而且不同的因素是多方面的。非物质文化遗产是一个地区历史积淀的结果，与本地区的民俗、习惯、信仰有很大关系。地区的差异本质上是文化的差异。我们强调非物质文化遗产的保护，首先一点是对地区文化的认同，这是一个最基本的认识。在此基础之上才有可能对非物质体育文化遗产进行继承和保护。

（二）文化延承是保护非物质体育文化遗产的根本

文化延承的主线在于青少年，为什么发达的地区没有珍贵的文化遗产，而大多数的文化遗产保留在少数民族地区和落后偏远的地区，原因之一是这些地方受到的现代西方文化的冲击较少。世界非物质体育文化的繁荣，最基本的还是继承和发扬光大。文化的延承是非物质文化遗产的生命线，是代代相传的基础。我们期待着有更多的人走向民间、走向田野去整理失落太久的文明，那将是最大的文化延承。

（三）建立法制保护体系

我国的非物质文化遗产保护只有个别单项条例和地方性条例，尽管我国在2004年正式加入联合国《保护非物质文化遗产国际公约》，但我们还应该尽快建立自己的法律制度，从法律和制度的角度保护珍贵的非物质文化遗产资源。

（四）加强国民教育，形成自觉保护意识

“2004年8月28日第十届全国人民代表大会常务委员会第十一次会议通过的《保护非物质文化遗产公约》的第十四条强调‘教育、宣传和能力培养’，通过向公众，尤其是向青年进行宣传和传播信息的教育计划，有关社区和群体的具体的教育和培训计划使非物质文化遗产在社会中得到确认、尊重和弘扬。”教育是产生文化认同的动力。历史表明，经济全球化趋势与非物质体育文化遗产流失成正比，教育的保护应该是多条主线，不仅仅是局限在学校教育。这种教育要面向全社会，形成大家共同的认识意识，因为体育文化遗产具有不可复制性、不可再造性和民族特有性。

三、特色案例：辽宁省体育文化遗产价值研究

20世纪20年代张学良将军提倡体育强国强种，支持体育事业发展，使辽宁体育事业活跃起来，享誉国内乃至海内外。新中国成立后辽宁的体育事业有了长足的发展，是名副其实的体育大省和体育强省。辽宁辉煌壮阔的体育发展历程留下了丰富的体育文化遗产，这是先人体育活动的记录和承载，是继承、传播和弘扬体育文化的重要形式，也是后人必需的文化营养和精神财富。然而，随着时间的流逝，人类的社会生活和生活方式发生了变化，许多体育文化遗产不断遭到破坏甚至消亡，一些传统体育项目不能得以流传，具有独特文化内涵的民族体育文化记忆正在逐步丧失。在我国经济飞速发展的今天，人们早已不

再满足于衣食无忧的生存，更追求健康、愉悦、丰富的生活，因此研究与强调辽宁体育文化遗产的价值对于传承、保护和利用体育文化遗产具有重要意义。

（一）再现与传承辽宁体育文化的历史价值

1. 辽宁体育文化遗产是不同历史时期人类体育活动的真实再现

辽宁是清王朝的龙兴之地，清代官方文献中对辽宁的记载总有一些避讳和溢美之词，非物质体育文化遗产以原态的文化形式，弥补了官方记载和正史典籍的不足、遗漏或讳饰，有助于现代人更真实、更全面、更接近本原地去认识已逝的历史及文化。体育文化遗产与过去的历史事件、历史人物和体育发展阶段紧密相关，是体育发展史上的物证，是体育文化的活化石。辽宁体育文化遗产能够还原辽宁不同历史时期的体育活动，是以往人类体育水平和体育发展脉络的真实再现，生动准确地反映了历史各个阶段民众长期的体育文化活动，因而具有不容忽视的历史文化价值。

2. 辽宁体育文化遗产具有积淀和延续辽宁体育文化的传承作用

人类历史之所以不断向前发展，就是因为我们继承了前人给我们的文化财富。文化的传承不是凭空的，要通过特定的载体得以实现。体育文化遗产是人们在长期的与自然抗争，谋求生存、发展的过程中积累沉淀下来的文化精髓，深深地打上了民族的价值观念、思想意识、文化理念的烙印，饱含着独特的民族文化基因。因其蕴含丰富的体育文化内涵，广纳体育文化的精华，并按照人类体育文化发展的这种需要而逐步发展完善，所以体育文化遗产成为联系昨天、今天和明天的桥梁和纽带。

（二）保护民族文化多样性的社会价值

西周思想家史伯说："和实生物，同则不继。以它平它谓之和，故能丰长而物归之。"多样性，是自然界存在并发展的法则。正是文化的多样性，形成了不同国家间和不同文化背景的人群之间彼此相互沟通的冲动和基础。体育文化遗产受到历史环境、政治经济的影响，具有本民族独有的基因，保护体育文化遗产，就是保护民族文化的多样性。差异性是文化传播的根本原因所在。文化的过程，其实就是某一社会文化共同体的文化丰富与自我超越的过程，是向自身注入新的生命力和新鲜血液的过程。

（三）积累与推动学术发展的研究价值

体育文化遗产作为历史上各个时期体育文化的精粹，是人类物质文明与精神文明发展的提炼和总结，是不同历史时期体育文化发展的优秀成果的集中体现。对这些优秀文化成果进行深入探讨与研究，有利于我们准确地把握人类体育文化发展的规律，从而推动体育科学的研究与进步。同时，体育文化遗产作为文化遗产的一部分并不是孤立存在的，其中体育场馆融合了建筑学，体育宣传融合了新闻学，体育文物收藏融合了考古学，体育非物质文化遗产更是集社会学、民族学、音乐、美术、艺术等众多领域于一体，更多存留了当时人们的思想认识水平、审美情趣、生活情感态度、风俗信仰禁忌等社会历史文化内容，因此为其他领域的研究提供了新资料，从而推动各个学科的学术发展与深入。体育文化遗产真实地再现了当时社会体育文化发展的状况，以其“原始记录”的真实性与可靠性在体育史上拥有无可比拟的信息资源优势和权威话语权，具有极高的史料价值，因此体育文化遗产是当代学者进行体育科学研究的重要理论基础和史实依据。

（四）审美和激发创新的艺术价值

遥望古罗马角斗场似的汉卿体育场，我们可以想象在20世纪二三十年代，在以救亡和启蒙为主要目标的现代体育的指引下，辽宁青年在赛场上飒爽的英姿；观看抚顺满族的秧歌表演我们可以推测早期先民们在这片“白山黑水”中狩猎骑射、抵抗外敌的朴素骠勇的生活实践；参与到本溪朝鲜族农乐舞当中我们更能体会劳动人民祈祝农业丰收、家宅安泰的愉悦。这些都是极具审美价值的艺术品。体育文化遗产在历史发展的长河中被披沙拣金地流传下来，就是因为它们是历史上各个时期体育文化的精华。因此体育文化遗产中有许多美轮美奂的艺术形式、无与伦比的艺术技巧、独一无二的艺术创造，能深深触动人类的感官，打动人类情感，震撼人类心灵。通过这些体育文化遗产中的艺术作品，我们仿佛可以真切地看到当时的历史状况、人的生存状态和生活习俗以及他们的思想与感情。

同时，体育文化遗产中本身就有大量的创作原型和素材，可以为新的文艺创作提供取之不竭的源泉，当代许多影视、小说、戏剧、舞蹈等优秀文艺作品就是从体育文化遗产中孕育出来的，这样很好地发挥了体育文化遗产的审美再造功能，充分利用了体育文化遗产的审美艺术价值。

（五）创新与拉动辽宁旅游业发展的经济价值

辽宁省是中华文明的发源地之一，也是近代开埠较早的地区，新中国成立后辽宁号称“东方鲁尔”，是新中国崛起的工业摇篮。辽宁是东北地区通往关内的交通要道，也是中国连接欧亚大陆桥的重要门户，交通便利。深厚的历史积淀、独特的“白山黑水”、飞速发展的经济、优越的地理位置，使辽宁省成为东北旅游的重点区域。但是由于旅游整体宣传力度不够等原因，辽宁省的城市与其他旅游城市的名气相比还有一定的差距，另外，辽宁省各城市除大连以外给外界的印象多是“重工业”的原始城市，旅游产品的文化品位和文化内涵不足，特色不突出，旅游产业的潜力尚未得到充分挖掘。

近年来，随着经济的发展，人们的消费观念和旅游观念也发生了变化，开始从自然风光游向文化之旅、专题之旅转变。2008 年奥运会、2010 年亚运会在我国成功举办，国民对体育的关注度有了明显的提高，体育参与意识增强。2001 年在沈阳举行的十强赛中，中国足球终于冲出亚洲拿到世界杯的入场券，辽宁沈阳作为中国足球的福地，知名度显著提高。

第七章 体育文化现代化

第一节 体育文化的现代化转型

现代体育的兴起是文明社会的重要标志。实现体育现代化，是一个历史过程，是中国现代体育的基本走向。中国传统体育与现代体育的糅合、并驾齐驱，是中国体育现代化的基本特点。

一、中国传统体育与近代体育的糅合

（一）中国传统体育的特点

中国作为拥有上下五千年历史的文明古国，其文化也是源远流长、博大精深的。文化范畴广阔，体育文化也是其不可或缺的一部分。体育文化反映了体育的整体面貌，通过各种体育活动得到具体展现。体育文化在当今不仅能体现出个人素养，也能展现出小到一个多人集体，大到一个国家的整体风貌，因而体育文化在当下有着愈发重要的地位。“体育”这一术语并非是我国固有的，它是从国外传进来的。在我国使用“体育”这一术语之前，使用的是“体操”这一词。这一词义同现代体育运动项目的“体操”不同，它泛指整个体育。在我国古代还未出现一个可以概括所有体育活动的概念或术语，没有一个与今天“体育”完全相当的概念。类似“体育”词义的，有“养生”“导引”“尚武”“习武”等。儒家文化是中国传统文化的核心，因而中国的传统体育文化也受到了儒家文化的许多影响。在儒家文化的影响下，中国传统文化主要有以下特点。

1. 遵循礼

“礼”是中国传统文化价值体系的中心范畴和文明进化的主旋律。孔子是中国礼文化的集大成者，他提出“不学礼，无以立”，把一切都纳入礼的轨道，

所以体育文化活动也不例外。中国古代体育是传统文化的一个组成部分。如盛行于唐代的“十五柱球戏”，柱子上就分别标有“仁、义、礼、智、信、温、良、恭、俭、让”等红字和“傲、慢、佞、贪、滥”等黑字，木球击中红者为胜，击中黑者为败。这个小游戏充分表达了娱乐活动中的道德规范和价值观念。

2. 内外兼修

作为中国传统文化主体之一的儒家文化，以“修身、齐家、治国、平天下”为修行方法，从而达到“内圣外王”的理想境界。中国古代体育由于受这种思想的影响，偏重于在修身养性、陶冶性情上下功夫，不像西方古代体育那样追求人体美，追求力量、速度。在中国古代的典籍中描述最多的古代体育莫过于武术和养生运动，这两种运动都有着深层次的哲学思想、成熟的习练方法、完美的艺术形象。注重武德、内外兼修、神形兼备历来是习武者的第一要义。在整个武术运动的习练中无处不突显出自强进取、自我修养、人格完善的传统文化精神。愉悦身心、宣泄情感、调情养志同样是中国古代体育所具有的文化功能，民间体育和女子体育尤甚。

3. 具有艺术性

比如1973年在青海省大通县上出土了彩陶盆，陶盆内壁上绘有5人一组共三组的舞人在翩翩起舞。西周时的“礼射”，不只是单纯的射箭表演和比赛，而且还按等级配有不同的音乐，这可以说既是古代的体育，又是古代的艺术。还有中国武术的发展，最初的武艺主要是在军事战争中形成和发展起来的。后来，当它逐渐脱离了军事而独立存在、自成体系时，它的艺术性也就愈来愈高。除此之外，中国古代体育中其他项目，如剑舞、龙舟竞渡、秋千、蹴鞠、滑冰等，也都追求形式美和艺术性的表现。

4. 中国古代体育缺乏竞技性

中国古代体育缺乏竞技性主要表现为竞技性体育项目较少和有些本来竞技性较强的体育项目，后来也变成了非竞技性的体育项目。没有全国性、综合性、长期存在、形成制度的体育比赛。如田猎、武舞、秋千、武术、踢毽子等，没有或很少有竞技比赛，主要是表演给别人看，或人们的自我习练。

中国传统体育文化便存在以上四种特点。不难看出，传统体育文化在古代没能独自发展起来，更多的是在儒家文化的支配之下的发展，不能够真正地普遍化、大众化，更多的局限于皇宫深院之中，是上流人士的活动。这种保守式的传统体育文化发展有利有弊。一方面可以丰富人们的日常娱乐生活，陶冶人们的性情。同时在传统儒学的影响下，一定程度上有利于维护封建专制统治，符合统治者的需要。但另一方面，传统保守的体育文化，不利于体育的整体发展，最明显的体现便是在近现代，中国体育事业长期落后，中国人民的体质偏弱。因而在今后继承传统体育文化与发展现代体育文化的过程中，需要保持传统体育文化的优良传统，让人谨记道德。另外，要注入更多积极向上的力量，让体育更加普及，实现全民化，作为提高全面体质的重要途径。

（二）中国近代体育的发展

中国现代体育与中国近代化、现代化的进程是一致的。自 1840 年鸦片战争后，西洋体育开始传入，并与中国传统体育相结合，因而开始了中国体育近代化的进程。这一进程大体上分为 3 个阶段：

① 19 世纪 60 年代后至 19 世纪末。首先是洋务官僚聘请外国人教练兵勇，习练“洋操”，以及北洋水师学堂开设西洋“体育课”，这些与中国的传统武术等训练项目结合，使中国军队开始走上了近代化之路。其次是近代学校体育也出现了新的内容。尤其是美国、英国等开办的教会学校，以课外活动的方式，开展了诸如田径、球类等“新式体育”活动。

② 20 世纪初至新文化运动时期。首先是近代体育在学校的实施迈入制度化轨道，如体育排入课表，纳入考试范围等；其次是传统体育开始与竞技体育结合。如 1910 年 10 月举行的第一届“全国运动会”，便有武术、田径、足球、篮球等比赛或表演项目，将中国传统体育与“进口”的近代体育结合，用于竞技体育。

③新民主主义革命时期。首先是中国先进青年的体育观念，如毛泽东德、智、体三育并重的思想等，在同时代具有先导作用；其次是现代体育体制的建立，如国民政府成立“全国体育指导委员会”，建立“国术馆”等；最后是学校体育开始着重培养新型的高层次体育人才，如成立体育专门学校，在大学开办体育系等。“国运兴，体育兴”。新中国成立后，中国走上了现代体育发展之路。特别是改革开放以后，现代体育又催化了体育的大变革，使中国变体育弱国为体育大国、强国，加速了体育现代化进程。

二、实现中国传统体育现代化的途径

中国科学院可持续发展战略研究组对现代化的定义是：“一个时段（期）的现代化是指某个特定的空间系统，在人类发展进程中的特定时间间隔，规定一组具体的可操作目标（预设具体目标）的实现步骤。”由此，可以将民族传统体育的现代化内涵阐释为：在当代社会的发展路程上，不断趋向于一组复杂的、同时具有时代内涵的和时空边界约束的、与其他社会组成部分相协调且相对目标集合的动态过程。我们研究民族传统体育的现代化，是为了建立一套科学的、全面的、系统的现代化理论体系，使民族传统体育在现实中面临种种碰撞和冲击能够保全和创新发展，从而能在世界主体文化中展现出中华民族的特色，丰富世界文化内容。实现民族传统体育现代化的途径则是：

其一，整合民族传统体育文化。中华民族传统体育与西方竞技体育有着根本性区别，蕴含着形神合一、天人合一、修身养性的深厚含义，具有“内向性”和“调和”的特征，并且追求“和合”的精神。其所具有的这些思想特性，将更加适应现代体育在未来的发展动向和潮流，也是中华民族传统体育的优势所在。因此，发展民族传统体育文化要立足长远，着眼于未来，对现代体育文化去粗取精、博采众长、开拓创新，整合成一种面向未来的、超越现代体育文化的现代化文化。我国民族传统体育项目近千种，形式多样、内容丰富，试图把我国民族传统体育所有项目均留存传承下去是很不现实的，也是不符合发展规律的，因此我们只能从众多的项目中筛选，来打造一批中华民族传统体育精品项目。在推广中，可能只有部分项目能够得到充分的发挥，绝大部分项目只能面临被淘汰的厄运。

其二，打破禁锢，创造现代化环境。我们要想认知历史、研读历史就必须回到事物的“原生态”，追求“本真”“原汁原味”“乡土”“返璞归真”等，这些无形的要求也就成了我们挖掘和整理民族传统体育初期的主要思想。我们的初衷是好的，然而在对民族传统体育现代化研究的过程中却被这种“原生态”思想禁锢了，它无形中羁绊着民族传统体育的改革发展和创新实践。因而我们在研究现代化时需要转变陈旧的思想并进行思想理论创新，营造“百家争鸣”和“百花齐放”的氛围，创建良好的科研和创新环境。“土洋体育”之争出现于我国20世纪30年代，如果那时我们采取“土洋结合”“土洋并举”的方针，那么到现在也就可能不需要再重提民族传统体育的现代化问题了。但是历史毕竟已经是过去，我们也无法去改变，深究谁是谁非已没有现实意义。目前我们开展的一些国际、国内、省市等民运会并不少，但观众却寥寥无几，出现这种现象，主要是因为有些项目缺乏娱乐性、锻炼价值、趣味性和观赏性，或者说缺乏竞技性和挑战性，因此我们更为民族传统体育的发展担忧，同时也进一步说明随着生活方式的改变，人们对体育的需求也发生变化。所以，立足现实、解放思想、打破禁锢、着力创新才是民族传统体育实现现代化的正确出路。

其三，借鉴融合，积极转型。西方体育能够长期扎根学校，一方面得益于政府主管部门及学校领导的重视、党的教育方针和“为国争光”的奥运精神，另一方面就是这些运动的形式简单方便，训练者甚至什么都不需要带就能直接进入状态，并能自觉参加锻炼和自觉地组织比赛活动。我们可以从中学习并借鉴经验。在创新的过程中，我们可以运用嫁接、借鉴、融合哪怕是变异的方式。我们要敢于进行创新研究和善于发现变异，还要努力去培养变异。以土家族的棉花球项目为例，它巧妙地把篮球的扣篮技术移植到棉花球运动中，从而使棉花球运动不仅增加了本身的锻炼价值、挑战性、趣味性和观赏性，还更加符合广大青少年的生理心理特征，并对青少年速度、力量、耐力、灵敏等素质的发展具有良好的促进作用。《中共中央关于加强青少年体育增强青少年体质的意见》（以下简称《意见》）中有一条不得不引起国人的注意：当前青少年的力量、速度、耐力等体能指标持续下降。还有一项调查显示：许多学校的校纪录几十年内没有被打破。我们面对如此严峻的形势，应该遵循《意见》的精神，努力提高人才培养质量和国民整体健康素质，尤其是关注青少年的生活与成长健康，努力创新民族传统体育项目，使其更加适应当代国人的需求。

其四，运用现代科技手段实现民族传统体育的现代化。创新是一个民族进步的灵魂和标志，是一个国家兴旺发达的不竭动力。离开创新谈民族现代化是不可想象的。现代体育中，体育已经离不开现代科技，世界各国都致力于研究和开发新姿势、新器材、新技术，纵观体育发展史，许多新的世界纪录或新的世界冠军往往依赖于一种新技术、新姿势、新器材等，这种现象在高手如云的国际赛事中比比皆是。例如，新的泳衣、撑杆、标枪等高科技材料的尝试和使用；跳水、体操中翻转动作的周数和连接次数不断增加；跳高、铅球动作的进化；游泳服装的现代化改进等。所以，在民族传统体育的现代化征程中，现代科技所带来的科技创新是必不可少的。

当前，相关研究者正在创新研究一些民族传统体育项目，探索改造革新技术，研究新型高性能器材，相信这些有益尝试必将促进我国民族传统体育的现代化。

第二节 全球化对体育文化的影响

全球化实际上并不是一种怪异奇特的社会文化现象。早在传统的古代社会，国家之间甚至是洲际之间就进行着一定的交往发展。我们可以将此看作国际化发展的早期阶段。进入 21 世纪以来，全球化发展到了充分全面的阶段。尤其是经济领域，全球化发展加速推进。伴随而来的文化全球化发展也势不可挡，这其中当然也包括了体育文化的全球化问题。历史地辩证地看，全球化在文化领域的影响有消极和积极两个方面。具体就中国体育文化发展来说，全球化的前途充满了机遇和挑战。

一、全球化背景下的中国体育文化

全球化是非蓄意和非预期的全球性效应，而不是全球性倡议和行动。我们一方面把流动自由权赞颂为全球化的最大成就和它不断繁荣昌盛的保证，而另一方面我们又经常剥夺其他人的这一权力。在全球化视域下对中国体育发展的哲学思考，“不再仅是追求唯一的真理，或者是追求普遍的共识，还可以从不同的背景进行各种探讨，去扭转人人习以为常的思维”。“人的发现”和“人文精神的反思”是人类永恒的两大课题。反思全球化下中国体育的发展，不是一味地批判全球化，也不是全盘接收全球化。在全球化的带动下，以及在西方体育文化的强势冲击下，反思中国民族传统体育遭到破坏的原因，以及未来中国体育发展的方向。

近年来，中国在经济发展上逐渐找回了民族自信心，接下来就是要在心理上、文化上逐渐建立起中华民族的自信。在全球化环境里，中国体育文化不能被湮灭在以西方为主流的文化之中。那么，中国体育人文的中心价值在哪里，中国体育的长远之路又在何方，这些问题都值得思考。

（一）问题的提出

“全球化”一词虽然多用于经济领域，但就体育领域而言，恐怕比经济全球化的程度还要高，而体育的全球化又以西化体育为主。目前，中国体育的西化程度非常高。中国体育人文精神接受了以欧美为代表的全球化标准，并应用在体育实践中。在这种情况下，我们应如何从全球化标准中抽身出来，再回到传统中去寻找属于我们民族的体育文化精华？至于如何梳理民族传统体育，可基于文化生态、后现代等基本理论，思考全球化对中国体育的意义，并在全球化体系中探索中国体育的发展之路。此时，要回头重视原生态的本土体育，并继承与发展映射民族精神、体现人民智慧的体育项目，而不只是关注纯粹的舶来品——现代体育，目的是使未来中国体育人文朝着保有民族印迹的方向长远发展。中国体育包含现代体育与民族传统体育。在全球化中，中国现代体育的发展不可避免地跟随全球化大潮。在这种环境下，民族体育也出现泛化倾向。因此要找回民族，就要先找回族群，而中国就有 56 个族群，原有的民族传统体育人文非常丰富。我们应该认同中国的民族传统体育人文，并让更多人参与到民族传统体育的继承与发展中来。

（二）全球化背景

“全球化”这个概念，是20世纪60年代由“罗马俱乐部”提出的。从狭义上讲，是指“从孤立的地域或国家走向国际社会的进程”；从广义上讲，是指“在全球经济、文化交流日益发展的情况下，世界各国间的影响、互动、合作愈益加强，使得具有共性的文化样式逐渐普及，并推广成为全球通行标准的状态和趋势”。“全球化”主要有两种理论，即“中心论”和“反中心论”。“中心论”认为，全球化源于一个中心，其进程是这个中心模式在全球扩展，其结果是这个中心模式在全球普遍化。不同的“中心论”者对这个“中心”的定位也不同，归纳起来主要有“欧洲”“西方”和“美国”这几个中心。“反中心论”主张，全球化将是一幅多元化的图景，这得到了长期受西方力量压迫的非西方国家的认同及支持。1990年，世界环境与发展大会在里约热内卢召开，做出了《21世纪议程》的决议，这标志着各国开始共同解决“全球问题”。1995年10月，150多个国家的元首和政府首脑出席了“联合国宪章”生效五十周年大会，共同研讨如何解决世界上最紧迫的问题。这些都表明了人们共同面对“全球问题”，并促进人类步入“全球化”时代。而对全球化问题的讨论与实践主要包括以下两方面：一是将研究对象处于全球化的背景之中；二是如何对研究对象在全球化中产生的问题进行治理。

二、民族传统体育全球化的内涵以及途径

（一）民族传统体育的全球化理论分析

1. 全球化的内涵

20世纪80年代中期以来，全球化取代国际化、一体化和跨国化，成为比较通用的学术关键词。全球化是主权国家和国际组织根据自身的利益和需要，通过签订协议和制定规则，促进生产社会化和分工发展的客观趋势超越民族国家疆界和壁垒限制，而不断向全球范围扩张和延伸，及其所形成的世界经济、政治、文化等诸因素相互渗透和紧密依存的状态。当今全球化已经是一个不可逆转的潮流，它给人们的生活带来翻天覆地的变化，并影响着当今世界的各个层面，更是不断给全球的文化带来层出不穷的问题，特别是对国家与民族自身的文化。

2. 竞技体育成功发展的借鉴与启示

竞技体育在现代社会保持持续、快速发展，究其原因不仅仅是因为各民族

体育发展速度较慢，更是因为竞技体育在实践和理论上不断地探索创新。理论层面上，过去实行单一化训练理论和方法，现在则逐步发展成包括速度、力量、耐力和柔韧等内容的一系列科学化手段、方法、原则，引导竞技体育水平的发展。与此同时，高新科学技术的不断应用，促进了实验设备、运动服装、场地器材、实验方法等的改良创新。全球化是人类各种文化、文明发展要达到的目标，也是未来文明存在的文化，它表明世界是多元或多样性共存的。跆拳道、柔道相继列入奥运项目，印度瑜伽运动的火爆告诉我们，在以西方竞技体育为主导的体育运动中，民族传统体育不应停止不前，因为它仍然拥有自身的生存和发展空间，一样也可以风靡世界。面向新的未来，没有理由自甘落后、自制囹圄。

（二）实现民族传统体育全球化的途径

1. 基本理论与方法体系的“标准化”

目前，民族传统体育学科发展模式和学科体系的建设还尚未成熟，薄弱的理论给实际工作带来诸多不便，面对这种严峻形势，我们必须清楚认识到学科建设对学科发展的重要性，并把学科建设问题摆在重要的、优先发展的地位来进行研究。正如恩格斯所说：“一个民族要想站在科学的最高峰，就一刻也不能没有理论思维。”武术的发展已经率先提出了“标准化”问题。要推动武术运动的国际化发展，并保持健康、持续的发展态势，必须站在历史的高度，用不断发展的眼光去审视武术；站在民族的高度，去弘扬武术；站在文化的高度去挖掘武术。为了这一远大目标，国家体育总局武术运动管理中心在 2010 年底正式提出，将 2011 年定为“武术工作标准化年”。武术标准化作为 2011 年武术工作的一个主题，是推进中国武术繁荣发展的重要举措。武术的标准化与段位制的实施是大势所趋，是武术适应时代发展的需要。

2. 以留学生教育为切入点，实现教育国际化

增强留学生教育是中国进入国际教育发展的一个很好的切入点，也是走向教育国际化的必由之路。很多国外留学生就是从学习中国民族传统体育时才开始了解中国、认识中国进而热爱中国。更主要的是，来华留学人员学成回国之后，也把学习的中国民族传统体育传到了自己的国家，留学生就像是“活招牌”一样把中国民族传统体育宣传到世界各地。因此，大力发展海外留学生教育，对民族传统体育全球化的实施具有重要的和长远的现实意义。

（1）要制定具有战略性发展的法规和政策。长期以来，民族传统体育大多以民间形式，自发地在国外开展教学活动。教学形式五花八门，极不规范，缺乏统一的目标。因此，应由国家出面制定具有战略性的、反映国家意志的教育法规和政策，将民族传统体育教育全球化发展的要求和标准规范起来，从而保证民族传统体育教育国际化的可持续性和稳定性。

（2）要有学习和借鉴意识，加强国际化的合作和交流。这一点可以借鉴孔子学院的办学模式和思路，甚至可以在孔子学院的教学内容中增设民族传统体育课程，开展与民族传统体育有关的资格认证，如武术、健身气功的段位制培训、考评和认证，满足国外学生学习并传播民族传统体育文化的需求，进而有力提升我国的文化软实力。同时，还要加强校际民族传统体育文化的交流与合作。对国际学生的民族传统体育教育，使他们更好地了解了中国的社会、历史、文化、政治等方面，增加了对中国的认识和兴趣，更有利于中国的国际交往，有利于中国软实力的增强。

（3）走“竞赛和普及”“两条腿走路”发展模式。民族传统体育作为一项体育运动项目，从传统中走来，更多的是一种自发于民间无组织的形式，在竞技、教育与经济方面的功能相对较弱。然而，竞赛的开发更能充分地展现出民族性，推动民族传统体育运动向着多元化方向发展，加快民族传统体育的现代化步伐，适应人们对体育运动的多元化需求。应“抓住以竞赛为规范化发展的契机，因为‘竞赛是运动项目发展的杠杆，运用好这个杠杆，可以调动各方面的积极性，促进运动项目的发展’”。在全球化语境下，竞赛形式还有利于民族传统体育在全球化进展中“两条腿走路”，使竞赛促进大众推广，竞赛和普及相互促进。

中华民族传统体育的竞赛化可以作为进入全球化的标准，但绝不是唯一标准。中华民族传统体育内容丰富多彩、形式多种多样，由于缺乏竞赛的可比性和竞技性，很多项目不太适合于正规运动会比赛，只适合在一定地域、一定人群内开展，更多地承担着民族文化传承、民族精神培育之重任，对于这部分传统体育项目，可以挖掘其文化内涵，作为了解、考查其主体民族文化的线索，当然也可以在全民健身中普及人们对体育文化的多元化需求，从而可以对内容丰富、形式多样的中华民族传统体育进行多元的选择，促进全球体育文化“百花齐放”，还可以促使中华民族传统体育自身的优化，为民族传统体育迈向现代化、走向全球化，实现其繁荣昌盛提供可能。

三、全球化过程中中国体育文化获得机遇

（一）在文化发展领域

新中国成立至1956年，在整个社会主义中国形成了生产资料公有制的体制。虽然如此，但是在思想文化领域，人们对什么是真正的社会主义社会，在认识上还存在很多很大的误区或浮浅性。在认识领域，往往以“资本主义”为借口，将西方文化整体排挤于思想认识领域之外，自我封闭、自我陶醉。随着改革开放的推进，文化领域开始觉醒繁荣，社会主义新文化发展迎来了空前的机遇和发展空间。人们的思维空前活跃，视野极大地得到拓展。思想家、文化大师牟宗三先生就曾经总结说：“今日国家政治问题实是文化问题。”新中国的现代化建设实际上也是与国际文化接轨的问题，其本质上也是文化问题。西方文化有其独特的文化内容和特性，有值得中国文化借鉴和吸收的积极内容，这是我们必须认同的前提。鲁迅的“拿来主义”其实早就为我们指明了发展和行动的基本原则和策略。

全球化的发展使得人们打破了原有的传统思想禁锢，不断消除思想误区，促进观念更新，最终不断接近或形成政治文化民主科学和思想自由理性。

（二）全球化为中国体育文化走向世界奠定了基础、提供了契机

文化在互通的同时，也形成了对比和竞争，彼此促进发展，但这并不影响它们的接触和交流。全球化正是在这样一种平台意义上，为中国文化和体育文化发展奠定了良好基础，提供了有效契机。中国体育文化植根于华夏大地，是中华民族文明的璀璨结晶。中国文化追求人与自然的和谐，“天人合一”“道法自然”等文化理念是与世界文化、西方文化相一致的，有着殊途同归的人类文化旨趣。中国文化中追求辩证思维、讲求人伦道德等积极内容也给西方文化提供了很好的借鉴，起到了良好的文化发展补充作用。

（三）全球化过程中增进了体育文化民族主体的自信心和自尊心

半殖民地半封建时期的中国，民族主体在文化上更多的妄自尊大，是屈辱的自大；新中国成立初期，我们更多地是忙于百废待兴的文化梳理和初级认知；到了20世纪80年代，不幸又出现了失去理智的文化“狂热”。只有在90年代以后，随着全球化认知的理性化和科学化，人们才充分意识到了自身民族文化的科学定位以及发展趋势。一定意义上讲，全球化不仅为民族文化和体育文

化提供了平台基础，提升了民族自信心和自豪感，同时也为中国文化和具体的体育文化发展指出了一条通天坦途。

三、体育全球化对中国体育文化的挑战

21 世纪初期，全球化发展更多地表现为西方文化对中国文化的挑战，甚至有时候表现为非常不对等的强弱势头对比。究其原因，主要是因为中国文化和体育文化发展没有充足地应对文化挑战，没有做好积极的准备。机遇往往是与挑战并存的。这一点在文化发展领域也不例外。这点在中国文化和西方文化接触的初期就已经露出了端倪。所以，中国文化和体育文化发展面临的挑战依然是十分严峻的，对于文化建设者而言，其所要完成的工作也十分繁重。

（一）全球化对体育思想文化领域的影响和挑战

随着全球化的发展，西方文化中一些自由主义、虚无主义、拜金主义等不良思想观念来到了中国，自然会对中国体育文化和文化整体形成不良影响。突然接触西方文化的中国人，尤其是年轻人，有不少会陷入迷茫，甚至是“全盘西化”的错误抉择之中，由此产生了对社会主义、对中国传统文化的彻底否定，这是很可怕的。这也是中国体育文化发展必须面临的一个极大挑战。中国体育文化的传统思想文化背景是中国传统文化，是传统的思想道德观念，其所处的当下时代的社会意识形态是马克思主义思想指导下的社会主义意识形态。意识形态“能够整体反映一个阶级、国家和政党的性质、面貌和利益关系……它能协调文化活动的发展”。我们在坚持和客观面对全球化的同时，必须坚持社会主义和马克思主义指导，立足社会主义中国的具体特殊文化特性，不丧失自我，不自我贬低，坚持文化个性，借鉴吸收西方文化的长处。

（二）如何甄别和剔除全球化带来的西方文化中的糟粕是一个必须思考的重大课题

在全球化面前，前新加坡总理黄金辉曾经说过：“以往支撑我们发展的亚洲传统的道德、责任和社会观念，正在让位于西方文化的个人主义、自我中心的价值观。”黄金辉的话也必须引起我们每一个体育文化建设者的警觉。我们面对西方文化不应该盲目乐观，更不可全盘接受。这就要求我们的文化建设工作者，必须养成科学严谨的文化素养，理性分析，积极谨慎地接受，科学批判地吸收。任何文化都是动态发展变化的，不仅西方文化如此，中国文化也是如此。我们知道中国文化中有糟粕的成分，我们很容易发现并修正，但是我们也

应该意识到，西方文化也同样如此。中国文化的核心是儒释道三家文化的融合发展，同时以马克思主义为当代政治文化的指导，发展于具有中国特色的社会主义初级阶段。我们的文化绝不能被西方文化打着全球化的旗帜所颠覆。

（三）我们必须面对文化发展中的文化认同危机，积极建立文化安全机制

俞可平在研究中指出："并没有那么多人意识到西方文化霸权正在支配着我们。"不得不承认的是，在我们的体育文化发展的近些年中，西方体育文化的影子有时候甚至变成了主宰者，我们在努力地寻找着迷失的自己。我们的体育传统在很多时候很多方面被否定被遗忘。传统和特色有时候因为厚重或者过于熟悉而不被重视。全球化来了，西方文化霸权也来了。可是并不是每一个中国人都能意识到这一点。当我们一再丢弃传统和自我的时候，我们没有了的不仅是文化，更重要的是我们没有了安全感，没有了文化的安全感，于是有学者开始呼吁建立文化安全机制，以便更好地保护和发展中国文化。在体育文化方面，更是如此。

当文化主体新奇地面对西方文化的时候，很容易被"俘虏"，进而丧失文化主体性。没有了自身主体性的文化主体很快就会有一种不安全感，变成一个文化缺失的游离者，没有归依，没有信仰，没有安全。这似乎是一个可怕的恶性循环。至此，我们不难发现，全球化不仅带给了我们前所未有的新鲜的文化营养，带给了我们开阔的文化视野，同时它也带给了我们烦恼，带给了我们第一次考虑到的"文化安全"这个新名词。中华民族伟大复兴的深层意义中必然不可缺少文化的伟大复兴。那么作为其中重要组成部分的中国体育文化，应如何建立自身的安全机制，为实现民族文化的伟大复兴做出积极贡献呢？每一民族都有着自身独特的"精神家园"，是一个特殊的空间。我们不可以只像精英们说的那样一味"拒绝"，也不能像普通大众一样一味"陶醉"。我们必须时刻保持清醒，为了自身家园美好，我们的体育文化建设将是一个长远持久的征程。

第三节　高校体育文化现代化的发展策略

在我国大多数高校的课堂教育中，都将体育教育划分为副科，没有给予充分的重视。因此要想实现体育现代化发展目标就要求教育部门重新修订教学大纲，把体育教育作为基础的学科来进行系统的课堂教学，并且要保证学校体育

教学的质量。可以采取一些具体的措施来配合学校体育教学的实施，例如，规定文化课不及格可以进行补考，如果体育课达不到要求不可以补考，这样严格的规定势必会提高学生对体育课的重视程度。

一、高校体育教育现代化的必要性

由于受过去封建统治的影响，中国对人的研究还远远落后于西方发达国家，这也是我国迫切需要改进的现状。中国现代化建设是以市场经济发展为前提的，那么我国的体育教育现代化的发展就不可能脱离中国的基本国情。只有正确地看清本国存在的不足并合理汲取世界各国的优秀文化，完善中国特色体育现代化的理论，才能使得中国体育现代化与体育现代化教育有更好的发展，最终将中国的完美形象展现在世界的大舞台之上。我们已经认识到，盲目地追求西方文化是错误的，适当借鉴西方文化，以本国文化为主导来构建现代化体育教育才是发展的根本。众所周知，文化是一个民族经过几千年沉淀下来的巨大财富，民族文化可以反映一个国家的特征。改革开放政策的实行，将中国推到了世界的历史舞台之上，中华儿女已经成功地把中国文化展现给世界。

二、高校体育教育现代化发展的策略

（一）体育教学思想现代化

教育思想现代化即教育思想主动适应社会变革，对教育建设具有超前意识，它包括人才观、质量观、教育价值观、教学观、师生观，并在教学实践中身体力行，使之成为全体教育工作者的自觉行动。就体育教育学而言，应从单一的生物体育教学观转变到多维的体育教学观；从传统的以体育知识技能灌输传授为中心转向以培养学生自主学习、自主锻炼，发展独立思考能力和创造能力为主的体育教学；从多元化、全面性、发展性的教学目标出发，从体育教学的生物、社会教育、心理方法论等多重原理出发注重不同年龄段学生的体育知识技能、体育兴趣及体育价值观的培养；改变人为地用心率、密度等生物学科的知识和方法来评定任何体育课的思想。而现在许多学校的室外体育优质课的评判，许多教师并不是关心该课是否使学生在愉快的身体运动中学到了知识，而是忙于测量学生的心率，测算该课的密度，使学生如临大敌，根本谈不上在愉快中运动学习，简直是在表演。整个体育课如果达不到预定的心率和密度，即使该课愉悦了学生的身心，增强了学生的体质，也只能与优质课无缘。以上思想有的已深深根植于体育教师的头脑中，甚至成为某些教师的自觉行动，所以这些对体育教学的改革极为不利。

（二）体育教学内容现代化

用先进的科学技术来充实技工学校的教育内容，强调教材要反映出现代科学文化的先进水平。因此教育内容的精心优选、科学搭配是教育现代化难度最大、影响最广泛的基础性工作。现在的体育教材内容多而杂，而且缺乏年龄化、性别化、专业化的特点，教学内容陈旧，只重视知识本身而不重视知识的更新和选择的针对性，教材内容脱离群众体育内容，如铅球运动项目从小学就开始学习直到大学还在学习，真正走向社会之后没有人手里握着铅球在社区或公园进行锻炼，诸如此类的教材内容屡见不鲜。现代体育教学内容应重视多种教学内容的综合，体现终身健身的需要；注重基础理论内容与运动技能内容的合理搭配；注重体育教学内容的科学性、时代性、全面性与民族性。而现在的体育课教学很少体现出民族性，许多传统的有价值的运动内容被安排在教材的选修部分或只占必修教材的一小部分，而且必修教材多被竞技体育运动项目内容所取代。

因此，在内容的选择上应注意继承与创新的结合。理论课教材应选择有利于强化学生健身意识、增强体质的知识。同时，应该抱着发展的实事求是的观念来扬弃传统的教学方式、方法，充实学校体育教育的文化价值与观念体系，实践课教材应打破以竞技运动为中心的教材体系，选用具有较高锻炼价值和终身效益的民族传统体育项目等，培养学生科学锻炼养护身体的能力。

（三）体育教师队伍现代化

体育教师队伍的现代化是体育教学现代化的核心因素。现代化的体育教师应具有一定的体育知识、技能、技术等，掌握现代教学方法、新型教学设备的操作技术和一定的专业外语，具有正确的人才观、教育观、师生观。

我国现有的体育教师队伍不论是学历层次，还是知识结构层次都不容乐观，仅就学历达标情况而言，小学、初中、高中分别为61.84%、82.9%、87.9%。而且部分中小学体育教学水平低下，教育观念和知识结构陈旧，不能从较高层次上进行教学，在教学方法和手段上仍采用凯氏教学法。不管是幼儿园学生还是高中学生、大学生都是千篇一律的“立正”“稍息”“齐步走”，使儿童教育成人化、无趣性，成人教育无特性，而且绝大部分体育教师缺乏驾驭现代化教学设备的能力，运用先进的信息工具获取各种体育信息的能力更是极为贫乏。

这就要求体育教师不仅要注重提高自己的学历层次，更要不断吸收新知识，更新知识结构，学会改变体育教学工作中形成的传统工作习惯与思维方式，用现代教育思想与理论武装自己，使自己的观念和认识得到提高。

（四）体育设施现代化

1. 电子计算机的运用

在对运动员进行训练的时候，电子计算机是教练最常用的工具，教练可以把运动员的生理状况通过编写程序输入计算机中，根据队员的自身情况制订针对性较强的训练计划。在竞赛的时候，电子计算机能够综合运动员各项结果，预测出运动员在下节比赛中可能表现出的状态，这样就可以给教练足够的时间来制定准确的战术。在现场比赛设备布置方面，电子计算机常常和记分牌相连接，计算机的应用不仅能够提高记录的准确性，还能自己排列出名次，最重要的是可以将比赛成绩传送到荧幕上。

2. 激光、电子设备的运用

在训练过程中随处可以见到激光、电子设备的运用，比如录像机、摄像机、立体摄影仪等，这些设备的应用可以从不同的视角来记录场上队员的表现，以便在赛后进行正确的技术分析，同时也能够为观众清晰地呈现出不同场地的不同镜头的切换。

3. 电子遥测技术的运用

在体育科研中随处可见心率、心电等遥测设备，其可以随时监控运动员在训练时的身体各项指标的变化，合理地安排运动量。在比赛过程中，教练员可以通过电子遥测技术对运动员进行场外指导，及时纠正错误，从而能够取得预期的效果。

新中国成立以后，我国对外体育交流工作取得了令人瞩目的成绩，但是主要停留在竞技运动的多变和双边竞赛活动的表面阶段，在国家学术交流方面还没有形成规模化。我国体育事业虽然已经取得了很大发展，但是与国外相比还是存在着较大差距。因此在未来的体育现代化发展中，我们要通过各方面的不懈努力来打破这样的局面，积极吸取国外的先进训练方法并向国外推广我国的先进理论，通过不断加强国际体育交流与信息搜集，实现体育教育现代化。

实现体育现代化应从以下几个方面着手：首先是实现体育教育指导思想现代化。在体育实践教育中要以学生为教育的核心，教师应该多关注学生个体素质的区别，要因材施教，突出学生的主体地位，建立良好的师生合作关系，实现共同进步。其次是实现体育教育内容现代化。要求整个体育教育内容要完整、设置合理、结构简明、实用性强等，在教学中要运用科学的方法，能使得所有的运动员虚心接受，从而达到教学的目的。再次是体育设施要现代化。体育设施是体育教学的基础设施，也是学校体育教学综合实力的体现。它具体包括体育教学设备、训练装备达到现代化体育教育水平的要求。有经济实力的学校，应该根据学校的规模完善相配套的体育设施。经济基础较差的学校，应该结合学校一切能利用的教学设备，最大程度地服务于学生。最后还要实现体育教学管理的现代化。体育教学管理现代化是指以理论知识为基础，应用现代化教学的方法来提高体育教学质量，积极地将先进的科技技术运用到体育教学管理中，优化体育现代化教育的过程。我们只有不断完善自身建设，才能满足体育现代化发展的新需要。

三、案例分析：印度的现代化教育及其对中国的启示

（一）印度教育现代化的经验

印度的现代 ICT 产业的发展开始处在领跑地位的世界第一集团之中。先进的现代 ICT 促进了印度经济的发展，为印度成人教育特别是农村成人教育带来了新的技术和活力。印度政府自 2000 年以来也已经启动了大量推动农村成人教育的项目，而其中主要又是通过引进现代 ICT 来实现的。现代 ICT 发挥着越来越积极的作用，成人学习者能够利用课程录像随时观看学习材料，其为成人学习者提供了个别指导。瑞士著名的 Tata 手表公司赞助并策划了多个利用先进的 ICT 而进行的印度成人教育项目，为印度农村创设了新的成人教育电视节目，合并了美达克地区早先的三种初级读本,并将 17 门课程制作成计算机学习课程。经济全球化势必会带来道德的全球化危机，处理不好就可能使得一个国家或是一个民族道德沦陷或是失去生命的根源。印度和中国在经济快速发展的同时同样面临全球化的“道德危机”，两国可以相互借鉴经验。印度从建国初期就一直重视学生道德价值的培养。1986 年，印度政府颁布《国家教育政策》，规定初级教育要培养学生的基本品质，如同情心、忍耐力、勇敢、决策能力、团体精神等。1992 年，印度的教育政策就把教育作为培养社会和道德价值的有力工具，培养学生普遍的永恒价值，实现国家的统一和人民的团结。1999 年，印度提出关于人类价值的报告，要求通过教育培养人类的道德价值。

中国和印度都是多民族国家，少数民族教育的发展决定着整个国家的教育质量和水平，印度在这方面的努力我们也可以学习和借鉴。为降低少数民族学

生的辍学率，提高他们的毕业率，印度政府采取了动员社团力量参与教育宣传，提高学生家长的意识，给予经济激励，改善学校的基础设施等有效措施，大力开展一系列农村、部落地区基础教育工程，以达到在少数民族地区普及基础教育的近期目标。

（二）印度教育现代化的教训

1. 印度教育计划头重脚轻，未能有效实施

印度独立后，1951—1985 年，印度政府制定、贯彻和实施了六个五年教育计划，计划的实施改善了印度的教育困境，提高了国家经济水平，但很大程度上存在计划头重脚轻的问题，虽然在以后的教育计划中有所改善，但其根本问题仍然存在。在印度，所有的计划工作都是在国家一级进行的，而没有邦、县和地方一级的人员参与。除此以外，计划工作就像一个颠倒的金字塔那样进行，即把较多的钱花在高等教育上，而随着教育层次的降低，花的钱逐渐减少。即使在中央一级，也有很多缺点。

2. 教育学习体系偏理论、轻实践

麦肯锡全球研究所在 2005 年做了一项调查，向来自全世界 83 个公司的人力资源方面的专业人士提出这样一个问题："在 100 个符合学位条件的本科毕业生中，你会雇佣他们中的多少？"结果显示，有 80.7% 的美国毕业生可以被雇佣，但同时只有 25% 的印度毕业生被雇佣，中国甚至更低。造成印度与美国相比，人才竞争力低的原因一方面是距离主要中心城市太远和文化交流等问题，但最主要的原因则往往是印度教育学习体系偏理论、轻实践。

3. 缺乏教育督导和质量监控，地方执行者公信力低下

印度教育，特别是作为印度远距离农村成人教育、扫盲教育、少数民族部落教育具体项目执行者的地方政府机构，其办事效率低下，腐败现象严重，而且存在地方当局歧视贫困农民的情况。印度广大农民与政府官员之间存在很大的隔阂，普通农民缺乏渠道、没有机会接触高一级的行政官员，并与之沟通与对话，这就可能导致腐败现象滋生，并出现中间人即地方执行者对农村成人教育、少数民族部落教育或扫盲教育项目的干扰。由此，社会学家大声疾呼，农村成人教育、扫盲教育和少数民族部落教育所出现的"中间人的干扰"现象应该得到彻底的清除，"地方执行者"的公信力必须得到提高。

（三）印度教育现代化对中国的启示

1. 教育优先发展，走教育强国之路

印度政府和国民非常重视教育，举国上下都把教育当作立国之本。通过确保教育机会均等和提高国民教育水平，特别是高等教育水平，印度成功地走上了教育现代化道路。教育特别是高等教育的腾飞为印度经济的发展做出了巨大贡献，我国要从印度成功的经验中寻求启示，视教育为立国之本，走教育强国之路，进一步提高对教育重要性的认识。

2. 加强教育立法，确保教育的法律地位

印度是高度重视法制的国家，印度教育拥有配套的法律法规系统，确保教育能稳定地发展。我国应该吸取印度等国家的先进经验，认真总结教育发展的经验教训，尽快建立起一整套教育法律体系。这是我国教育事业发展的基础性工作。这样，便可以确立我国教育的基本框架，为教育的健康快速发展提供法律保障，创造良好的环境。

3. 加强宗教共存教育

印度是多宗教的国家，宗教冲突经常发生，因而在宗教教育中特别强调宗教之间的宽容与共存，理解宗教之间共有的价值。实际上，印度教育当局一直支持宗教教育。1999 年，印度提出，要让学生了解所有宗教的基础，从中学到大学进行比较宗教哲学的教育，让学生意识到每种宗教的基本观念是相同的，学会不同宗教之间共存，对任何宗教不怀敌意。

参考文献

[1] 莫斯顿，阿什沃思. 体育教学风格 [M]. 北京：高等教育出版社，2015.

[2] 张振华. 体育教学理论与方法 [M]. 北京：北京师范大学出版社，2016.

[3] 关北光，毛加宁. 体育教学设计 [M]. 成都：西南交通大学出版社，2016.

[4] 宋海圣，赵庆彬，冯海涛. 体育教学改革创新与发展研究 [M]. 北京：中国水利水电出版社，2015.

[5] 张建华，高嵘. 国内外体育课程发展与改革 [M]. 桂林：广西师范大学出版社，2015.

[6] 邵斌. 大学公共体育专业化教学改革理论与实践 [M]. 上海：上海大学出版社，2015.

[7] 佚名. 高校体育教学改革探寻 [M]. 北京：中国时代经济出版社，2015.

[8] 佚名. 学校体育教学改革发展及其实践研究 [M]. 北京：九州出版社，2015.

[9] 佚名. 体育教育改革与实践研究 [M]. 北京：人民体育出版社，2015.

[10] 吴志超，刘绍曾，曲宗湖. 现代教学论与体育教学 [M]. 北京：人民体育出版社，1993.

后 记

随着新课改的发展、文化观念的转变，传统意义上的思想理念与文化形态均遭到持续性的影响与冲击，同时，大学生人文主义思潮也逐步被淡化，在大学体育课堂中，培育青年学生的人文理念与精神成为教学的一大任务。本书结合大学体育文化的特征，系统阐明了将大学体育教学和体育文化结合的策略，以期对体育文化建设有借鉴意义。

作者在撰写本书的过程中，得到了长春工业大学孙晓春教授、杨继华教授、奚明秋教授、刘小辉教授、麻新远教授的热诚指导与帮助，在此表示衷心的感谢，很感谢他们为本书付出的心血与劳动。作为一次探索，本书难免有不尽完善之处，真诚地欢迎来自各方面的批评与建议。

责任编辑：刘卫珍
封面设计：点墨轩阁

体育教学与体育文化融合研究

ISBN 978-7-5639-7156-5
9 787563 971565 >
定价：56.00元